भारतीय भाषाओं में रामकथा

राजस्थानी भाषा

भारतीय भाषाओं में रामकथा
राजस्थानी भाषा

प्रधान सम्पादक

डॉ. योगेन्द्र प्रताप सिंह

पूर्व प्रोफेसर तथा अध्यक्ष, हिन्दी विभाग

इलाहाबाद विश्वविद्यालय, इलाहाबाद

सम्पादक

डॉ. देवेन्द्र

प्रोफेसर एवं अध्यक्ष

हिन्दी विभाग, जयनारायण व्यास विश्वविद्यालय

जोधपुर (राजस्थान)

परिकल्पना

डॉ. योगेन्द्र प्रताप सिंह

निदेशक, अयोध्या शोध संस्थान : तुलसी स्मारक भवन

अयोध्या, फैजाबाद (उ. प्र.)

वाणी प्रकाशन

वाणी प्रकाशन

4695, 21-ए, दरियागंज, नयी दिल्ली 110 002

शाखा

अशोक राजपथ, पटना 800 004

फोन : +91 11 23273167 फ़ैक्स : +91 11 23275710

www.vaniprakashan.in
vaniprakashan@gmail.com
sales@vaniprakashan.in

In Association with

ESTD.-1986

Ayodhya Shodh Sansthan

presents

BHARTIYA BHASHAON MEIN RAMKATHA
RAJASTHANI BHASHA

Chief Editor : Dr. Yogendra Pratap Singh
Editor : Dr. Devendra
Imagination : Dr. Yogendra Pratap Singh

ISBN : 978-93-5229-565-4
Culture/Religion

प्रथम संस्करण

मूल्य : ₹ 425

एस.के. ऑफ़सेट, दिल्ली-110 095 में मुद्रित

वाणी प्रकाशन का लोगो मक़बूल फ़िदा हुसेन की कूची से

सम्पादकीय

राम राम सा ! लोक में सब कहीं रमे हुए राम। युगों-युगों से लोक-हृदय में बसे हुए राम। भारतीय संस्कृति के उज्ज्वलतम प्रतीक राम। भारतीय समाज को युगों-युगों से सम्बल प्रदान करते राम। आदि से आज तक भारतीय साहित्य में किसी-न-किसी रूप में विद्यमान राम। सभी कालों के कवियों-साहित्यकारों के आकर्षण के केन्द्र राम। नर रूप-नारायण रूप राम। पुरुष-महापुरुष-पुरुषोत्तम रूप राम। क्या कहा जाय, कितना कहा जाय, सभी कुछ राममय।

राजस्थान इससे अलग नहीं। राजस्थानी लोक-समाज और साहित्य-संस्कृति की यही स्थिति। अभिवादन परम्परा से लेकर पर्वों, उत्सवों, धार्मिक अनुष्ठानों, कलाओं, गीतों आदि सभी में रमण करते रमणीय राम।

राजस्थानी भाषा में रामभक्तिकाव्य की सुदीर्घ एवं सुदृढ़ परम्परा है, जिसकी अपनी विशेषताएँ हैं। इस परम्परा की कुछ रचनाओं में सम्पूर्ण रामकथा वर्णित न होकर राम के वनवासी जीवन से रचना का प्रारम्भ हुआ है। वनवास से पूर्व की कथा को रचनाकारों ने स्थान नहीं दिया।

कुछ रचनाएँ ऐसी भी मिलती हैं जो लिखी तो गई हैं आश्रयदाताओं की प्रशंसा के लिए, अर्थात् जो प्रशस्ति काव्य की श्रेणी में आती हैं, लेकिन चूँकि उनमें आश्रयदाता को सूर्यवंश से सम्बद्ध किया गया है इसलिए प्रारम्भ में सूर्यवंशीय परम्परा का वर्णन किया गया है। राम के पूर्व और पश्चात् की परम्परा का तो सामान्य वर्णन ही मिलता है, लेकिन राम के जीवन चरित्र को रचनाकार ने अपेक्षाकृत विस्तार से वर्णित किया है। और इस प्रकार कृति के प्रारम्भ में संक्षेप में ही सही, पूरी रामकथा वर्णित हो गई है।

राजस्थानी भाषा के रीतिशास्त्रीय, विशेषरूप से छन्दशास्त्रीय ग्रन्थों का रामभक्ति या रामकथा से सम्बद्ध होना एक उल्लेखनीय विशेषता है। इन ग्रन्थों का उदाहरण भाग राममय है। सामान्यत: ब्रजभाषा का रीतिशास्त्र जहाँ राधा-कृष्ण से सम्बद्ध मिलता है। वहाँ राजस्थानी भाषा के छन्दशास्त्रीय ग्रन्थ रामभक्ति से सम्बद्ध हैं। ब्रजभाषा के रीतिशास्त्र में भले ही राधिका-कन्हाई सुमिरन के बहाने' रहे हों, पर राजस्थानी भाषा के इन ग्रन्थों में राम के प्रति गहरी भक्तिभावना के दर्शन होते हैं। रामकथा के माध्यम से राम का गुणानुवाद कवियों का ध्येय है।

जो हिन्दी–समाज तुलसीदास के रामचरितमानस के माध्यम से ही रामकथा से परिचित है उसे राजस्थानी रामकाव्यों में वर्णित रामकथा के स्वरूप में कहीं–कहीं भिन्नता भी मिलेगी। घटना–प्रसंगों के रूप वहाँ से कुछ अलग रूप में दिखाई देंगे। इसे कवियों की कल्पना मात्र कहकर नजरअंदाज नहीं किया जाना चाहिए। वस्तुतः राजस्थानी भाषा के रामकाव्यों पर संस्कृत की रामायण–परम्परा का भी काफी प्रभाव है। वाल्मीकि रामायण, अध्यात्म रामायण आदि के साथ रखकर देखने पर राजस्थानी रामकाव्यों में वर्णित रामकथा के स्वरूप और घटना–प्रसंगों के रूप को आसानी के साथ समझा जा सकता है। कहीं–कहीं पर लोक–प्रभाव भी अपना प्रभाव दिखाता दिखाई पड़े तो आश्चर्य नहीं होना चाहिए।

राजस्थानी भाषा में आधुनिक काल में भी पर्याप्त संख्या में रामकथा सम्बन्धी रचनाओं का निर्माण हुआ है। आधुनिक चिन्तन दृष्टि तथा विचारधारा के अनुरूप रामकथा सम्बन्धी विभिन्न पात्रों के चरित्रांकन तथा घटना–प्रसंगों के रूपांकन में वैसा ही परिवर्तन राजस्थानी में भी दिखाई देता है जैसा हिन्दी तथा अन्य आधुनिक भाषाओं के साहित्य में।

राजस्थानी भाषा का राम साहित्य केन्द्रित इस आयोजना में हमारा प्रयास रहा है कि सम्बन्धित विषय को अधिक से अधिक पूर्णता प्राप्त हो। प्रारम्भ से लेकर आधुनिककाल तक की राजस्थानी राम साहित्य–परम्परा का दिग्दर्शन हो। सुदीर्घ काव्य–परम्परा के महत्वपूर्ण ग्रन्थ–रत्नों की विवेचना सम्मिलित हो। राजस्थानी भाषा में जैन कवियों द्वारा भी बड़ी संख्या में रामकाव्यों की रचना की गई है। इस धारा के रामकथाकाव्यों की अपनी कुछ विशेषताएँ हैं, जिनका परिचय भी इसमें मिलेगा। काव्य–परम्परा के साथ–साथ लोक–परम्परा को भी पूरा महत्व देते हुए कुछ आलेखों की योजना की गई है। राजस्थानी रामकथा मंचन की भी विशिष्ट परम्परा रही है जिसकी एक झलक के साथ चित्रांकन की झाँकी भी देखने को मिलेगी।

हमने राजस्थानी भाषा के अधिकारी विद्वानों से अनुरोध कर इस योजना के लिए आलेख माँगे। हमें विद्वानों का सहयोग मिला। कुछ विद्वज्जन चाहते हुए भी आलेख रूप सहयोग नहीं दे सके। उनके आलेख भी होते तो अच्छा होता। खैर!

मैं सभी लेखकों के प्रति आभार व्यक्त करता हूँ जिनके सहयोग से राजस्थानी भाषा का राम साहित्य अपने पूर्ण वैभव के साथ उपस्थित हो सका है।

देवेन्द्र

अनुक्रम

राजस्थानी रामकाव्य-परम्परा

डॉ. नेहा बैद

भारतीय सभ्यता एवं संस्कृति में विष्णु के अवतारों में से जो सबसे अधिक लोक-मानस में अपने उदात्त चरित्र तथा शील, शक्ति एवं सौन्दर्य के कारण रचा-बसा रूप है, वह है- 'राम' का। इसका प्रत्यक्ष प्रमाण सभी भारतीय भाषाओं में अनगिनत मात्रा में रचा गया 'राम साहित्य' है। वेद भी राम के चारित्रिक गुणों का गान करते हैं। अप्रत्यक्ष ही सही लेकिन वेदों में सार्वकालिक महानायक का वर्णन करते हुए कहा गया है-'भद्र तन आसुव' अर्थात् भद्र गुणों को धारण करने वाले राम से अनुप्राणित है भारतीय संस्कृति। इस प्रकार राम का दिव्य चारित्रिक गुणों से अनुप्राणित स्वरूप आदिकाल से लेकर आधुनिककाल तक भारतीय जन-मानस को अपनी ओर आकर्षित करता रहा है। राजस्थानी भाषा में भी पर्याप्त मात्रा में 'राम-साहित्य' प्राप्त होता है, जिसकी एक समृद्ध परम्परा है। इसका संक्षिप्त परिचय इस प्रकार है-

मेहोजी कृत रामायण

जाम्भोजी द्वारा राजस्थान में स्थापित विश्नोई सम्प्रदाय के प्रमुख कवि 'मेहोजी गोदारा' ने इस ग्रन्थ की रचना की थी। इनका समय विक्रम संवत् 1540-1601 माना जाता है। मेहोजी का जन्म राजस्थान के बीकानेर जिले की श्रीडूंगरगढ़ तहसील के गाँव भोजास के निवासी 'सेखोजी' के यहाँ हुआ था। मेहोजी के अन्य दो भाई थे-चैनो और चाहू। मेहोजी के रूणिया गाँव तथा जांगलू में रहने के उल्लेख भी प्रांप्त होते हैं।

मेहोजी कृत 'रामायण' एक आख्यान काव्य है जिसकी रचना उन्होंने विक्रम संवत् 1575 के आसपास की थी। इस समय इनकी आयु पैंतीस साल के लगभग थी। मेहोजी की यह रचना तुलसीदास कृत 'रामचरितमानस' से भी पूर्ववर्ती है। इसे राजस्थानी का पहला रामकाव्य तथा आख्यान काव्य होने का गौरव प्राप्त है। मेहोजी को अपनी इस एकमात्र रचना से ही बहुत अधिक प्रसिद्धि प्राप्त हुई। इनकी यह रचना कुल 261 दोहे-चौपइयों में रचित है। इनकी विशेषता यह है कि ये उन्हीं राग-रागिनियों में गेय हैं जिनमें कि विश्नोई साखियाँ

हैं। जैसे–भुंवरो (176 छन्द), सुहब (57 छन्द), धनांसी (8 छन्द), रामगिरी (6 छन्द), हंसौ (2 छन्द) तथा मलार या/और जैतसरी (12 छन्द)।

इस आख्यान काव्य 'रामायण' में मेहोजी ने श्री राम के सम्पूर्ण जीवन चरित्र को प्रस्तुत किया है। यह रचना सर्गों या खण्डों आदि में विभक्त नहीं है। इसमें कथा अपने प्रवाह क्रम से निरन्तर आगे बढ़ती रहती है। सम्पूर्ण राम–चरित्र का वर्णन करने के पश्चात् मेहोजी अपनी रचना 'रामायण' के सम्बन्ध में कहते हैं कि अड़सठ तीर्थों में नहाने से जो पुण्य प्राप्त होता है वह यह 'रामायण' सुनने पर सहज ही मिल जाता है–

अठसठ तीरथ जो पुंन न्हायां, सुंणौ रांमायंण कांने।
पढ़ियां नै मेहो समझावै, धापो धरंम धियांने।।[1]

मेहोजी कृत रामायण में वर्णित घटना–प्रसंगों का अध्ययन करने से स्पष्ट होता है कि इसमें तथा बहु प्रचलित रामकथा में तथा कथा के क्रम में कुछ अन्तर है। जैसे–दशरथ द्वारा अपनी अस्वस्थता में की गयी कैकेयी की सेवा से प्रसन्न होकर उसे वर मांगने को कहना–

नहेहौ हुवौ नरपती, लागै नहीं इलाज।
की कहि वारो महळि, लंका छीजंण काज्य।।
सेवा कारंण्य सुंदरी, इधको सेयौ नाह।
नींद न सोवै निसछले, बैसि पळोया पाव।।
ज्यौं विस घुट्यौ कांमणी, सुष छल्य सूतौ राव।
मांग ज़ मांगो केकवी, तूठो दसरथ राव।।[2]

मेहोजी ने 'सीता स्वयंवर' का वर्णन राम वनवास और दशरथ के गोलोक गमन के पश्चात् किया है, जबकि प्रचलित राम कथा में इसका वर्णन इनसे पहले मिलता है।

रावण द्वारा अपने रजपात भोज (रजपूत) को राम के सम्बन्ध में जानकारी लाने के लिए भेजना भी प्रचलित रामायण की कथा से भिन्न है–

रांवण लंका जाय करि, भोज गुझ सुंणाय।
वै कुंण छा सीतां परंण्यग्या, षबरि लियावो जाय।।
रजपात रांवण राव रो, संक विण्य रमैं सिकार।
आसंण्य आयौ राम रै, देष्यौ मढ़ी दवार।।[3]

इस तरह की भिन्नता अन्यत्र भी अनेक स्थलों पर देखी जा सकती है।

---

1. जाम्भोजी, विष्णोई सम्प्रदाय और साहित्य (दूसरा भाग), डॉ. हीरालाल माहेश्वरी, पृ.सं. 621 से उद्धृत
2. वही, पृ.सं. 624 से उद्धृत
3. वही, पृ.सं. 625 से उद्धृत

पिंगळ सिरोमणि

इसके कर्ता के सम्बन्ध में विद्वान एकमत नहीं हैं। कुछ विद्वान जैसलमेर के रावल हरराज को, कुछ जैनाचार्य कुशललाभ को तो कुछ इन दोनों को ही 'पिंगळ सिरोमणि' का रचयिता मानते हैं। डॉ. नारायण सिंह भाटी का मत है कि इसके कर्ता हरराज हैं। उनका मानना है कि हरराज ने विक्रम संवत् 1618 से कुछ पूर्व इसकी रचना की होगी।[1] वहीं, डॉ. मनमोहन स्वरूप माथुर इसे जैनाचार्य कुशललाभ कृत मानते हैं। उन्होंने लिखा है कि विक्रम संवत् 1635 की श्रावण शुक्ला नवमी रविवार को यह ग्रन्थ पूर्ण हुआ था।[2] डॉ. गुलाब कुँवर भण्डारी सम्मिलित रूप से हरराज तथा कुशललाभ दोनों को ही इस ग्रन्थ का रचयिता मानती हैं।[3]

'पिंगळ सिरोमणि' शीर्षक से ऐसा लगता है कि यह केवल छन्दों पर आधारित ग्रन्थ है, लेकिन इसमें अलंकारों का भी विवेचन है तथा एक प्रकरण 'पर्याय कोश' सम्बन्धी है।

आठ प्रकरणों में विभक्त पिंगळ सिरोमणि के प्रथम प्रकरण में लघु, गुरु, गण आदि का 16 छन्दों में वर्णन किया गया है। द्वितीय प्रकरण में संस्कृत की परम्परा के 51 छन्दों का निरूपण है। तृतीय प्रकरण में कवि ने संकर छन्दों के दस विविध भेदों को उदाहरण सहित समझाया है। चतुर्थ प्रकरण में 23 प्रकार के दोहों, 28 प्रकार की गाथाओं और 71 प्रकार के छप्पय छन्दों के लक्षण और उदाहरण हैं। पंचम प्रकरण में वर्ण प्रस्तार और मात्रा प्रस्तार सोदाहरण दिये हैं। षष्ठ प्रकरण अलंकारों से सम्बन्धित है जिसमें 75 प्रकार के अलंकारों के संक्षेप में लक्षण–उदाहरण दिये गये हैं। सप्तम प्रकरण में चित्रालंकारों के अतिरिक्त 'डिंगल-नाम माला' शीर्षक से पर्यायवाची शब्दों का छन्दोबद्ध संकलन है। अन्तिम प्रकरण में लगभग 40 डिंगल गीतों के लक्षण तथा उदाहरण प्रस्तुत किए गए हैं। उदाहरण प्राय: अन्य कवियों की रचनाओं से लिए गए हैं।

इस काव्यशास्त्रीय परम्परा के ग्रन्थ का सम्बन्ध रामकाव्य-परम्परा से भी जुड़ता है, क्योंकि इसके तृतीय एवं चतुर्थ प्रकरण में निरूपित छन्दों के उदाहरणों का वर्ण्य-विषय राम-कथा है। वैसे तो द्वितीय प्रकरण में भी राम वंदना, राम के प्रति भक्ति-भावना से सम्बन्धित छन्द आए हैं पर विधिवत् राम-कथा का वर्णन तृतीय और चतुर्थ प्रकरण में ही हुआ है। इसके अन्तर्गत राम के अवतार का प्रयोजन तथा राम-जन्म से लेकर लंका-विजय तथा अयोध्या लौटने तक की घटनाओं का संक्षेप में वर्णन किया गया है। स्वभावत: ग्रन्थ की सीमाओं

1. परम्परा (पत्रिका) भाग-13, पृ.सं. 13-14
2. शोध पत्रिका (वर्ष-44/अंक 3-4), पृ.सं. 36
3. राजस्थानी साहित्य में रामभक्ति-काव्य, पृ.सं. 62

में कथा को अधिक विस्तार देने का अवकाश नहीं था, फिर भी राम-कथा से सम्बन्धित लगभग सभी महत्त्वपूर्ण घटनाएँ और प्रसंग इसमें वर्णित हुए हैं।

पिंगळ सिरोमणि का प्रभाव राजस्थानी रामकाव्य-परम्परा सम्बन्धी परवर्ती रचनाओं पर पड़ा है। इसका प्रमाण है- माधवदास दधवाड़िया रचित 'रांम रासौ' जिस पर इस ग्रन्थ का प्रभाव अनेक रूपों में देखा जा सकता है। यह प्रभाव कथा प्रसंग के रूप तथा वर्णन शैली तक ही सीमित नहीं है बल्कि कहीं-कहीं पर तो शब्दावली भी काफी मिलती-जुलती है। उदाहरण के लिए हम लक्ष्मण को शक्ति लगने तथा उनके उपचार से सम्बन्धित दोनों रचनाओं के छन्दों को उद्धृत कर रहे हैं-

पिंगळ सिरोमणि

करि राजा रघु कथ बहुत लखमण गुण बांधव।
वार वार तिण वदन रोर जुत देखत राघव।।
जिन पंखी पंख हीण भ्रात विण मरकट भाळै।
अबळ थ्या दळ मूझ तुझ विण तबां विसाळै।।
रांम वभीषण सौं रटै वैद बुलावौ वेगही।
सूर उदय विण ल्यावसौ जीवै लखमण तौ जिही।।
हुकम च्यार हलकार वीर वांनर दिव वैदां।
तूसपतूसां तोख भजत ग्रंथां बहु भेदां।।
तेण जड़ी तेवड़ी दुहू लख जोजन दीपं।
पहर मांहि परसिद्ध सरीरां छाइ समीपै।।
रहसि विलापै रांम जामवंत जोध सु जंपै।
अंगद वाली कथ अखै तोवय हूंदा तद्दही।
वार तिहतर परिक्रमण साखी सूरज सद्दही।।[1]

रांम रासौ

भांजे रांमंण बाण भयंकरि। आया राघव लषमंण ऊपरि।।
राजा कपि संपैखे राघव। बहुत अचेत लषमंण बंधव।।
वार वार मुख लषिंण विलोकित। सौ कपि रांम हुवे बहु सोकित।।
तो विणि ज्यूं पंखी पंखां तज। अबळ थया दळ रांम लषिण अज।।

1. परम्परा (पत्रिका) भाग-13, पृ.सं. 62-63

x x x

तुसिपतुस पहर दीपै तंनि। जड़ी बताई दुहौ लख जोजनि।।
पड़िया लषमंण राघव पिलपै। जांमवंत जोधा सो जप्पै।।

x x x

हूँ जदि अगंद तो वै हंदा। ताका साखी सूर तपंदा।।
पर दखिणां दीधी धर पाखै। अेक दिन वर तिहैतरि आखै।।[1]

रांम रासौ

राजस्थान के कवि वीर योद्धा माधवदास दधवाड़िया ने 'रांम रासौ' की रचना की थी। दधवाड़िया जी का समय विक्रम संवत् 1615 के आसपास से विक्रम संवत् 1679 तक माना जाता है। ये मारवाड़ राज्य के महाराजा सूरसिंह के आश्रित कवि थे।[2]

'रांम रासौ' में मर्यादा पुरुषोत्तम श्रीराम की कथा का वर्णन कवि ने विस्तार के साथ किया है। सम्पूर्ण रचना 600 छन्दों में निबद्ध है। रचना के प्रारम्भ या अन्त में कहीं भी रचनाकाल का उल्लेख प्राप्त नहीं होता है। लेकिन दधवाड़िया के जीवन से जुड़ी एक ऐतिहासिक घटना का विवरण इतिहास ग्रन्थों में मिलता है। वह घटना है- कि 'रांम रासौ' के साहित्यिक महत्त्व को समझते हुए तत्कालीन महाराजा साहित्यानुरागी सूरसिंह ने माधवदास दधवाड़िया को विक्रम संवत् 1654 की फाल्गुन शुक्ला द्वितीया को मारवाड़ के सोजत परगने का 'नापावास' नामक ग्राम जागीर में प्रदान करके सम्मानित किया था। इस ऐतिहासिक घटना से यह सिद्ध हो जाता है कि 'रांम रासौ' विक्रम संवत् 1654 या इससे पूर्व की रचना है।

श्रीराम की जीवनगाथा पर आधारित इस प्रबन्ध काव्य का प्रारम्भ मंगलाचरण से होता है। इसके पश्चात् कवि ने अपनी रचना को काव्यात्मक दृष्टि से सुदृढ़ बनाने के उद्देश्य से जिन प्राचीन कवियों के ग्रन्थों का अनुसरण किया है उनका नामोल्लेख इस प्रकार किया है-

किसन व्यास, जयदेव कवि। वालमीक, सुकदेव।।
ईनि कवि गुरु सिख अंह। भाव छंद गुण भेव।।

सात काण्डों में विभक्त 'रांम रासौ' में वर्णित राम-कथा का स्वरूप प्राय: परम्परागत है लेकिन तुलसीदास के 'रामचरितमानस' के माध्यम से रामकथा से परिचित समाज को 'रांम रासौ' में वर्णित कुछ घटना-प्रसंगों के स्वरूप नये से लग सकते हैं। जैसे-हनुमान द्वारा बिल्ली का रूप धारण कर लंकापुरी में प्रवेश करना-

---

1. रांम रासौ, सम्पादक-शुभकरण देवल, पृ.सं. 192-194
2. वही, पृ.सं. 2

अंधारी निसि धुरि अरध। अरधी उजियारै ।।
सुखिम गात समंधरे। धरि भेष मंजारै ।।[1]

इसी प्रकार हनुमान द्वारा काफी देर तक सीता को न ढूंढ़ पाने पर आत्महत्या का निश्चय करना। रांम रासौ में उल्लेख है कि जब हनुमान काफी देर तक सीता को खोज नहीं सके तो उन्होंने सीता का पता लगाए बिना लौटने की बजाय आत्महत्या करने का निश्चय किया। इतने में ही उन्हें अशोक वाटिका की स्मृति हो आई–

बूंगै गयो मंन मांहे वंनर। वळै न कांम अरिधै वंनर।।
वनिता रांम न लभै वंनर। वपु अपघात विचारै वंनर।।[2]

रांम रासौ में यह भी वर्णित हुआ है कि जब इन्द्रजीत द्वारा नाग बाणों से श्रीराम तथा लक्ष्मण को अपने पाश में आबद्ध एवं अचेत करके धराशायी कर दिया गया उस समय रावण की आज्ञा से सीता को राम और लक्ष्मण की यह स्थिति दिखाने के लिए रणक्षेत्र में ले जाया गया–

त्रिजटा कहै दहकंध तांम। रथ चाढि दिखावौ सीत रांम।।
व्यंद जीह त्रिजटा रथ वागि। पित हुकुंमि गया ले सीत पागि।।
त्रिजटा सीत रथ पेरि तांम। रंण सेज दिखाए लषिंण रांम।।
जुध सेज लषमंण रांम जेह। ईखिया नयंण फूटोस ऐह।।
निरखिया प्रियाणंण रण नजीक। छोडंति प्रांण थई पूठि छींक।।[3]

ऐसे कुछ और प्रसंग भी देखे जा सकते हैं।

कवित्त रामरासै का

सुरजनदास पूनिया रचित इस रचना का एक अन्य नाम 'रामरासो' भी मिलता है। सुरजनदास (सूजोजी) भीयांसर गाँव के रहने वाले थे। इनका समय वि.सं. 1640–1748 माना जाता है। इन्होंने अल्पआयु में ही 'वील्होजी' से दीक्षा प्राप्त कर साधु-जीवन ग्रहण कर लिया था। 'वील्होजी' के शिष्यों में इनका प्रमुख स्थान था। संवत् 1673 में 'वील्होजी' ने अपने स्वर्गवास के समय इनको रामड़ावास का महन्त बनाया था। जिससे सुरजनदास जी के प्रभाव, महत्त्व, वैचारिक प्रौढ़ता को समझा जा सकता है। इनके द्वारा रचित ग्रन्थों में इनकी विद्वत्ता की छाप को स्पष्ट रूप से देखा जा सकता है। ये अनेक विषयों के ज्ञाता होने के साथ ही

---

1. रांम रासौ, सम्पादक–शुभकरण देवल, पृ.सं. 134
2. वही, पृ.सं. 138
3. रांम रासौ, सम्पादक–शुभकरण देवल, पृ.सं. 177

संस्कृत के पण्डित और मरु-भाषा के मर्मज्ञ थे। जाम्भाणी विचारधारा, साहित्य और सम्प्रदाय का इनको तात्त्विक ज्ञान था। इसी कारण इन्हें विश्नोई पंथ का 'सूतजी' माना जाता है।

सुरजनदास जी ने अनेक ग्रन्थों की रचना की है उनमें से एक है- कवित्त रामरासै का। यह 176 छन्दों में रचित है जिसमें 53 दवाळा, 10 लीला, 19 दोहा और 94 कवित्त हैं। रामरासै में श्रीराम के जीवन से सम्बन्धित कथा का वर्णन किया गया है। इसमें सम्पूर्ण राम कथा का विवेचन न कर कवि ने राम-रावण कलह (युद्ध) से सम्बन्धित घटना/प्रसंगों का वर्णन किया है-

जड़ जोग भोग जांणै जगत, मैंण समंदर मथियै।
नर वेध अजोध्या लंक सूं, कळह रांम दळि कथियै।।[1]

राम-रावण कलह का मूल कारण शूर्पणखा को ही माना जाता है। क्योंकि वह राम द्वारा अपमानित होकर रावण से अपने अपमान का बदला लेने को कहती है और इस प्रकार उसके अपमान का बदला लेने के लिए ही सर्वप्रथम राम-रावण युद्ध का प्रारम्भ होता है-

तेणि दिषु चष नीर, आजि हूँ मुंध अपत्ती।
लटी चटा षोसती, नीठि नव चौकि पहत्ती।
नहीं केस मुष नाक, माण तजि बाहंण अलगौ।
तेणि वैर दहकंध, लंकपति अवगण लगौ।
कहे बंधु वैर काढू कहीं, जेम तुझ दुष वीसरै।
वन रहै रांम सीता वरै, एम नाम मुष नीसरै।।[2]

इस प्रकार इसमें कथा का प्रारम्भ वनवास में राम के पास शूर्पणखा के जाने और राम के सामने अपने विवाह-प्रस्ताव को रखने तथा लक्ष्मण द्वारा उसकी चोटी और नाक काटने की घटना से होता है। इसके पश्चात् कवि ने सीता-हरण से लेकर लंका युद्ध तथा लंका युद्ध के विजयोपरान्त राम के अयोध्या जाने तक की सभी महत्त्वपूर्ण व प्रमुख घटनाओं/प्रसंगों का वर्णन इसमें किया है।

सुरजनदास पूनिया द्वारा रचित इस ग्रन्थ पर मेहोजी कृत 'रामायण' का प्रभाव स्पष्ट रूप से देखा जा सकता है। इसमें वर्णित कुछ घटना-प्रसंग पूर्ण रूप से मेहोजी कृत रामायण से प्रभावित दिखाई पड़ते हैं। जैसे-

(1) सीता वियोग में रोते हुए राम का लक्ष्मण द्वारा घड़े के पानी से मुंह धुलवाना और उन्हें सांत्वना देना।

---

1. जाम्भोजी, विष्णोई सम्प्रदाय और साहित्य, (दूसरा भाग) पृ.सं. 802 से उद्‌धृत
2. जाम्भोजी, विष्णोई सम्प्रदाय और साहित्य, (दूसरा भाग) पृ.सं. 802 से उद्‌धृत

(2) अशोक वाटिका में सीता-मन्दोदरी संवाद तथा उसके तुरन्त बाद में मन्दोदरी-रावण संवाद
(3) लंका में हनुमानजी का सीता को अपने साथ चलने को कहना तथा सीता द्वारा कारण बताते हुए साथ चलने से इनकार करना।
(4) रावण सभा में स्वयं हनुमान द्वारा अपनी मृत्यु का उपाय (पूँछ में आग लगाना) बताना।
(5) वाराही का उल्लेख
(6) लक्ष्मण द्वारा रावण को मारा जाना, आदि ऐसे ही प्रसंग हैं।

सीतपुराण

राजस्थानी रामकाव्य परम्परा की 'सीतपुराण' नामक रचना का सम्बन्ध जसनाथी सम्प्रदाय से है। यह रचना लोकगाथा के रूप में अत्यन्त लोकप्रिय रही है और आज भी जसनाथी लोक-गायकों तथा गायिकाओं द्वारा राजस्थान के चुरू बीकानेर क्षेत्र में गायी जाती है। इस रचना का सम्बन्ध भक्तकवि, गायक एवं संत जसनाथ जी के अनुयायी 'सरवण भूकर' से है और यह संवत् 1700 के आस-पास की कृति है। इसकी महत्त्वपूर्ण विशेषता यह है कि इसमें लोक में प्रचलित राम-कथा से सम्बन्धित घटना-प्रसंगों को स्थान मिला है या यह कहें कि लोक प्रचलित राम-कथा का प्रभाव इस पर बहुत अधिक है। सीतपुराण के रचनाकाल के सम्बन्ध में कृति के अन्तिमांश की निम्नलिखित पंक्तियाँ द्रष्टव्य हैं-

भूकर गावै सू समै, सतरह सौ मेल।
राखो नाम नारायणा, म्हारी अमर बधाओ बेल।।[1]

'सीतपुराण' के प्रारम्भ में मंगलाचरण है इसके पश्चात् राजा दशरथ और श्रवण कुमार से सम्बन्धित कथा-प्रसंग से कथा का प्रारम्भ हुआ है। आगे की रामकथा में कोई बड़ा अन्तर तो नहीं है लेकिन लोक-प्रभाव तथा रचनाकार की कल्पना के प्रभाव से यह रचना अछूती नहीं है। सीताहरण में रावण के सहयोगी के रूप में 'मारीच' नहीं 'भोज' का नाम मिलता है और रावण द्वारा शिवजी का भेष धारण कर धोखे से सीता का हरण किया जाता है। सीताहरण के पश्चात् रावण का रास्ता रोकने वाला 'जटायु' नहीं 'गरुड़' का उल्लेख मिलता है। सीता की खोज करते हुए राम-लक्ष्मण का शिवजी की बाड़ी में पहुँचना तथा फल तोड़ने पर वहाँ के रक्षक हनुमान द्वारा लक्ष्मण की मृत्यु, इसके प्रतिरोध में राम द्वारा हनुमान की मृत्यु तत्पश्चात् शिवपार्वती का बाड़ी में आना, पार्वती द्वारा अपने नख में बसे अमृत द्वारा लक्ष्मण और हनुमान को पुनर्जीवित करना तथा हनुमान को राम की सेवार्थ सौंपना आदि घटना रूपों पर लोक-प्रभाव स्पष्टतः देखा जा सकता है।

राजस्थानी रामकाव्य-परम्परा की कुछ अन्य रचनाओं की भाँति इसमें भी रावण का

1. राजस्थानी काव्य में रामकथा, डॉ. मदन सैनी, पृ.सं. 208

वध लक्ष्मण द्वारा किया जाना वर्णित है।

रुघरास

रुघनाथ मोहता द्वारा रचित राजस्थानी रामकाव्य-परम्परा की एक महत्त्वपूर्ण रचना है। इसके रचनाकाल के सम्बन्ध में मतभेद मिलता है। श्री अगरचन्द नाहटा इसका रचनाकाल विक्रम संवत् 1725 मानते हैं, जबकि मदन सैनी का मत है कि इसका रचनाकाल विक्रम संवत् 1795 होना चाहिए। वह संवत् 1725 कवि का जन्मकाल मानते हैं। डॉ. मदन सैनी ने रुघरास की हस्तलिखित प्रति के आधार पर अपने मत के समर्थन में जो अंश उद्धृत किए हैं वे विचारणीय हैं। रुघरास की प्रति के अन्त की निम्नलिखित पंक्ति में प्रयुक्त 1795 को उन्होंने रचनाकाल मान लिया है जबकि हमारे विचार से यह रचनाकाल न होकर रुघरास की प्राप्त हस्तलिखित प्रति का लिपिकाल होना चाहिए। पंक्ति इस प्रकार है – ''इति श्री रुघरासौ सम्पूर्ण : संवत् 1795 वर्षे मिति श्रावण सुदि 5 दिन रविवारै लिखीतं।।''

'लिखीतं' शब्द से स्पष्ट है कि यह प्रति का लेखन काल अर्थात् लिपिकाल है, न कि रचनाकाल। डॉ. सैनी ने अपनी पुस्तक में कवि द्वारा रचित ग्रन्थ के अन्त की कुछ पंक्तियाँ भी उद्धृत की हैं। जिनमें आए शब्दों को उन्होंने जन्मकाल, जन्मस्थान आदि से संबद्ध किया है जबकि गहराई से अध्ययन करने से स्पष्ट हो जाता है कि ये पंक्तियाँ कवि के जन्मकाल, जन्मस्थान आदि से संबंधित न होकर ग्रन्थ के रचनाकाल, रचनास्थान आदि से सम्बद्ध हैं। यह अवश्य है कि इनमें कवि ने अपने नाम को अपने माता-पिता के नाम के साथ जोड़कर उनके नामों का उल्लेख भी कर दिया है। सम्बन्धित पंक्तियाँ उद्धृत हैं –

सोमवार सुखकार सुकुल आठिम सु जगीसह।
मासे मगसिर मास संवत सौ सत्तर पचीसह।।
मारवाड़ जोधाण मंझि बालरवै मंडे।
जती रां राम गुण जेण प्रसिद्ध खंडे पर खंडे।।
रुघनाथ कहै दूहौ तणौ हरि-स्मरण दालिद हरण।
वांणियौ विनौ कर बीनवै मेट-मेट जामण मरण।।

x x x

पदमणी पुत्र.....कर जोडि एम रुघपति कहै....

x x x

कर मोड़ि रुघौ मुंहतो कहै...............।[1]

1. राजस्थानी काव्य में रामकथा, डॉ. मदन सैनी, पृ.सं. 215-16

रुघरास में सम्पूर्ण राम-कथा का वर्णन न होकर वनवास में सीता-हरण के पश्चात् रावण और जटायु के युद्ध की घटना से इस काव्य का प्रारम्भ हुआ है। उसके पश्चात् की राम-कथा सम्बन्धी प्राय: सभी घटनाओं, कथा-प्रसंगों का वर्णन इसमें मिलता है। जिसका मूल आधार वाल्मीकि रामायण ही रहा है। फिर भी कुछ ऐसे घटना-प्रसंग भी वर्णित हुए हैं जो वाल्मीकि रामायण से भिन्नता लिए हुए हैं। लेकिन यह पूर्ण रूप से मौलिक भी नहीं कहे जा सकते हैं क्योंकि इनका पुट हमें राजस्थानी में रचित राम-कथात्मक ग्रन्थों अथवा लोक में प्रचलित राम-कथाओं में सुनने को मिल जाता है। जैसे-रुघरास में रावण का वध लक्ष्मण द्वारा होना बताया गया है तथा इसमें वर्णित कथा सर्गों अथवा खण्डों में विभक्त नहीं है। यही विशेषताएँ हम 'रुघरास' से पूर्व की रचना मेहोजी कृत 'रामायण' में देख सकते हैं।

रुघरास में वाल्मीकि द्वारा योग-बल से कुश की सृष्टि का उल्लेख मिलता है। यह हम आनन्द रामायण, तिब्बती रामायण अथवा राम जातक आदि की कथाओं में भी देख सकते हैं। इसी प्रकार के कुछ अन्य घटना-प्रसंग-जैसे भिडसाकुंभ के पराभव एवं कुश के पराक्रम आदि - पर हम लोक-प्रभाव को परिलक्षित कर सकते हैं।

गुण पिंगल-प्रकार

साहित्येतिहास एवं संदर्भ - ग्रन्थों में हमीरदान रतनू की एक रचना 'गुण पिंगल-प्रकास' अथवा पिंगल प्रकास' नाम से उल्लिखित मिलती है। लेकिन इसका नाम विचारणीय है। हमें इसकी एक प्रति 'राजस्थान प्राच्य विद्या प्रतिष्ठान, जोधपुर' के हस्तलिखित ग्रन्थ संग्रहालय में उपलब्ध हुई है। गुटकाकार रूप में प्राप्त यह प्रति ग्रन्थांक 17768 (3) पर संगृहीत है। कुल 51 पत्रों में लिखी यह प्रति पूर्ण है। इस प्रति के प्रारम्भ में ग्रन्थ का नाम इस प्रकार लिखा गया है-

'अथ गुण पिंगल प्रकार लिख्यते' और अन्त इस प्रकार हुआ है-

'इती श्री द्वितीय परिछेद पिंगल प्रकार सम्पूर्ण।'

हालांकि गद्य रूप में लिखा होने से यह कहा जा सकता है कि यह लिपिकर्ता की भूल हो सकती है। लेकिन यही पद्य में लिखा हो और वह भी छन्द के तुकान्त में लिखा हो तो ऐसा नहीं कहा जा सकता। उदाहरणार्थ इस ग्रन्थ का प्रारम्भिक छन्द प्रस्तुत है-

समपि उकति सरसति सकति, शुभ मति अति ततसार।
कमलापति कीरति कहां पिंगल तणो प्रकार।।

इस छन्द की प्रथम पंक्ति के अन्त में 'ततसार' शब्द आया है और इसी कारण इसके तुकान्त में 'प्रकार' मिलता है। जो सही भी है, क्योंकि छन्दशास्त्रीय नियमानुसार प्राय: छन्दों के तुकान्त के वर्णों में ही समानता देखी जाती है। अत: यहाँ प्रथम पंक्ति के 'ततसार' के

'र' के कारण द्वितीय पंक्ति के तुकान्त में 'र' ही आयेगा 'स' (प्रकास) नहीं। इस प्रकार पाठ की दृष्टि से भी यही सही है और स्वयं कवि द्वारा निर्धारित है। हस्तलिखित प्रति में उपलब्ध इन तथ्यों के आलोक में हम यह कह सकते हैं कि स्वयं कवि को भी 'गुण पिंगल-प्रकार' नाम ही अभिप्रेत रहा होगा अतः हमने इसका इसी रूप में प्रयोग किया है।

हमीरदान रतनू का जन्म मारवाड़ (राजस्थान) के घड़ोई गाँव में हुआ था लेकिन यह अधिकांशतः कच्छ-भुज (गुजरात) में रहे।

'गुण पिंगल-प्रकार' की रचना कवि ने विक्रम संवत् 1768 में की थी। जिसका उल्लेख ग्रन्थान्त में इस प्रकार किया गया है-

संवत् सतरह अठसठे माह सीत रित मास।
जिहडौ जोडे जाणिऔ इहडौ कीऔ अभ्यास।।

कवि द्वारा इसे दो परिच्छेदों में विभक्त किया गया है। प्रथम परिच्छेद में गुरु-लघु गणादि तथा मात्रिक छन्दों का निरूपण है तथा द्वितीय परिच्छेद में वर्णिक छन्दों का। इसमें छन्दों का लक्षण-उदाहरण सहित निरूपण किया गया है। उदाहरण कवि द्वारा स्वयंरचित हैं। यद्यपि इसके उदाहरण भाग में 'रघुनाथरूपक' के समान सम्पूर्ण राम-कथा का वर्णन नहीं है और न ही 'रघुवरजसप्रकास' की तरह सम्पूर्ण उदाहरण श्री राम गुणानुवाद से सम्बन्धित हैं। 'गुण पिंगल-प्रकार' के उदाहरणों का वर्ण्य-विषय तो भगवान् विष्णु के गुणानुवाद, भक्ति, कीर्ति, स्तुति आदि से सम्बद्ध है। जैसा कि स्वयं कवि ने ग्रन्थारम्भ में कहा है-

'कमलापति कीरति कहां पिंगल तणो प्रकार।

भगवान् विष्णु की स्तुति होने के कारण इसमें विष्णु के दशावतारों का भी उल्लेख कवि द्वारा किया गया है। उदाहरणार्थ निम्नलिखित छन्द देखिए -

मछ कछ वराह माहव नारसिंघ अनिंदयं।
वेस वामण दुज वीछुल रामचंद नरिंदयं।
कान्ह बुध कलकि कै सब भो मिटालण भारयं।
सामिसुंदर धंनि सहिब ताहरा अवतारयं।।

चूँकि दशावतारों में श्रीराम और कृष्ण भी एक-एक अवतार हैं और धार्मिक क्षेत्र में इनका महत्त्व भी अधिक है अतः इनकी भक्ति, स्तुति आदि से सम्बन्धित स्वतन्त्र छन्द भी इसमें आए हैं। इसमें कृष्ण से सम्बन्धित छन्द अपेक्षाकृत अधिक हैं लेकिन श्रीराम की भक्ति, स्तुति, दुष्ट-संहारक, शरणागत वत्सलता, नाम माहात्म्य आदि से सम्बद्ध भी पर्याप्त छन्द प्राप्त होते हैं। उदाहरणार्थ कुछ छन्द उद्धृत किये जा रहे हैं-

जगण पाय आवे जुगंम, षट् आखरां खियाति।

मानि छंद सुजि मालती, रांम समरि दिन राति।।

मुरपुर मंडण विघन विहंडण।
दसरथ नंदण वदि जग वंदण।।

लोपि महादधि लंक लई, दांनि वभीषण रीजि दई।
मेटण दांणव मोट मती, प्रीति करे भजि सीतपती।।

राजा रांम मनोहरं रुघवरं, सीतावरं सुंदरं।
कोसल्या दसरथ रांउ कुंअरं पती अजोध्यापुरं।
धारी संख अरूप बाण धरणं, मोर अरी रामणं।
दातारं गढ लंक दानि दिअणं भूपाल बिभीषणं।।

रघुनाथरूपक

राजस्थानी भाषा में रचित इस रीतिग्रन्थ के रचयिता 'मंछ' या 'मंछाराम' हैं। ये सेवग जाति के ब्राह्मण 'बगसीराम' के पुत्र थे। इनका जन्म संवत् 1827 में तथा स्वर्गवास संवत् 1897 में हुआ। मंछ जोधपुर के महाराजा मानसिंह (शासनकाल संवत् 1860-1900) के दरबारी कवि थे। इन्होंने 'रघुनाथरूपक' की रचना जोधपुर में रहते हुए संवत् 1863 में की थी।[1]

'रघुनाथरूपक' छन्दशास्त्रीय ग्रन्थ है। इसमें डिंगल भाषा के प्रचलित छन्दों (गीतों) का लक्षण-उदाहरण सहित निरूपण किया गया है। स्वरचित उदाहरणों में कवि ने क्रमश: संक्षिप्त रूप में तथा कलात्मकता के साथ रामकथा का वर्णन बड़े मनोयोग से किया है। ग्रन्थ की इसी विशिष्टता के कारण इसका नाम 'रघुनाथरूपक' रखा गया है। जैसा कि स्वयं कवि ने लिखा है-

इण ग्रंथ में रघुनाथ गुण अत भेद कविता भाखियो।
इण हीज कारण नाम ओ रघुनाथ रूपक राखियो।।[2]

'मंछ' कवि ने अपने इस ग्रन्थ को नौ विलासों अर्थात् अध्यायों में विभक्त किया है। प्रथम दो विलास ग्रन्थ की पीठिका स्वरूप हैं। इन अध्यायों में वर्णित कुछ विषयों जैसे- काव्य के दोष, वयणसगाई, उक्ति के लक्षण और भेद, रस आदि को विश्लेषित करने के लिए जो उदाहरण दिए हैं वे राम की स्तुति, नाम माहात्म्य और राम की भक्ति से सम्बन्धित हैं। हालांकि यहाँ से रामकथा का प्रारम्भ नहीं होता है। आगे के सात विलासों (तृतीय से

1. रघुनाथरूपक, सम्पादक-महताबचन्द खारैड़, पृ.सं. 252
2. वही, पृ.सं. 253

लेकर नवम) में रामकथा का विधिवत् वर्णन कवि ने किया है और उन विलासों को एक-एक शीर्षक भी कवि द्वारा दिया गया है जो रामकथा पर ही आधारित हैं-(1) बालकाण्ड (2) अयोध्याकाण्ड (3) वनकाण्ड (4) केकिंधा (किष्किंधा) काण्ड (5) सुंदरकाण्ड (6) लंकाकाण्ड (7) उत्तरकाण्ड।

रघुनाथरूपक में वर्णित रामकथा प्राय: परम्परानुसार ही है। रामकथा वर्णन-शैली वक्ता-श्रोता वाली है। शिव जी वक्ता हैं, पार्वती जी श्रोता। एक दिन पार्वती जी शिव जी से पूछती हैं कि-

दुहूँ जोड़ कर पूछियो सगत अेकण दिवस,
आखजै जगतपति भेद इणरो।
आपरो ध्यान नित करै सारी इळा,
करो नित ध्यांन सो आप किणरो।।

शंकर जी उत्तर देते हैं -

तनै संखेप रघुनाथ चिरतां तणी,
गहर कीरत कहूँ सुणो गवरी।।[1]

चूँकि यह रामकथा सम्बन्धी स्वतंत्र ग्रन्थ न होकर छन्दशास्त्रीय ग्रन्थ है अत: कथा संक्षिप्त रूप में ही वर्णित हो पायी है। फिर भी कवि ने प्राय: सभी महत्त्वपूर्ण घटना-प्रसंगों को इसमें समाहित कर लिया है।

सूरजप्रकास

'सूरजप्रकास' राजस्थानी भाषा में जोधपुर के महाराजा अभयसिंह की प्रशस्ति में लिखा गया एक ऐतिहासिक काव्य है। इसकी रचना 'कविया करणीदान' ने की थी। कविया जी मेवाड़ राज्य के सुलवाड़ा नामक गाँव के रहने वाले थे। उनके पिता का नाम 'विजयराम' था। ये जोधपुर के महाराजा अभयसिंह के आश्रित कवि थे। कवि को 7500 छन्दों में रचित इस काव्य को पूर्ण करने में एक वर्ष का समय लगा था। इसका रचनाकाल विक्रम संवत् 1877 है। इन सबका उल्लेख स्वयं कवि ने ग्रन्थांत में इस प्रकार किया है-

सत्रैसै समत सत्यासियै, विजै दसमी सनि जीत।
वदि कातिक गुण वरणियौ, दसमी वार अदीत।।
वणियौ गुण इक वरस विच, उकति अरथ अणपार।
छंद अनुस्टुप करिउ जन, सत पँच सात हजार।।[2]

1. वही, पृ.सं. 79-80
2. सूरजप्रकास (भाग-3), सम्पादक सीताराम लालस, छन्द संख्या - 956

कवि ने इस ग्रन्थ का नाम 'सूरजप्रकास' क्यों रखा? इसे कवि के द्वारा ही जानिए-

सूरिज समांन जग जस उजास।
पोह ग्रंथ नांम सूरजप्रकास।।[1]

केवल इसीलिए नहीं, इसलिए भी -

'अभयमल' सूरज हिंदवां, जस सूरज्ज उजास।
कुळ सूरिज वरणै सुकवि कह सूरज परकास।।[2]

इस प्रकार अपने आश्रयदाता को सूर्यवंश से सम्बद्ध करते हुए करणीदान जी ने सूर्यवंश की पूरी परम्परा का उल्लेख किया है। पुराणानुसार उन्होंने ब्रह्मा जी से प्रारम्भ करके क्रमश: मरीचि, कश्यप, सूर्य, वैवस्वतमनु, इक्ष्वाकु आदि का उल्लेख किया है। चूँकि इसी वंश में श्रीरामचन्द्र भी हुए अत: कवि ने इक्ष्वाकु और राम के बीच हुए अनेक राजाओं का नामोल्लेख कर राम का चरित्र विस्तार के साथ वर्णित किया है। राम के परवर्ती राजाओं की वंशावली में पुंज तक का वर्णन करते हुए कवि ने कहा है कि पुंज के तेरह पुत्रों से राठौड़ों की तेरह शाखाएँ निकलीं।इस ग्रन्थ के नायक अभयसिंह भी राठौड़ क्षत्रिय थे।

वंशावली वर्णन के इस प्रसंग में राम की कथा का वर्णन 198 छन्दों में हुआ है। राम कथा सम्बन्धी यह प्रसंग चार शीर्षकों के अन्तर्गत वर्णित हुआ है, जो इस प्रकार हैं- श्री रामावतारवरणण, जन्मोच्छाहवरणण, राजा दशरथ वाक्य विस्वामित्र री स्तुति तथा रामचरित्र।

भगवान् विष्णु के राम-रूप में अवतार लेने की घटना से लेकर जन्मोत्साह, विवाह, वनवास और वनवास से वापस आने तक के सम्पूर्ण घटना क्रम को कवि ने बहुत ही सुंदर और संक्षिप्त रूप में वर्णित किया है।

अपने रामकथा वर्णन सम्बन्धी आधार के रूप में करणीदान जी ने जिन पूर्व कवियों का उल्लेख किया है उनमें आदि कवि वाल्मीकि तो मुख्य हैं ही, साथ ही सिव, हणवंत, नरहर, केसव तथा माधवदास का भी नामोल्लेख मिलता है-

विध बलमीक विधांन, रचि संखेप कहूं गुण राघव।
अनड़-मेर उनमांन, मेरह जेम प्रिथी दत मझळी।।
सिव हणवंत नरहर सुकवि, केसव माधवदास।
कहिया जिण विध हूं कहूं, प्रत अनुसार प्रकास।।[3]

यहाँ उल्लिखित पाँच कवियों में से कुछ के सम्बन्ध में कोई विशेष जानकारी उपलब्ध

---

2. सूरजप्रकास (भाग-1), छन्द संख्या-16
3. वही, छन्द संख्या-17
1. वही, छन्द संख्या-30-31

नहीं होती। कुछ कवियों और उनकी राम-भक्ति विषयक रचनाओं की जानकारी उपलब्ध हुई है। इन सबका संक्षिप्त विवरण प्रस्तुत है-

सिव

कविया करणीदान जी द्वारा उल्लिखित सिव कवि कौन थे, तथ्यों के अभाव में निश्चित रूप से कुछ नहीं कहा जा सकता।

हणवंत

सूरजप्रकास में उल्लिखित हणवंत कवि और उनकी रामभक्ति सम्बन्धी रचना के सम्बन्ध में कोई जानकारी प्राप्त नहीं है।

नरहर

ये सम्भवत: राजस्थान के रहने वाले नरहरिदास नाम के कवि हैं जिनकी प्रसिद्ध रचना 'अवतार चरित्र' है जो ब्रज भाषा में है। इसका एक अंश 'रामावतार' से सम्बन्धित है। इसका रचना काल संवत् 1733 है।

केसव

अपने समय के अत्यधिक सम्मान प्राप्त कवि केसवदास गाडण। इनका परिचय देते हुए मोतीलाल मेनारिया जी ने लिखा है- केशवदास जोधपुर राज्यान्तर्गत सोजत परगने के चिड़िया नामक गाँव के निवासी थे। इनका जन्म विक्रम संवत् 1610 में और देहान्त विक्रम संवत् 1697 में हुआ था। ये गाड़ण शाखा के चारण थे। इनकी रचनाओं का उल्लेख भी उन्होंने किया है जिनके नाम इस प्रकार हैं-

गुण रूपक, राव अमरसिंह जी रा दूहा, विवेक वार्ता।

उन्होंने माना है कि 'गज-गुण-चरित्र' भी इनका होना चहिए।[1]

डॉ. गुलाब कँवर भण्डारी ने उपरिउल्लिखित 'विवेक-वार्ता' नामक रचना का 'निसाणी विवेक-वार्ता' नाम से उल्लेख करते हुए लिखा है कि यह राम-भक्ति विषयक शान्त रस की रचना है। इसमें कुल 33 निसांणी छन्द हैं। राम-भक्ति के साथ इसमें वेदान्त का भी वर्णन है।[2]

माधवदास

राजस्थानी भाषा में रचित 'रांम रासौ' के रचनाकार हैं-माधवदास दधवाड़िया। रांम रासौ

1. राजस्थानी भाषा और साहित्य, पृ.सं. 119
2. राजस्थानी साहित्य में राम-भक्ति काव्य, पृ.सं. 142

का विवेचन पूर्व पृष्ठों में किया जा चुका है।

रघुवरजसप्रकास

यह एक रीतिग्रन्थ है जिसकी रचना राजस्थान के प्रसिद्ध राष्ट्रभक्त कवि दुरसा जी की वंश परम्परा के 'किसना जी आढ़ा' द्वारा की गयी। इनके पिता का नाम 'दूल्ह जी' था। ये उदयपुर के तत्कालीन महाराणा भीमसिंह के कृपापात्र थे। संस्कृत, प्राकृत, ब्रज तथा राजस्थानी भाषा के उद्‌भट विद्‌वान किसना जी की इतिहास में गहरी रुचि थी। कर्नल टॉड को इनके सहयोग से ही राजस्थान के इतिहास से सम्बन्धित सामग्री उपलब्ध हो सकी थी।

रीति और भक्ति का एक साथ समायोजन करने वाले इस ग्रन्थ की रचना विक्रम संवत् 1881 के आश्विन महीने के शुक्ल पक्ष की विजयादशमी शनिवार को पूर्ण हुई।[1]

'रघुवरजसप्रकास' एक छन्दशास्त्रीय ग्रन्थ है। इसमें संस्कृत प्राकृत, अपभ्रंश, हिन्दी तथा डिंगल छंदों (गीतों) का लक्षण-उदाहरण सहित निरूपण किया गया है। उदाहरण कवि द्वारा स्वरचित हैं जो श्रीरामचन्द्र जी के यशोगान से सम्बद्ध हैं। जैसा कि इस ग्रन्थ का नाम ही पुकार रहा है- रघुवर जस प्रकास अर्थात् श्रीराम के यश का गान/वर्णन। कवि ने छन्दों के लक्षण देने के पश्चात् उनके स्पष्टीकरण के लिए उदाहरण स्वरूप जो छन्द रचे हैं उनकी विषय-वस्तु राम माहात्म्य से सम्बन्धित है। उदाहरणार्थ निम्नलिखित छन्द जिसमें रोला छन्द का लक्षण है तथा उसी छन्द में रोला छन्द का लक्षण घटित होने के कारण वह उसका उदाहरण भी है। उदाहरण में श्रीराम के यश का वर्णन कवि ने किया है-

औयण मत चौवीस होय जिण रोळा आखत।
भल कवि जोड़ग छंद मांझ, राघौ जस भाखत।।
गैल औण रज परसत रीजै नारी गौतम।
प्रतिपल 'किसना' रांमचंद्र सौ भज पुरसोतम।।[2]

इसके उदाहरण भाग में कवि ने रामकथा का क्रमबद्ध वर्णन न कर रामगुणगाथा का भावपूर्ण गान किया है। राम के यशोगान में कवि ने अपनी रामभक्ति का पूर्ण परिचय दिया है। यद्यपि कवि का उद्देश्य रामकथा का वर्णन करना नहीं रहा है तथापि भगवान् राम के भक्तिभावपूर्ण गुणानुवाद में कथा से सम्बन्धित अन्य पात्रों, घटनाओं आदि का समावेश हो गया है। उदाहरणार्थ निम्नलिखित छन्द देखिए जिसमें रामकथा से सम्बन्धित पात्रों निषादराज, विराध, कबंध, जटायु तथा गौतम नारी अर्थात् अहल्या का उल्लेख होने के साथ ही श्रीराम तथा उनसे जुड़ी घटनाओं के संकेत भी समाहित हो गए हैं-

---

1. रघुवरजसप्रकास, सम्पादक-सीताराम लालस, 5/36
2. रघुवरजसप्रकास, सम्पादक-सीताराम लालस, 2/33

गोह सरीखा पांमर गाऊं, ब्याध कबंधा ग्रीध बताऊं।
नै सट पापी गौतम नारी, ते रज पावां भेटत तारी।।
देव सदा दीनां दुख दाघौ, रे भज प्रांणी भूपत राघौ।।[1]

रघुवरजसप्रकास का उदाहरण भाग कवि की काव्यप्रतिभा का द्योतक है।इसमें श्रीराम के शक्ति-सामर्थ्य, भक्तवत्सलता, पतितपावनता आदि का बहुत सुन्दर वर्णन कवि द्वारा किया गया है।

उपर्युक्त विवेचित कवियों और काव्यरचनाओं के अतिरिक्त मध्यकाल में ऐसे अनेक रामभक्त रचनाकार हुए हैं जिन्होंने रामकथा सम्बन्धी प्रबन्धात्मक कृतियाँ भले ही न लिखी हों पर अपनी भक्ति, नीति, आत्मबोध सम्बन्धी तथा प्रकीर्णक रचनाओं में राम के प्रति अपनी भक्ति-भावना की सुन्दर अभिव्यक्ति की है। इनमें ईशरदास बारहठ, अलू जी कविया, महात्मा ब्रह्मदास, बाँकीदास आदि के नाम विशेष रूप से उल्लेखनीय हैं।

आधुनिक रामकाव्य

राजस्थानी भाषा में रामकथा काव्यों की रचना-परम्परा आधुनिक काल तक चली आयी है और आज भी चल रही है। आधुनिक काल के अनेक रचनाकारों ने रामकथा को अपने काव्यों का आधार बनाया है। आधुनिक चिंतन दृष्टि के अनुरूप इनके द्वारा वर्णित कथा-रूपों में कहीं-कहीं परिवर्तन भी लक्षित किया जा सकता है। आधुनिककालीन राजस्थानी की ऐसी कुछ रचनाओं का संक्षिप्त विवरण यहाँ प्रस्तुत है-

रामदूत, कैकयी, जानकी, मांडवी

ये चारों अलग-अलग रचनाएँ हैं जिनकी रचना श्रीमंत कुमार व्यास ने की है। रामदूत सन् 1947 ई. की रचना है। यह काव्य हनुमान पर केन्द्रित है। श्रीमंत कुमार व्यास का दूसरा प्रबन्ध काव्य 'कैकयी' सन् 1989 ई. में प्रकाशित हुआ। इस काव्य का मुख्य केन्द्र कैकयी है। इस रचना के माध्यम से कवि ने कैकयी पर लगे लांछन को धोने के लिए कैकयी द्वारा राम-वनवास की घटना को इस रूप में प्रस्तुत किया है कि कैकयी जानती थी कि दशरथ के हाथों श्रवण कुमार की हत्या होने से उन्हें शाप मिला हुआ था कि उनकी मृत्यु भी पुत्र वियोग से होगी। जब राम के राजतिलक का निर्णय हुआ तो पहले तो प्रसन्न होती है लेकिन शाप की याद आते ही उसका मन अस्थिर हो जाता है और वह सोचती है कि कहीं ऐसा न हो दशरथ के जीते-जी राम की मृत्यु हो जाए और दशरथ को राम के वियोग में तड़प-तड़प कर प्राण त्यागने पड़ें। इसलिए उसने राम के लिए चौदह वर्ष का वनवास मांगा। हालांकि राम के

---

1. वही, 3 /71

वियोग में दशरथ को तड़प-तड़प कर प्राण त्यागने पड़े लेकिन राम का जीवन बच गया।

सीता के जीवन पर केन्द्रित 'जानकी' नामक प्रबन्ध काव्य का प्रकाशन 1994 ई. में हुआ। भरत की पत्नी मांडवी के चरित्र का वर्णन करने के लिए श्रीमंत कुमार व्यास ने 'मांडवी' नामक काव्य की रचना की जिसका प्रकाशन काल भी सन् 1994 ई. है।

रामकथा

यह विश्वनाथ शर्मा 'विमलेश' द्वारा पाँच अध्यायों में रचित एक प्रबन्ध काव्य है। रचना साधारण है। डॉ. किरण नाहटा के मत से यह काव्य बड़े सपाट ढंग से लिखी गई घटनाओं का समुच्चय भर बनकर रह गया है। वस्तुतः यह रामकथा का गद्य के स्थान पर अलंकरण हीन पद्यमय वर्णन भर है।'[1]

राजस्थानी रामायण

इसके रचयिता महावीर प्रसाद जोशी हैं। इसका प्रकाशन 1993 ई. में हुआ था। यह रचना श्री मंगल, वनवास, विजयश्री नामक तीन खण्डों में विभक्त है।

इनके अतिरिक्त नानूराम संस्कर्ता कृत 'लंकाण धणी' (सन् 1976 ई.), अंबू शर्मा रचित 'अंबू रामायण' (सन् 1992 ई.), अमृतलाल माथुर लिखित 'गीत रामायण', संत हनुवन्त किंकर विरचित 'श्री किंकर रामायण' (2001 ई.) तथा शंभूसिंह राठौड़ प्रणीत 'सीतायण' (2002 ई.) आदि भी उल्लेखनीय हैं।

इस प्रकार हम कह सकते हैं कि राजस्थानी भाषा में राम कथा काव्यों की सुदीर्घ और समृद्ध परम्परा है।

संदर्भ-ग्रंथ

1. आधुनिक राजस्थानी साहित्य : प्रेरणा - स्रोत और प्रवृत्तियाँ, डॉ. किरण नाहटा, चिन्मय प्रकाशन, जयपुर
2. गुण पिंगल प्रकार (हस्तलिखित ग्रन्थांक - 17768 (3), राजस्थान प्राच्य विद्या प्रतिष्ठान, जोधपुर
3. जाम्भोजी, विष्णोई सम्प्रदाय और साहित्य, डॉ. हीरालाल माहेश्वरी, बी.आर. पब्लिकेशन्स, कलकत्ता, प्रथम संस्करण वि.सं. 2026
4. रघुनाथरूपक, सम्पादक-महताब चन्द खारैड़, प्रकाशक-साहित्य अकादमी, नई दिल्ली, द्वितीय संस्करण
5. रघुवरजसप्रकास, सम्पादक-सीताराम लालस, प्रकाशक-राजस्थान प्राच्य विद्या प्रतिष्ठान,

---

1. आधुनिक राजस्थानी साहित्य : प्रेरणा-स्रोत और प्रवृत्तियाँ, पृ.सं. 144

जोधपुर, प्रथम संस्करण
6. राजस्थानी काव्य में रामकथा, डॉ. मदन सैनी, कथाराज प्रकाशन, श्रीडूंगरगढ़-331803
7. राजस्थानी भाषा और साहित्य, मोतीलाल मेनारिया, प्रकाशक हिन्दी साहित्य सम्मेलन, प्रयाग - 2006 वि.
8. राजस्थानी साहित्य में रामभक्ति-काव्य, डॉ. गुलाब कुंवर भण्डारी, त्रिभुवन प्रकाशन, जोधपुर, प्रथम संस्करण - 2010
9. रांम रासौ, सम्पादक-शुभकरण देवल, प्रकाशक-साहित्य अकादमी, नई दिल्ली, संस्करण-2005 ई.
10. सूरजप्रकास, सम्पादक-सीताराम लालस, प्रकाशक-राजस्थान प्राच्य विद्या प्रतिष्ठान, जोधपुर, प्रथम संस्करण
11. परम्परा (पत्रिका), भाग-13
12. शोध पत्रिका (वर्ष 44/अंक 3-4)

राजस्थानी में रामभक्ति–काव्य

डॉ. शक्तिदान कविया

राजस्थान प्रान्त भक्ति, शक्ति एवं अनुरक्ति में विख्यात रहा है। यहाँ की साहित्य–वाटिका में सभी प्रकार के काव्य–कुसुमों की सुरम्य झांकी देखने को मिलती है। वीर, शृंगार एवं भक्ति रसों की त्रिवेणी राजस्थानी–साहित्य की महती विशेषता रही है। वस्तुत: मरण को वरण करने की क्षमता रखने वाले लोग ही जीवन का सच्चा आनन्द प्राप्त कर सकते हैं। शौर्य के क्षेत्र में ही शृंगार की शोभा है और शृंगारिक सुरुचि ही परिपक्व होकर लौकिक प्रेम से उत्तरोत्तर अलौकिक प्रेम की और उन्मुख होती है। दूसरे शब्दों में, काम से राम तक की यात्रा ही मानव–जीवन की सफलता और सार्थकता है।

भक्ति; ईश्वर के प्रति अनन्य प्रेम का ही दूसरा नाम है। उसका अपना महत्त्व, मिठास और अजीब मस्ती है, जिसके सम्मुख संसार की हर चीज सस्ती है। भारत की पवित्र भूमि पर ईश्वर के प्रमुख चौबीस अवतारों में से भगवान राम के प्रति जो सहज भाव और लगाव है, वह प्रभाव किसी अन्य के प्रति इतना व्यापक नहीं मिलता। राम के चरित्र में शक्ति, शील एवं सौन्दर्य का श्रेष्ठ समन्वय होने के कारण सम्पूर्ण मानव–समाज के लिए वह एक आदर्श–सा बन गया है। समाज में वास्तविक सुख का आधार ही मर्यादा और सदाचार है। इस सत्य को स्वीकार कर राजस्थान के सन्तों एवं सुकवियों ने राम को विशेष रूप से आराध्य मान कर अपनी हृदयगत सम्पूर्ण आस्था, अटूट एवं अडिग रूप से, मर्यादा पुरुषोत्तम के चरणों में प्रतिष्ठापित कर दी। गोस्वामी तुलसीदासजी के ही समकालीन राजस्थान में कुछ ऐसे भक्त कवि हुए हैं, जिन्होंने भगवान राम की अनन्त कीर्ति गाई और जन–जन को राम–नाम की महिमा समझाई। इन भक्त कवियों में महात्मा ईसरदासजी बारहट, अलूजी कविया, माधौदास जी दधवाड़िया, एवं केशवदासजी गाडण के नाम विशेष उल्लेखनीय हैं। इनके पूर्ववर्ती एवं परवर्ती अन्य चारण भक्त कवियों में मांडणजी देवल, नरहरिदासजी बारहट, सन्तदासजी खिड़िया, तेजसी बारहट, ब्रह्मदासजी बीठू आदि प्रमुख हैं। इनके अतिरिक्त कई अन्य कवियों ने भी रीति–ग्रन्थों अथवा आत्मबोध–विषयक रचनाओं के माध्यम से राम–नाम की अपार महिमा गाई है।

भक्तवर महात्मा ईशरदासजी बारहट एवं अलूजी कविया की मान्यतानुसार स्वयं राम से बढ़कर उसके नाम में शक्ति है और उसका सतत स्मरण ही सच्ची भगवद्-भक्ति है। उन्होंने अनुभव किया कि सीधे-सादे और साधनहीन समाज के लिये ढोंग और ढकोसलों से दूर तथा प्रेम-रस से भरपूर राम-नाम का जप ही सच्चा तीर्थ और तप है। विपुल विश्वास के साथ उठते-बैठते, सोते-जागते, चलते-फिरते, रात-प्रभात, यत्र-तत्र और सर्वत्र राम नाम का स्मरण करना ही भव-सागर से पार उतरने का सरलतम तथा सर्वोत्तम उपाय है। राम-नाम के रुचिर रस का स्वयं के साथ अन्यों को भी भान एवं रसपान कराना चाहिए। जीवन-धन की उपलब्धि, अभिवृद्धि और समृद्धि-सभी सुखों का मूल मंत्र यही राम का नाम है, जिसकी साक्षी में अनेक शास्त्र प्रमाण-रूप हैं। महात्मा ईशरदासजी कृत 'हरिरस' के ये दोहे कितने सार्थक हैं कि-

रांम जपंतां रे रिदा, आळस म कर अजांण।
जो तूं गुण जांणैं नहीं, (तौ) पूछे वेद पुरांण।।1।।
ज्यों जागैं त्यों रांम जद, सूतां रांम संभार।
ऊठत बैठत आतमा, चालंतां चीतार।।2।।
रहे विलूंव्यौ रामरस, अन रस गिणे अळप्प।
ऐह महाध्रम आतमा, ऐ तीरथ ऐ तप्प।।3।।
राम जपंतां राजश्री, रांम भणंतां रिद्ध।
रांम नांम संभारते, पामीजे नव निद्ध।।4।।
रांम भणे भण रांम भण, अवरां रांम भणाय।
जा मुख रांम न उच्चरै, ता मुख लोह जड़ाय।।5।।

राम-भक्ति के मधुर रस से सराबोर इन दोहों के रचयिता भक्त कवि को राजस्थान और गुजरात की जनता ने 'ईसरा परमेसरा' कह कर सम्मानित किया और उनका अमर ग्रन्थ 'हरिरस' आज भी मोक्ष प्राप्ति-हेतु अन्त समय में व्यक्तियों को सुनाया जाता है। ईसरदासजी की भांति महात्मा अलूजी कविया ने भी देखा कि तत्कालीन समाज में सम्पन्न वर्ग के लोग तो स्वर्ग अथवा मोक्ष-प्राप्ति हेतु अनेक खर्चीले आयोजन कर आत्मतुष्टि का अनुभव कर रहे थे। अत: पिछड़े हुए क्षेत्र की साधनहीन जनता के लिए इन अनुष्ठानों के स्थान पर उन्होंने राम-नाम के माहात्म्य को सर्वोपरि मान कर समस्त बाह्य आडम्बरों की अवहेलना करने पर बल दिया। योग-साधना और गूढ़ तत्त्वों की अभिव्यंजना करने वाले सैकड़ों छप्पय छन्दों में महात्मा अलूजी ने राम-नाम को सर्वोत्तम रसायन मानते हुए सांसारिक भय-बाधाओं के निवारणार्थ इसी रामबाण औषधि का महत्त्व सिद्ध किया है। एक नहीं लाखों की संख्या में

यज्ञ, दान, व्रत, अनुष्ठान आदि किए जाएँ, तब भी राम-नाम के आधे के आधे और उसके भी अर्द्ध-भाग की शक्ति के समतुल्य नहीं हो सकते। अलूजी कविया के एक छप्पय में इसी तथ्य की अत्यन्त सुन्दर अभिव्यक्ति हुई है। यथा-

लाख जिग्ग राजसू, लाख असमेध करीजे।
लाख भार सोब्रन्न लाख कन्यावळ लीजे।
लाख गऊ सोवच्छ, लाख महकी दूजंती।
लाख सरोवर बंध, लाख वापी कीजंती।
एतला लाख एकठ करौ, अवर धरम कीजे सही।
आधले आध आधे अलू, रांम नाम पूगसि नहीं।।1।।

इस प्रकार के महिमामय एवं सर्वसिद्धि-प्रद राम-नाम के स्वरूप का पूर्ण ज्ञान हो जाने के पश्चात् भक्त-हृदय को ऐसा आनन्द अनुभव होता है, मानो मयूर अथवा दर्दुर को मेघ-वृष्टि, मत्स्य को नीर, बदन टूटते अफीमची को अफीम, भूखे को मिष्ठान्न भोजन एवं रंक को बहुमूल्य रत्न प्राप्त हो गए हों। राम की महानता प्रतिपादित करने वाले सरस भक्ति-काव्य में इन्हीं अलूजी का एक और छप्पय पठनीय है-

जिम मोरां दद्दरां, सघण घण पावस वूठै।
जळ बीछड़िये मच्छ, वळे जळ जाय पइट्ठै।
तन बंधण तूटतां, अमल बायड़िये लद्धौ।
खीर खांड घ्रत सहित, घण खुधियारथ खद्धौ।
आणंद हुवौ मन माहरै, जीव तणौ पायौ जतन।
रांम रौ नांम मिळियौ अलू, रंक हाथ चढ़ियौ रतन।।

राम-भक्ति-विषयक कई राजस्थानी प्रबन्धकाव्य रचे गये हैं, जिनमें मंछाराम सेवग कृत 'रघुनाथ रूपक' एवं किसना आढ़ा कृत 'रघुवर-जस-प्रकास' तो राम की महिमा गाने के साथ-साथ राजस्थानी काव्य-शास्त्र के श्रेष्ठ रीतिग्रन्थ भी हैं। इसी प्रकार माधौदास दधवाड़िया कृत 'रामरासो' प्रबन्धकाव्य एवं रघुनाथ मुहता कृत 'रुघरास' खण्डकाव्य के रूप में विशेष उल्लेखनीय हैं। इनके अतिरिक्त प्रकीर्णक काव्य के रूप में सैकड़ों कवियों द्वारा भक्ति, नीति, राजनीति, इतिहास, आत्म-बोध आदि विविध विषयों के साथ भगवान राम के महिमामय नाम एवं चारु चरित्र की विशद वन्दना की गई है।

कविवर किसना आढ़ा ने भगवान राम के दयालु, दीनबन्धु, दानी, दुष्ट-दमयिता एवं शरणागत-वत्सल रूप की दिव्य दीप्ति का वर्णन करते हुए अपने चित्त की हर्ष-हिलोर डिंगल के 'चित इलोळ' गीत में इस प्रकार व्यक्त की है-

दीनों पाळगर धन सुतन दसरथ, सकज सूर समाथ।
रिणखेत भंजण सकुळ रांवण, नेतबँध रघुनाथ।
तौ रघुनाथ, रे रघुनाथ, रवि कुळ आभरण रघुनाथ।।1।।
तन स्यांम सघण सरूप ओपत, सुपट बीज सकाज।
रिम कोट हण जण ओट रक्खण, मोट मन महाराज।
तौ महाराज रे महाराज, माहव मोट मन महाराज।।2।।
हक बगां लाखां असुर हरणौ, जुधां करणौ जैत।
चाढ़णौ कुळ जळ जळद चौजां, वाढ़णौ विरदैत।
तौ विरदैत जी विरदैत, विरदां धारणौ विरदैत।।3।।
बळ थकां अबखी बखत बेली, तवै जगत तमांम।
नित 'किसन' किव रट नांम निरभै, रसन श्री रघुरांम।
तौ रघुरांम रे रघुरांम रजवट धारियां रघुरांम।।4।।

'रघुवर-जस-प्रकास' में कवि ने सांसारिक सुखों की निस्सारता प्रकट करते हुए अहर्निश राम-नाम जपने में ही सार समझा है। स्वयं कवि के शब्दों में-

आखर दिन अवधेस बिन, नह कोई अपणा।
जिण कज हे मन रांम नांम जीहा निज जपणा।।

सर्वशक्तिमान राम की कृपा से मानव-जीवन में असंभव पदार्थ भी संभव हो जाते हैं और विपन्नता सम्पन्नता में बदल जाती है। इसीलिए किसना आढ़ा का विश्वास निम्नांकित पंक्तियों में पूर्ण आस्था के साथ व्यक्त हुआ है। यथा-

तोटौ केम रहै घर त्यांरै। रांम धणी मोटौ सिर ज्यांरै।।

इसी प्रकार 'सपंखरौ' गीत के एक अलंकृत दुहाले में भी इसी महानता का चित्रण हुआ है। जैसे-

हणू जिसा किंकरा पधोर के वंक रा हल्लां, जुधां जीत अनंक रा रोड़णा जोधार।
रोळै लेण लंक रा निसंक रा विभाड़ रांम, हाथां झोक रंक रा लंक रा देणहार।।

भक्तियुक्त रीतिग्रन्थ के कारण कवि को डिंगल-भाषा के ओजपूर्ण चित्र प्रस्तुत करने का भी सुअवसर मिला है। 'झमाळ' गीत में राम के पराक्रमी रूप का एक दृश्य अवलोकनीय है-

धाड़ा राघव धुर धमळ, अवनाड़ा अणबीह।
ऊबेड़ण जाड़ा असह, सुज घांसाड़ा सीह।।
सुज घांसाड़ा सीह, अबीह अचल्लणा।
झूमर खाग तियाग, भुजाडँड झल्लणा।

रहचण दससिर जिसा असह मझ राड़ रे।
वेड़क अंकी वार, धनंकी धाड़ रे।।1।।

कवि के अनुसार जो मनुष्य राम का स्मरण नहीं करते, उनके लिये न तो इहलोक में लाभ है, न परलोक में निर्भयता। न जीवन में सुख है, न मृत्यूपरान्त मुक्ति। उनके विचार, वाणी और व्यवहार में कभी निष्कलंकता अथवा शुभ स्वरूप नहीं मिलता। केवल उन्हीं बड़भागी व्यक्तियों का जन्म सफल होता है, जो रात दिन रामभक्ति के मधुर रस का प्रसाद प्राप्त करते रहते हैं। 'रघुवर-जस-प्रकास' के कवि ने राम की अतुल महिमा व्यक्त करते हुए जीवन में इसके महत्त्व का उल्लेख इस प्रकार किया है-

(दोहा)

जपै रसण रघुवर जिकै, अघ त्यों कपै अमांण।
जनम मरण सुधरै जिकां, जे वडभागी जांण।।

(छप्पय)

लाभ नहीं अहलोक, नहीं परलोकह निरभय।
सुमति नहीं ज्यों स्यांन, खांत ज्यों नहीं पाप खय।
जीवण सुख नहिं जिकां, नहीं ज्यों मुवां मुकत निज।
नहीं जिके निहच्यंत, करै ज्यों नहीं सरै कज।
निकळंक बांण ज्यांरी नहीं, दसा नहीं सुभ ज्यों दिपै।
ज्यों नहीं सफळ मिनखा जनम, जिके नहीं रघुवर जपै।।1।।

अथवा

धन मात पिता जिण वंशधर, कलुख तिकां दरसण कपै।
कवि 'किसन' कहै धन नर तिके, जिके रसण रघुवर जपै।।

'रघुनाथरूपक' में भी डिंगल-काव्यशास्त्र के विवेचन के साथ कवि का मूल उद्देश्य राम की पुनीत भक्ति के प्रति अनन्य अनुरक्ति का शुभ संकल्प ही है। मंछ कवि राम की अवर्णनीय महिमा को पूर्णरूपेण व्यक्त करने में स्वयं को असमर्थ-सा अनुभव करता हुआ उस वरेण्य, वंदनीय, विशिष्ट एवं विराट् रूप को बेजोड़ मान कर गद्गद् भाव से यही कहता है कि-

पात सुजस इखियात पयंपै, दातव असमर वात दुवै।
जग में रांम तिहारै जोड़े, हुवौ न कोई फेर हुवै।।

राम को मर्यादापुरुषोत्तम के रूप में चित्रित करते हुए उनके मानवीय गुणों की विशद वन्दना की गई है। समरभूमि में लक्ष्मण के शक्तिबाण लगने पर राम के विलाप में अपने

प्रिय अनुज के प्रति जो अनुराग व्यक्त हुआ है, उसके साथ-साथ अपने वचन-निर्वाह की चिन्ता भी उतनी ही तीव्र हुई है। राम-चरित्र के इस सुन्दर पक्ष पर प्रकाश डालने वाली प्रेम एवं करुणा से ओतप्रोत 'रघुनाथरूपक' की ये पंक्तियाँ अवलोकनीय हैं, कि-

वनता हरण वळे वनवासौ, लंका वणी लड़ाई।
सज इण वार छोड घर सूतो, भलौ न चीतौ भाई।
वके वयण लंकेस विभीखण, रहे तो भुजबळ मिंता।
बांणी वृथा हुवै रे वीरा, चित अधकांणी चिंता।।

राम के बनवास का दुःखद समाचार सुन कर कौशल्या भी मातृ-हृदय की ममता-वश पुत्र के साथ चलने को उद्यत हो गई। उस समय राम ने अत्यन्त विनयपूर्वक पातिव्रत-धर्म के महत्त्व की ओर संकेत करते हुए अपनी मातेश्वरी से घर पर रहने का अनुरोध कितने सुन्दर शब्दों में किया, कि-

बरस बिताय आवसू वेगो, धोखो तरस न कोय धरौ।
जाझी प्रीत घणी विध जणणी, कंत तणी सुध सेव करौ।।
कुटळ कुसील हीण जड़ कोढ़ी, अधम वृद्ध खळ पंगु अजै।
अंग अपार हुवै जो औगुण, तौ पण नार न नाह तजै।।
सुण माँ परम पुरांणां सायद, सह धरमां पतिधरम सिरै।
पिरियां सहित सासरौ पीहर, तारै खामंद आप तिरै।।

भगवान राम के अनन्त सद्गुणों एवं सुकृत्यों का स्मरण करता हुआ मंछ कवि इसी निष्कर्ष पर पहुँचता है, कि संसार में जितनी श्रेष्ठ उपमाएँ हैं, वे समस्त भगवान राम को ही सुशोभित होती हैं। यथा-

ग्रब गंजण रिच्छक सरणागत, संतां भवभंजण संसार।
सद उपमां जितरी तो साजै, तितरी ही छाजै करतार।।

इसी महानता के कारण कवि अपने मन को स्थायी रूप से राम के चरणों में अनुरक्त करना चाहता है। अपने जीवन का अंतिम लक्ष्य केवल इसी सार तत्त्व की सहज प्राप्ति अभिलषित करता हुआ कवि राम की महिमा इन शब्दों में व्यक्त करता है-

रात दिवस इण रीत, प्रगट घड़ियाळ पुकारै।
मिळियौ मिनखा जनम, लाख चौरासी लारै।
खाली तिकौ न खोय, जोय बहतौ जग जालम।।
खड़िया त्यांरी खबर, मिळै नह कीधी मालम।
चेत रे अजूं मनड़ा चतुर, रट रट श्री सीता रमण।

करुणा निधान सूं गहज कर, गमै सहज आवागमण ।।1 ।।

माधौदासजी दधवाड़िया रचित 'रामरासो' में राम-कथा की ओट में कवि ने अपने अनूठे काव्य-कौशल का परिचय दिया है। राम-चरित्र की विविध झांकियों के साथ सभी रसों का सांगोपांग निरूपण हुआ है। राम-रावण-संग्राम का वर्णन करते हुए कवि ने रक्तधारा का नदी के साथ सुन्दर रूपक प्रस्तुत किया है। यथा-सेना रूपी पहाड़ को काट कर तीव्र गति से रक्त की सरिता प्रवाहित हो रही है। हाथियों रूपी ढाहों के बीच रक्त-सरिता में मच्छियों की भांति तुरंग लोटपोट हो रहे हैं। कटे हुए शीश रुधिर-धारा में इस प्रकार प्रवाहित हो रहे हैं मानो कच्छप तैर रहे हों। योगिनियाँ रूपी पनिहारियाँ पत्र रूपी कलश में रक्त रूपी जल भर कर मस्त हो रही हैं। स्वयं कवि के शब्दों में -

(पद्धरी छन्द)

आसुरां डूंगरां सिर अकाळ। खळकिया श्रोण जळ घाव खाळ।
वढि घड़ा अन्नड़ां चालि वद्धि। लोहिका नदी ते नाम लद्धि।
पड़िया गजेन्द्र ढाहां सपेखि। लोटता तुरंगम मच्छि लेखि।
तूटा कर कोपर तड़फड़ंति। तोइरू जोक कच्छप तरंति।
लोही जळ चिहुंर सिंगाळ लूरि। पणिहारि सकति पत्र कळस पूरि।।

इसी प्रकार 'रुघरास' में भी कवि रघुनाथ मुहता ने राम-रावण-युद्ध का अलंकृत वर्णन किया है। वस्तुत: इस ग्रन्थ में काव्य-कौशल प्रकट करना ही कवि का मुख्य उद्देश्य प्रतीत होता है, इसीलिए वर्णन विशेष लुभावने बन पड़े हैं। लक्ष्मण के शक्ति-बाण लगने पर क्रुद्ध होकर राम ने जो युद्ध किया, उसका एक दृश्य कवि के शब्दों में अवलोकनीय है-

(मोतीदाम छन्द)

सरां मँडि सोक सळस्सळ सेल। खड़क्कड़ खाग हुवै जुध खेल।
झड़क्क खड़क्क मचै खग झाळ। कड़क्क बड़क्क दड़क्क कपाळ।
फरक्क थरक्क लिये कपि फोर। डरक्क कोरक्क करै कपि डोर।
वळक्क झमक्क चिहूं दिस बीज। खळक्क डळक्क करंताय खीज ।।1 ।।

करणीदानजी कविया ने तो 'सूरजप्रकास' जैसे ऐतिहासिक प्रबंध-काव्य में सूर्य-वंश के विवरण के साथ संक्षिप्त रामायण ही रच डाली। राम-जन्मोत्सव का वर्णन करते हुए कवि कहता है कि अयोध्या में जनता हर्षोल्लास से इस प्रकार हिलोरें लेने लगी, मानो पूर्ण चन्द्रोदय से समुद्र में ज्वार उमड़ पड़ा हो। यथा-

उच्छब वधै अजोधिया, प्रभु दरसण परमांण।
चन्द्र देख सामंद्र चढ़ै, जळ राका निस जांण।।

रघुकुल की मर्यादा के साथ राम के चरित्र की महानता चित्रित करने वाले कवि के ये शब्द अवलोकनीय हैं–

(भुजंगी छन्द)

अवद्धेस राजा प्रभू ध्रंमअंसी। वडी रीत चालै सदा भांण वंसी।
लड़ै काळ चाळां वहै वाद लागै। उभै हाथ जोड़ै गऊ विप्र आगै।।

दादूपंथी चारण महात्मा ब्रह्मदासजी बीठू ने 'भगतमाळ' रच कर भगवान के विविध अवतारों की लीला का सरस चित्रण किया है। 'भगतमाळ' के प्रारम्भ में ही राम की दयालु दृष्टि का दिग्दर्शन कराते हुए कवि कहता है–

देखौ आद अनाद सूं, राजी ह्वै श्रीरांम।
संतां रा संसार में, किसड़ा सारै कांम।।

इतना ही नहीं, राम–नाम का महत्त्व प्रतिपादित करते हुए उसे अक्षम्य पापों से मुक्ति दिलाने वाला महामंत्र सिद्ध किया है। ब्रह्महत्या, मातृ–पितृ–द्रोह, पुत्री के बदले धन–प्राप्ति, स्वामी–घात एवं बाल–हत्या जैसे जघन्य पापों से मोक्ष दिलाने वाला परम पदार्थ राम–नाम के अतिरिक्त और कुछ भी नहीं। ऐसे नाम को बारंबार नमन करते हुए भक्त–हृदय कहता है–

दुजां हाथ मारै पिता मात द्रोही। लियै दांम किन्या जियै जीव सोही।
धणी बाळघाती लियै सिद्ध धांमू। निमो रांम नांमू निमो रांम नांमू।।

भगवान की भक्त–वत्सलता, दयालुता एवं महानता के परिचायक 'चितइलोळ' गीत के ये बोल कितने सुन्दर व सटीक हैं–

बालक वेस धू वन जाय बैठौ, करण सेवस कांम।
देख अपणी ओट दीधी, धणी अवचळ धांम।
तौ निज नांम जी निज नाम, निगमां थापियौ निज नांम।।1।।
प्रसण हुय प्रहळाद ऊपर, हर दिखाये हत्थ।
पाड़ सब्बळ दैत पाड्यौ करण अदभुत कत्थ।
तौ समरत्थ जी समरत्थ, सारी वात हर समरत्थ।।2।।
अगन झाळा वीच आये, और नहिं एलाज।
श्रियादे वड देव सिमर्‌यौ, करण अपणौ काज।
तौ महाराज जी महाराज, मिनिया राखिया महाराज।।3।।
ग्राह पकड़े खांच गाढौ, सलल फिरगौ सीस।
तज गरुड़ गजराज तारे, वात विसवा वीस।
तौ जगदीस जी जगदीस, जन कज दौड़णा जगदीस।।4।।

अहल्या पद रेण उधरी, कियौ निरभै कीर।
विभीखण कू लंक बगसी, साथ राखण सीर।
तौ रघुवीर जी रघुवीर, राखण नांम का रघवीर।।5।।
भीलणी चुग किया भेळा, बौत हित सूं बोर।
प्रीत कर रघुनाथ पाया, कोइक खांडी कोर।
तौ किस्सोर जी किस्सोर, किरपा करणहार किसोर।।6।।

वास्तव में दीनबन्धु राम की महिमा अतुल एवं अपरम्पार है। रिझाने वाले भक्तों का तो उद्धार होता ही है, किन्तु खिजाने वाले भी स्वर्ग प्राप्त करते हैं। यह विशेषता अद्वितीय है। इस असीम भलाई के प्रति आश्चर्ययुक्त आनन्दानुभूति की अभिव्यक्ति करता हुआ 'भगतमाळ' का कवि कहता है, कि-

ऐसौ देख अचूंभौ आवै, पावै कवण भलाई पार।
रयौ रिझावणहार लंकपुर, हरिपुर गयौ खिजावणहार।।

राम के नाम को महामृत्युन्जय जाप अथवा समस्त व्याधियों की रामबाण औषधि समझ कर भक्तजनों ने यहाँ तक सन्तोष कर लिया कि जो कुछ हो रहा है वह उसी की इच्छा का परिणाम है और इसमें मनुष्य को आह्लाद या विषाद नहीं करना चाहिए। भगवद्गीता की उक्ति- 'दुःखेष्वनुद्विग्न मनाः सुखेषु विगतस्पृहः' के सदृश विचारधारा में विश्वास करते हुए डिंगल कवि गुलजी आढा ने तो यहाँ तक कह दिया, कि जिसने दर्द दिया है वही दवा करेगा। यथा-

औ निज मंत्र रांम मुख आखौ, सिव कहियौ धारियौ सुवा।
बरसे दरद नह रहे बाकी, दरद किये सोइ किये दुवा।।

कविराजा बाकीदासजी के मतानुसार हजार हाथों वाला भगवान जब मनुष्य को धन-दौलत देता है, तो दो हाथों से दान करने पर वह कभी घटती नहीं। इसके विपरीत राम की कृपा न रहे तो मुट्ठी बंध करने से भी मनुष्य के पास कुछ नहीं रहता। सब राम की कृपा-दृष्टि का ही खेल है। यथा-

सहस हाथ सूं रांम समापै, दरब घटै नह हाथ दुऐ।
सहस हाथ सूं रांम समेटै, हाथ भीड़ियां किसूं हुऐ।।

'दातार-बावनी' के मंगलाचरण में ही बांकीदासजी ने भगवान् राम की वन्दना करते हुए उन्हें शौर्य एवं औदार्य की समन्वित शक्ति मानते हुए ठीक ही कहा है कि-

लंक वरीसणहार सुण, दसकंधर दुख सीह।
साजा भला समापजे, दांन दियंतां दीह।।

वास्तव में, भला ऐसे अद्भुत दानवीर की महिमा कौन स्वीकार नहीं करेगा, जिसने लेने से पहले ही स्वर्णमयी लंका दान में दे दी थी। 'सूरजप्रकास' में इस भाव की ये पंक्तियाँ उल्लेखनीय हैं, कि-

प्रणैमेस वब्भीखणं भूप येनू। जपै आव लंकेस श्रीरांम जेनूं।
वणै सूर दाता उभै व्रद्द बंका। लियां हूंत पैली दिवी दांन लंका।।

इतना होते हुए भी रावण के सदृश कई दुर्मति लोग संसार में होते हैं, जो राम की दिनकरवत् दिव्य दीप्ति को इसीलिए नहीं मानते कि उनके उलूकवत् नेत्र उस परमज्योति का प्रकाश देख ही नहीं सकते। महात्मा अलूजी कविया को इसीलिये तो कहना पड़ा कि-

रावण उलूक मुक मूक हुव, अंध नयण आसा न घट।
श्री रांमचंद्र दिनकर दरस, कौसल्या प्राची प्रगट।।

वस्तुत: नेत्रों के होते हुए भी जो व्यक्ति अज्ञानवश मदान्ध होकर जीवन-पथ से भटक जाते हैं, उनको भीखजी रतनू (गांव विणलिया) कृत यह गीत चेतावनी देकर सजग करता है कि-

आंखड़ियां छती मती हुय आंधौ, गोमंद भज रे गैला।
दीनानाथ पूछसी तिण दिन, कासूं जाब करैला।।1।।
पैला नह भजियौ परमेसर, पछै घणौ पछतासी।
कदेक काळ अचांणकपटी, होळावै ज्यूं आसी।।2।।
लेखौ रती-रती रौ लेसी, खामंद जकौ खरीकौ।
लाठी लियां वहै छै लारै, सत्रू काळ सरीखौ।।3।।
सास उसास राम नीं सिमरौ, किस विध कांम करौ सो।
करतां जतन जावसी काया, 'भीखा' किसौ भरौसो।।4।।

विक्रम की 19वीं शताब्दी के भक्तकवि श्री प्रभुदानजी चारण ने इसी भाव का एक डिंगल-गीत लिखा है, जिसकी कुछ पंक्तियाँ प्रस्तुत हैं-

करलौ नित काज सुक्रत देह काची, साची जांण रयौ संसार।
बार बार आवण नह बारी, परभू भज ऊतरौ जु पार।।
मोह रो जाळ मांय नित मातौ, रातौ घर कारज दिन रात।
सतत सोह अठै है साची, सुख परलोक चलै नह साथ।।
कुळ अहंकार तजौ जग कूड़ौ, रूड़ौ नित भजलौ मन रांम।
वैतरणी लांघण री वारी, काढण नै आसी जद कांम।।

भगवद्भक्ति से भरपूर डिंगल-गीत-रचयिताओं में हमीरसिंह चूंडावत का नाम विशेष उल्लेखनीय है। आपने अनेक गीतों में राम-नाम की महिमा के साथ भौतिक पदार्थों की निस्सारता चित्रित की है। अवतारों की लीला-सम्बन्धी गीतों में से एक उदाहरण प्रस्तुत है-

(गीत)

भगत तारिया केक अन्नेक समरै भजै, जूट रण तारिया दैत जाडा।
तांम चरणोदकां कीर नर तारियां, गदाधर तारिया नांम गाडा।।
लाड कर लडाया मोहनी रूप लय, असुर सुर दढ़ाया रमत आगै।
कूंप पड़िया नरग घणा नर कढ़ाया, सिंघासण चढ़ाया रांम सागै।।
किसन पाराथ मिळ खपावे कैरवां, घड़ा दसकंध भाराथ धावै।
भमीखण लंक सन्नाथ कीधौ भजन, परमपद तगत अन्नाथ पावै।
सियावर हरेगा विगन राजा सगर, नांभ दय करेगा ब्रगत नूंता।
धनो गउँ जाट घर तूंबड़ै धरेगा, हजारां तरेगा भगत हूंता।।

महाकवि तुलसी की 'विनयपत्रिका' की भांति राजस्थान के डिंगल-कवियों ने भी भगवान से अपने दु:ख-दर्द की अनेक शिकायतें कीं और तत्सम्बन्धी सुझाव एवं समाधान-विषयक काव्य में भक्तों का हृदय बोलता है। कवि अजबा आढ़ा ने अपनी पत्नी के असामयिक निधन पर भगवान राम को उपालंभ देते हुए यह विनय की है कि किसी के जीते जी उसकी स्त्री को न छीने। यदि इस पीड़ा का अनुमान करना चाहें तो सीताहरण के वे दिन याद कर लें, सो अपने आप पता चल जाएगा। यथा-

कंत पहल्ला कांमणी, माधव मत मारेह।
सीता रावण ले गयौ, वे दिन चीतारेह।।

इसके अतिरिक्त राम का विशद वृत्त एक अन्य पक्ष को भी उजागर करता है, जिसकी ओर सर्वप्रथम बुधजी आशिया ने इंगित किया है। वस्तुत: राम की रावण पर हुई विजय न केवल अवतार-लीला है, बल्कि वह अन्याय पर न्याय की, सत्ता पर जनता की एवं महलों पर झोंपड़ी की विजय की प्रतीक है। कोट-किलों में अपने आपको शोभित और सुरक्षित समझने वाले मदान्ध शासकों को चुनौती देते हुए कवि ने एक गीत में निर्भीकता पूर्वक इस तथ्य को स्पष्ट किया है। यथा-

लंका रींछ बांदरां लूटी, निजरां रांवण नरखी।
काला मिनख किला कर केई, चढै कैफ री चरखी।
बाळकनाथ कहे छै बाबा, किलां गरब मत कीजो।
जीती लंका हूँत झूंपड़ी, दिस्ट जिकण पर दीजो।।

बुधजी आशिया ने एक और महत्त्वपूर्ण तथ्य की ओर हमारा ध्यान आकृष्ट किया है। उनके अनुसार ऊँच-नीच का भेदभाव मनुष्य कृत है, जो परमात्मा को बिलकुल पसंद नहीं है। प्रत्येक युग में भगवान ने अपने भक्तों को ऊपर उठाया तथा इस पुनीत कार्य में धनी-निर्धन अथवा ऊंच-नीच की खाई कभी बाधक नहीं बनी। राम की भक्ति के साथ इस आशय की आसक्ति भी आवश्यक है। अपनी 'भगतमाळ' रचना में स्वयं कवि की उक्ति विचारणीय है, जिसमें भगवान ने अछूतों का ही उद्धार किया था। यथा-

(छप्पय)

वळे फेर वागरी, तुरत लाधीयौ तारै।
मैणौ घाट मतार, ढेढ रेवौ ऊधारै।
नाभौ ढोली तार, भील कर गोहौ भाई।
सजन सरीसो सौध, कियौ भव पार कसाई।
भजन रै जोर तरिया भगत, ऊँच नीच नह आंतरौ।
रांम रौ भजन करलै रिदै, पलक 'बुधा' मत पांतरौ।।

असंभव को संभव करने की शक्ति केवल राम के पास है, इसीलिये उसने समुद्र पर पुल बांध कर लंका जैसी सुरक्षित नगरी को जीत लिया था। इसी प्रकार भक्ति-विषयक ग्रन्थों के रचयिताओं में नरहरिदास बारहट का नाम सर्वप्रथम आता है, जिन्होंने पिंगल भाषा में 24 अवतारों की लीला का महान् ग्रंथ 'अवतार-चरित्र' रच कर नया कीर्तिमान स्थापित किया। धीरजी बारहट कृत एक डिंगल-गीत में भगवान राम के वीरत्व एवं महाकवि नरहरिदास के कवित्व की आश्चर्यमिश्रित आनन्द के साथ वन्दना की गई है। यथा-

(गीत)

दुझल झोक रघुवीर नरहर दुहूं देखतां, उकत क्रांमत नखत छत अपारा।
हद हुई लंक रा लहणहारा ज्युंहिज, हद हुई ग्रंथ रा कहणहारा।।1।।
सुतन दसरथ नृपत पात लखपत सुतन, विकट क्रांमत नखत छत वदीता।
धिन त्रिकुट कोट नांमावतां ज्युंहिज धिन, गावतां ग्रंथ अवतार गीता।।2।।
ईखतां बिन्हे छत बांण ऊबंबरा, गरब असुरां सुरां नरां गळियौ।
हेमगढ़ तोड़तां आंक बळियौ ऊबबरा, गरब असुरां सुरां नरां गळियौ।
हेमगढ़ तोड़तां आंक वळियौ ज्युंहिज, बड़ौ जस जोड़तां आंक वळियौ।।3।।
बतावै सहू बुध वीरपण गुमर वध, देखतां दहूं नावै अवर दाय।
समर जित सोहड़ां मुकट रुघराय सत, राय कवियां मुगट रोहड़ांराय।।4।।

राम के मर्यादा पुरुषोत्तम स्वरूप के अतिरिक्त वीरता, धीरता एवं उदारता जैसे अनेक

सद्‌गुण उनके व्यक्तित्व की विशेषताएँ थीं। इन्हीं विशिष्ट गुणों के कारण राजस्थान में मांगलिक पर्वों पर अफीम रस की मनुहार के समय देवताओं, सन्तों, शूरमाओं, सतियों आदि को दिये जाने वाले 'रंग' सम्बन्धी काव्य में राम का पुनीत स्मरण विशेष श्रद्धा के साथ किया जाता है। जैसे-

कुळ रांवण रौ खय कियौ, सुर नर नाग सुनाथ।
तोनै नृप दसरथ तणा, रंग-रंग रघुनाथ।।
मेघनाथ नै मारियौ, रणबंका रण धीर।
रंग हो भाई रांम रा, वंका लिछमण वीर।।

राम-नाम जपने वाला भक्त भी जब पूज्य बन जाता है, तो साक्षात् राम की महानता का तो कहना ही क्या ? गाँव बिराई के आथूणावास-निवासी कविया जयसिंहजी द्वारा रात-दिन राम-नाम रटते रहने के कारण श्री धूड़जी मोतीसर (जुढिया) ने एक दोहे में भक्तवर अलूजी कविया के उस स्वगोत्रीय बंधु की सराहना इस प्रकार की-

अगे हुवौ कवियौ अलू, उण बिरदां ऐसींग।
रांम रांम साचै रिदै, जपै नांम जैसींग।।

इस प्रकार राजस्थानी राम-काव्य में जीवन के मर्यादा-मंडित विविध पक्षों का भक्ति एवंअनुरक्ति-भाव से सरस चित्रण हुआ है। साथ ही, रणबंके राजस्थान के साहित्य में वीरत्व की प्रधानता होने के कारण यहाँ के कवियों ने डिंगल की वीर रस-प्रधान रचनाओं में भी राम-चरित्र का चित्तग्राही चित्रण किया है। युद्ध सम्बन्धी काव्य-रचना में तो डिंगल भाषा का स्थान बेजोड़ है। अत: यहाँ के कवियों को राम-रावण युद्ध का प्रसंग मिलते ही अपनी प्रतिभा प्रकट करने का मानो एक सुअवसर उपलब्ध हो गया हो।

डिंगल के अत्यन्त क्लिष्ट एवं विशिष्ट गीत 'त्रिकुटबंध' के उदाहरण अपेक्षाकृत कम मिलते हैं, कारण कि इसकी अनूठी व अलंकृत बनावट में वह पेचीदगी है कि साधारण व्यक्ति तो सही ढंग से उसका पाठ भी नहीं कर सकता। एक ही सांस में लंबे दुहाले को पूरा पढ़ जाने की अनिवार्यता वाले तथा विश्वसाहित्य में अद्वितीय इस त्रिकुटबंध गीत के जितने भी उदाहरण मिलते हैं, उनमें अधिकांशत: राम-रावण युद्ध से ही सम्बद्ध हैं। रघुनाथरूपक, रघुवरजसप्रकास एवं सूरजप्रकास में त्रिकुटबंध गीतों का प्रयोग तो राम-रावण युद्ध के प्रसंग में प्रसिद्ध है ही, किन्तु बिराई-निवासी सालूजी कविया कृत इसी विषय का त्रिकुटबंध गीत अनूठी रचना होते हुए भी अद्यावधि अज्ञात एवं अप्रकाशित रहा है। अनेक वर्षों की खोजबीन के पश्चात् यह अनोखी-चोखी रचना मुझे उपलब्ध हुई। इसमें युद्ध की झाकझीक के पश्चात् रणभूमि में राम की महान् विजय वर्णित है।

उदाहरणार्थ गीत का प्रथम दुहाला अवलोकनीय है-

(गीत त्रिकुटबंध)

इण भांत लंका ऊपरा, भड़ हले रघुपत भूप रा,
कठठत्त हर कर रींछ, मरकट, सुभट वाहर सीत।
फब ढाल नेजा फरहरै, घनघोर नौबत घरहरै,
घन घोर घरहर त्रंबक सरतर, विकट वनचर अड़क अंबर।
कठठ लसकर सूर दध सर, धमक पग धर थरा थरहर।
सेन रघुवर करण समहर धनख सर धर हलक अतवर।
चमक निसचर पेख अरिपुर, उरग नर सुर हरख कर हर।
अत्रधपुर वर अडर आयौ, रूप धर इण रीत।।1।।

राजस्थानी कवि अपने ग्रंथों की पुष्पिका के अन्त में प्रायः 'बाचै विचारै ज्यांनै रांम रांम'जैसे शब्द अवश्य लिखते रहे हैं। यद्यपि विभिन्न जातियों में मौखिक अभिवादन तो अपने-अपने आराध्य देवी-देवताओं के नामों से करने की प्रथा है, किन्तु ग्रंथ-रचना के अंत में गद्य अथवा पद्य में केवल 'राम-राम' की ही परंपरा रही है। यह प्रथा राजस्थानी जन-जीवन में राम के प्रति अडिग और अटूट आस्था का ही फल है। चिमनजी कविया ने धर्म-दर्शन सम्बन्धी महत्त्वपूर्ण ग्रंथ 'हरीजस मोख्यारथी' के अंत में ग्रंथ-माहात्म्य के साथ राम-राम शब्द लिख कर पाठकों से अंतिम प्रणाम किया है। यथा-

(छप्पय)

सुणै कथा सुभियांण, तांण मसताई त्यागै।
जुगत अरथ लै जांण, भांण ज्यूं तम भ्रम भागै।
कथा मांय विध कही, सही अपणै घट सोजै।
अणभै होत उजास, खट्ट चक्रादळ खोजै।
सत चड़ै गंग उलटी सदा, रांम रंग रातौ रहे।
'चिमनेस' दास सतगुर वचन, लाख पदारथ गुण लहै।।

(दोहा)

सुणै पढ़ै को सीखवै, जपै आठ ही जांम।
कवियौ चिमनीदास कै, रटज्यो रांम स रांम।।

समग्र रूप में, राजस्थानी राम-भक्ति-काव्य में गुण एवं परिमाण दोनों ही दृष्टियों से अत्यन्त सुन्दर एवं सुरुचिपूर्ण विचारधारा मुखरित हुई है। इन भक्त कवियों की दृष्टि में राम निर्बल का सहारा, संसार-सरिता का किनारा और जग की आँखों का तारा है। वह एक

महामंत्र, महौषधि एवं चित्त की चिन्तामणि है। राम संसारियों के लिये सौगंध, सुकवियों के लिये छन्द और भक्तों के लिये आनन्द है। उसका चरित्र लोकहितकारी, सदाचारी और जनमनहारी है। इसीलिये राजस्थानी कवियों की रग-रग में रमा हुआ राम, सुबह और शाम, काम हो या आराम सदैव उनके साथ रहता है। वस्तुत: यही उनके जीवन का आधार, सत्संग का सार एवं काव्य का सच्चा पुरस्कार है।

राजस्थानी का प्रथम आख्यान काव्य : मेहोजी गोदारा कृत 'रामायण'

रवि पुरोहित

कह तपनीय पीतरंग कुरमदन, जात-रूप कळधौत जथा।
लाख जुगां लग काट न लागै, कलंक न लागै रामकथा।।

अवधान नाममाला में रामकथा को खरा सोना बताया गया है। ऐसी निष्कलंक रामकथा की अविरल जोत राजस्थानी रामकाव्यों में युगों-युगों से जगमगाती रही है। राजस्थानी काव्य में रामकथा के संकेत तो हिन्दी के आदिकाल में ही मिलने प्रारम्भ हो गए थे। वहीं पृथ्वीराज रासो में दशावतार वर्णन में रामकथा का संक्षिप्त प्रसंग देखने को मिलता है। इसके पश्चात ब्रह्म जिनदास के 'रामरास' और कर्मण या कारमत मंत्री के 'सीता-हरण' का नाम आता है। परन्तु यहाँ तक राजस्थानी का मूल ठाठ देखने को नहीं मिलता। यह भव्यता और ठाठ तो हमें मेहोजी कृत 'रामायण' में ही सर्व प्रथम देखने को मिलता है, जो गोस्वामी तुलसीदास विरचित 'रामचरितमानस' के सृजन से 56 वर्ष पूर्व अर्थात सम्वत् 1575 में ही रची व सिरजी जा चुकी थी। राजस्थानी के पहले रामकाव्य के रूप में इसकी चर्चा व चिंतन करने से पहले यहाँ राजस्थानी के रामकथा-काव्यों की परम्परा पर दृष्टिपात करें तो मन को तसल्ली और सुकून मिलता है। यहाँ माधोदास दधवाड़िया ने 'रामरासौ' जैसा महाकाव्य रचा, जो राजस्थानी काव्य में रामकथा का पहला महाकाव्य माना जाता है। सुरजनजी पूनिया की रामरास या रामायण के कवित्त में लोक परम्पराओं की निराली छटा देखने को मिलती है, वहीं श्रवण भूकर की सीतपुराण नामक लोक-रामायण लोकगाथा के रूप में अपनी अलग व मुकम्मल पहचान रखती है। खंडकाव्य की दृष्टि से मुंहता रुघनाथ का 'रुघरास' भी काफी प्रसिद्ध है, तो अवतारचरित, वंशावली और लाक्षणिक ग्रंथों में भी रामकथा की अविरल जोत प्रज्ज्वलित दिखती है। इन ग्रंथों में नरहरिदास बारहठ का 'अवतारचरित', कविया करणीदान का 'सूरज प्रकास', कविराजा ठाकुर बुधसिंह का 'देवीचरित', कुंवर हरराज का 'पिंगळ शिरोमणि', कवि मंछ का 'रघुनाथ रूपक गीतां रो' और चारण किसना आढ़ा का

'रघुवर जस प्रकास' आदि ग्रंथ भी राजस्थानी साहित्य की सम्पुष्टता के परिचायक और धरोहर हैं।

राजस्थानी काव्य में रामकथा का वर्णन यहाँ के मधुराभक्तिपरक काव्यों में भी देखने को मिलता है। इनमें नागरीदास की 'रामचरितमाला' और रूपदेवी का 'रामरास' उल्लेखनीय हैं। इसी परिप्रेक्ष्य में जैन, विश्नाई, सिध और दूसरे संतों-भक्तों के पदों में और राम-नाम से जुड़े सम्प्रदायों के काव्य में भी रामकथा का यत्र-तत्र रूप-स्वरूप देखने को मिल जाता है। आधुनिक रामकाव्यों की भी एक सुदीर्घ परम्परा देखने में आती है। यहाँ के लोकगीतों में भी रामकथा के सुमधुर स्वर सुनने को मिलते हैं। इस प्रकार यह कहा जा सकता है कि राजस्थानी काव्य में रामकथा की अविरल जोत यहाँ की भाषा, साहित्य और संस्कृति के साथ यहाँ के जनजीवन में भी जगमगाती प्रतीत होती है।

इसी अविरल प्रज्वलित जोत के उजास में देखें कि यहाँ की पहली रामकथा-काव्य की पहली कृति मेहोजी की रामायण किस प्रकार गर्व योग्य है ? इस मान-सम्मान के कई कारण गिनाये जा सकते हैं। प्रथम तो यह कि इसे राजस्थानी का पहला रामकाव्य होने का यश प्राप्त है, जो आख्यान काव्य के रूप में भी प्रथम गिना जाता है। दूसरा यह कि हिन्दी रामकाव्यों में सबसे अग्रगण्य 'रामचरितमानस' से भी पहले इसकी गिनती होती है और इसके अलावा लोक संस्कृति के रूड़े चितरामों के कारण भी यह रामायण अपनी अलहदा पहचान और स्थान रखती है। पश्चातवर्ती सरवण भूकर की 'सीतपुराण' लोकगाथा भी मेहोजी कृत रामायण के आधार पर ही रची-सिरजी गई है। जैन रामकाव्य 'रामजी सीताजी कउ रास' पर भी इसी रामायण का प्रभाव प्रतिबिम्बित होता है।

यहाँ मेहोजी और इनकी रामायण पर विचार प्रासंगिक है, जो राजस्थानी रामकाव्य के लिए न केवल गर्व है अपितु यह राजस्थानी साहित्य की एक ऐसी सम्पुष्ट मिसाल है, जिसने राजस्थानी को सम्मान दिलवाया है।

मेहोजी गोदारा का जन्म बीकानेर जिले की श्रीडूंगरगढ़ तहसील के गाँव भोजास में हुआ। इनके पिताश्री का नाम शेखोजी था, जिनके तीन पुत्र थे और इनको विश्नाई सम्प्रदाय के प्रवर्तक महात्मा जांभोजी (सम्वत् 1542) ने 'थापन' बनाया। इस वक्त मेहोजी सिर्फ 2 वर्ष के थे। मेहोजी ने 35 वर्ष की अल्प वय में ही रामायण का सृजन कर लिया। जंभसार (9-26) में लिखा है-

भोजास गांव अरु जात गोदारो, सेखो नाम जंभ को प्यारो।
रथ को बैलवान बड भारी। थापन कीनेऊ ताहि विचारी।।
ब्राह्मण रह अस्थापण कीन्हां। कर्मकांड करहू कहि दीन्हा।

सेखे के पुत्र भए तीनां--मेहो, चैनो, चाहू प्रबीना ।।

शेखोजी के बाद चैना और मेहा भी 'थापन' बने। मेहोजी ने जांगळू में 'पिछोवड़ै मंदिर' का निर्माण करवाया। विश्नाई सम्प्रदाय में इनका जबरदस्त मान-सम्मान था। '24 की लूर', 'हिंडोलणो' और जांभोजी के भक्तों की भक्तमाल में इनका नाम उल्लेखनीय है।

मेहोजी विरचित रामायण में कुल 261 दोहे व चौपाइयाँ हैं। इनका आधार वाल्मीकि रामायण के अलावा लोक परम्पराएँ रही हैं। कांड या सर्ग इस रामायण में नहीं हैं।

मेहा रामायण की नई उद्‌भावनाएँ ही इसे दुनिया की अन्य रामायणों से अलग खड़ा करती हैं। कथाधार तो इसमें भी अन्य रामायणों की भाँति ही देखने को मिलता है परन्तु कुछ उद्‌भावनाएं सिर्फ और सिर्फ इसी रामायण में देखने को मिलती हैं, जो इसकी विशेषताएं भी मानी जाती हैं। ये इस प्रकार हैं-

1. वाल्मीकि रामायण में एक दृष्टांत देखने को मिलता है कि दशरथ जब युद्ध में दुश्मनों से घिर जाते हैं, तब कुछ लोग उसे अलग दूर ले जाकर ईलाज करते हैं। मेहा रामायण में यह प्रसंग कुछ भिन्न तरह से रचा गया है। मेहा रामायण के अनुसार दशरथ जब बीमार हो जाते हैं, तब कैकयी पूरे मनोयोग से इनकी सेवा-सुश्रूषा करती है। इसी से प्रसन्न होकर दशरथ इन्हें वरदान मांगने को कहते हैं।

2. मेहा कृत रामायण के प्रसंगानुसार राम-सीता का विवाह दशरथ के दिवंगत होने के बाद और वनवास के वक्त होता है जबकि दूसरी रामायणों में राम-सीता का विवाह स्वयंवर के माध्यम से वनवास से बहुत पहले होना दर्शित और वर्णित है।

3. अन्य रामचरित काव्यों में उल्लेख मिलता है कि जब राम व लक्ष्मण वनवास को प्रस्थान करते हैं, उस वक्त भ्राता भरत अपने ननिहाल में होते हैं जबकि मेहा रामायण में उस वक्त भरत का अयोध्या में ही होना वर्णित व संदर्भित है, साथ ही राम द्वारा भरत को फटकारने का उल्लेख भी पढ़ने को मिलता है।

4. इस रामायण में मारीच की जगह भोज नाम का पात्र है, जो रावण का रजपूत या राजदूत होता है। भोज रावण के आदेश से पहले पंचवटी आता है और सीता के सौंदर्य को देखता है। वह स्वयं को बीमार राहगीर बता कर रात्री विश्राम के लिए सीता की शरण लेता है। मेहा रामायण के अनुसार रावण अपने योद्धा भोज को सीता की सुन्दरता के बखान के लिए कहता है और उसके मुंह से सीता का रूप-बखान सुन कर वह मंदोदरी की सुन्दरता व खूबसूरती से सीता की तुलना करता है और फिर ज्योतिषियों को निमंत्रित कर सीता-हरण के लिए शुभ-अशुभ फल जानना चाहता है। ज्योतिष फल जानने के बाद कि सीता-हरण हर तरह से विनाशकारी और आत्मघाती होगा, रावण भोज से सीता-हरण बाबत विचार-

विमर्श करता है। भोज की राय सीता-हरण के पक्ष में जान कर वह हरण योजना पर अमल हेतु प्रस्थान करता है। रावण को रास्ते में बायीं ओर सर्प तथा दायीं ओर गधा और सामने सुनार आता हुआ दिखता है। ऐसे अपशकुनों के बावजूद भी रावण भोज की 'सासत सूंण किसौ सौदागर, लाहो ले बिणजारो, जींपण धरती रहै अपरबळ, कुण छै तोनैं मारण हारौ' जैसी उक्ति सुन कर रुकता नहीं। जबकि वाल्मीकि रामायण में अंकमन रावण के पास जाता है और बताता है कि राम ने खर का वध कर दिया है। साथ ही वह सीता के अप्रतिम रूप-सौंदर्य का भी बखान करता है और सीता-हरण का मसविरा देता है।

5. मेहा रामायण के अनुसार हनुमानजी सीता की खोज में लंका से आगे निकल जाते हैं। एक वृद्धा के बताने पर वे वापस लौटते हैं और लंका में कूद पड़ते हैं जबकि अन्य रामायण में हनुमान के जान-बूझकर लंका से अलग हट कर रात्री विश्राम का जिक्र व वर्णन मिलता है।

6. प्रायः सभी रामचरित काव्यों में यह पढ़ने को मिलता है कि हनुमानजी अशोक वाटिका के वृक्षों को हिला-हिला कर फल तोड़ते, खाते और अपनी उदर-अग्नि को शांत करते हैं। इस उपक्रम में अशोक वाटिका को तहस-नहस कर देते हैं जबकि मेहा कृत रामायण में पवनपुत्र सीता से आदेश लेकर फल-फूल से अपनी भूख मिटाना चाहते हैं परन्तु सीता उन्हें पेड़ों से स्वतः गिरे फल ही खाने की अनुमति देती है।

7. इस आख्यान काव्य में बजरंग के खुद ही यह राय देने का प्रसंग आता है कि उनकी मौत पूंछ पर सूत बांध कर उसमें आग लगाने से होगी। दूसरी रामायणों में भी यह वर्णन मिलता है परन्तु अभिव्यक्ति का तरीका भिन्न है।

मौत बतावै बांदरो, सांभल्य राणो राव।
पूंछड़ सूत पळेटिनै,दियो वसंदर लाय।।142।।

8. इस काव्य में काली, वाराही आदि 108 शक्तियों का उल्लेख भी मिलता है, जो वाराही और बटाऊ (राहगीर मेहमान) की बातचीत से उजागर होता है। मेहा रामायण के अनुसार रावण की बहन वाराही किसी रास्ते चलते राहगीर से बतियाती है और पूछती है कि उसके पीहर के क्या हाल हैं ? वह कहती है कि हम 108 बहिनें थीं और अब 'काली बहन' किस पर रीझे ?

'पूछै बहंण विराही रे पंथिया, कंवल भौम सूं आयो ?
कह पीहर री कुसळात।
पीहर री कुसळात वात, वीर वेष वन्य षाधि
अठोतरिसै बहनां हुंती, काळी कायर गाढी

कहै नै रे वीरा पंथी बात।।

इस तरह की बातें और प्रसंग वाल्मीकि रामायण व अन्य रामचरित काव्यों में दृष्टिगत नहीं होती। हां, ऐसा संदर्भ कर्मण कृत सीताहरण नाम की रचना में अवश्य मिलता है। इसके अनुसार राम-रावण के युद्ध में कुंभकरण का वध हो जाता है तो पटरानी मंदोदरी की सलाह से रावण एक पक्षी के साथ संदेश भेज कर अपनी बहन काली को बुलाते हैं। काली अपनी 107 बहनों के साथ लंका पहुँचती है। रावण बहन काली के चरण-स्पर्श करता है। सभी बहनें श्रृंगार करके युद्ध क्षेत्र में पहुंच जाती हैं। रावण की बड़ी बहन काली युद्ध करते लक्ष्मण को मोहित करने की जुगत और प्रयास करती है। उसी वक्त लक्ष्मण के शक्ति-बाण लग जाता है और वे बेहोश हो जाते हैं। हनुमानजी द्रोणगिरी से संजीवनी लाते हैं, तब लक्ष्मण को होश आता है। युद्ध में यद्यपि सभी बहनें रावण की सहायता करती हैं परन्तु भोले शंकर की रावण से नाराजगी के चलते वे राम से युद्ध के लिए मना कर देती हैं।

9. मेहा रामायण में वैद्य राम से कहते हैं कि जो भी संजीवनी बूंटी लाने के लिए जाए, उसे सूर्योदय से पहले लौटना होगा। यह बात यद्यपि हनुमान के लिए ही कही गई है परन्तु सीधे उनसे नहीं। जबकि वाल्मीकि रामायण में वैद्य और हनुमान का सीधा संवाद होता है और हनुमान को सूर्योदय से पूर्व लौटने को कहा जाता है।

10. इस रामायण में महरावण ठगबाजी से राम-लक्ष्मण को पाताल ले जाता है और उनकी बलि माली देवी के चढ़ाने हेतु अग्रसर होता है। हनुमानजी समुद्र मार्ग से पाताल जाते हैं और माली देवी के मंदिर पहुँचते हैं। फादर बुल्के की रामकथा में एक जगह इस घटना का जिक्र मिलता है। हनुमान राम-लक्ष्मण को वापस लाते हैं।

11. मेहा रामायण के अनुसार जब लक्ष्मण रावण को मारने हेतु तैयार होता है तो रावण अपने प्रधान को लक्ष्मण के पास दया की भीख माँगने हेतु भेजता है। जैन संत विमलसूरिकृत 'पदमचरित्र' के अनुसार रावण अपने सामंत नाम के दूत के साथ राम के पास संधि का प्रस्ताव भेजते हैं। रावण अपने राज्य का हिस्सा और तीन हजार कन्याएं देने की शर्त रखता है कि वे सीता को त्याग दें और कुंभकरण, इन्द्रजीत और मेघवाहन को छोड़ दें।

12. मेहोजी कृत रामायण में स्वर्णमृग के प्रथम दर्शन स्वयं सीता ही करती है। स्वर्णमृग को देख कर सीता लक्ष्मण से उसे मार कर मृगचर्म ला देने का अनुरोध करती है परन्तु जब लक्ष्मण हाँ नहीं करते, तब वह अपनी विवशता कुछ यूं प्रकट करती है-

जां नहीं नासिका, तां किसौ सोड।
जां नहीं पीहरौ, तां किसौ कोड।।
जां नहीं मात न, जां नहीं तात।

कैनै कहूं सखी, गूझ री बात।।

13. इस रामकाव्य में सीता-हरण के समय पहले गरुड़ और फिर जटायु का प्रसंग व उल्लेख मिलता है -

'गुरड़ पंषा घट छावियौ, घरहरियो असमांण।
रांवण रूघौ वारियां, अंक न लाभै जांण।।' (93)।

हड़मानजी भी इस काव्य में मृग-वध के वक्त मौजूद रहते हैं। सीता-हरण से दुखी होकर रोते हुए राम को धीरज बंधाते हुए कहते हैं कि एक सीता गई तो क्या हुआ, मैं आपको बीस सीता ला दूंगा, आप कृपया रोयें नहीं। सीताजी को लंका से हनुमानजी साथ लाना चाहते थे, परन्तु सीताजी ने कई कारणों से उनके साथ आने से मना कर दिया।

14. इस काव्य में त्रिजटा की जगह मंदोदरी को स्वप्न आने का प्रसंग मिलता है। मंदोदरी स्वप्न में देखती है कि लक्ष्मण सागर पर पुल बना कर लंका को जीत लेते हैं।

15. जैन रामकाव्य परम्परा के प्रभाव से प्रभावित मेहा रामायण में रावण का वध राम की बजाय लक्ष्मण द्वारा किए जाने का उल्लेख मिलता है-

लछमण बांण संजोवियो, ताण्यर हुवौ तियार।
बोली मुंद मंदोदरी, दै सिर थारी बार।।

16. राम के एक योद्धा 'झीटो' द्वारा दुर्ग फतह करने का बीड़ा उठाने का संदर्भ भी मेहा रामायण में मिलता है और इसमें अहिरावण की बजाय महिरावण का उल्लेख है।

17. राम द्वारा सीता का हरण कर लिए जाने पर जब राम विलाप करते हैं तो लक्ष्मण उनको कहते हैं कि औरतों पर अधिक भरोसा ठीक नहीं। पहले वे पति को मारती हैं और बाद में सती भी हो सकती हैं। इसलिए हे राम ! आप अधिक विलाप न करो-

पहलू मारै पुरिष नै, साथ्य सती पंण्य होय।
तया भरोसौ जन करो, गहला रांम न रोय।।

मेहोजीकृत रामायण में उक्त नवीन उद्भावनाओं के साथ ही कथोपकथनों की भी भरमार है। इसमें कैकेयी-दशरथ, सीता-भोज, भोज-रावण, रावण-ज्योतिषि, सीता-लक्ष्मण, सीता-रावण, रावण-लक्ष्मण, राम-लक्ष्मण, राम-हनुमान, अंगद-हनुमान, हनुमान-सीता, लक्ष्मण-हनुमान, मंदोदरी-सीता, रावण-मंदोदरी, विभीषण-रावण, वाराही-बटाऊ के संक्षिप्त-सबल-समर्थ संवाद ने इसे नाटकीय गुणों से सबल व समर्थ बनाया है।

इस रामकाव्य में मध्यकालीन सामंती युग और उस युग से जुड़ी लोक-मान्यताएं व लोक-विश्वास के उपयुक्त दृष्टांत देखने को मिलते हैं। तिरिया-चरित्र, मुहूर्त, शकुन-अपशकुन, अच्छा वर पाने के लिए गौरी-पूजा, बड़े भाई की मौत के पश्चात उसकी ब्याहता

को पत्नी रूप में पाने के लिए छोटे भाई की कामना, राजहठ, बालहठ और तिरियाहठ का अचूक होना, वचन का पालन और ब्राह्मण, गाय की रक्षा, पशुओं और औरतों के हरण के बाद बाहर चढ़ना, ब्याह के रोके अर्थात सगाई के लिए नारियल भिजवाना, पाखण्डी साधुओं की कुचालें, घरों में चंपा, मरवा, केवड़ा आदि सुगंधवाले पौधे लगाना, पीहर से मिले दहेज से ससुराल में मान-सम्मान की बात, पूर्व जन्म का फल, व्रत-उपवास, आभूषण-मोह, सर्प की शत्रुता, ब्रह्मचर्य की महिमा, कुआ-बावड़ी और तालाब निर्माण, तीज-त्यौहार मनाने, जादू-टोने, स्वरोदय-शास्त्र और सौतेले भाइयों का मनमुटाव आदि के वर्णन से इसमें राजस्थान की कृषि संस्कृति अपने विराट रूप में सामने आती है। ग्रामीण समाज की झाँकी देखने के लिए यहाँ कुछ उपमाएं-उत्प्रेक्षाएं देखने लायक हैं।

सोनै री लंका नै खळै री दांई गाहणो -

'सोवन लंक खळो कर गाहो।' (259)

सीता-हरण के प्रसंग में सीता को बूंटे पर पड़ी कम्बल बताना -

'बूटै उपरि कांबळी, जे कोई लियै उठाय' (42)

गांवों में पानी के बंदोबस्त के लिए कुए और तालाब बनाने का प्रसंग-

'रांम खणावै रांमसर, लछमण बांधै पाल्य।
सिरि सोनै रो बेहड़ो, सीतळदे पंण्यहारि।'(62)

खेत की बीजाई, सिंचाई, सार-संभाल और हरिणों की चरवाई के संदर्भ में-

दांमंणो मरवौ बाहियौ बारि। सेहळऊं साळऊ करूं बंणराय।
सोवंनो मिरघलो, चरि-चरि जाय। (71)

'चंपौ मरवौ केवड़ौ, सींचै छै वंणराय।' (64)

खेत में भाता (छाक) ले जाती हुई सीता का चित्रण भी उसकी पनिहारिन की छवि का पृथक स्वरूप चित्रित करता है -

'हाथ कचोळो, सिर घड़ौ।

सूने घर के लिए 'सूना लछमण झूंपड़ा' और औरतों के आमोद-प्रमोद के लिए-

'चारवाड़ै वा गई, बैस सभातै चूरि।'

सीता-हरण के बाद रोते हुए राम को लक्ष्मण का धीरज बंधाना और पानी से मुंह धोने का कहना-

'रांम रोवै लिछमण धीरवै, गहला रांम न रोय।
सीत गई तो जांण दे, ले लोटी मुख धोय।'

इसी प्रकार हनुमानजी का राम से कहना -'सीत गई तो जांण दे, अवर अणाऊं बीस'

आदि प्रसंगों से साफ जाहिर होता है कि इस काव्य के पात्र अपने आस-पास के गाँवों के सीधे-सादे लोग हैं। पीहर से मिले दहेज के कारण ससुराल में मान के लिए सीता कहती हैं-

बाप दे दांन तो सासरै मांन।

सासरै मांन, जे बाप दे दांन।'

इस प्रकार हम कह सकते हैं कि इस काव्य में राजस्थानी लोकजीवन की सजग-सबल झांकी देखने को मिलती है। कवि इसके मूल में सीता-हरण को ही कारण रूप बताते हुए कहता है कि सीता का सतीत्व, लक्ष्मण का जतीत्व और हनुमानजी की वीरता धरी ही रह जाती, यदि सीता का हरण न हुआ होता तो -

सत सीता, जत लखमणां, सबळाई हणवंत।

जे आ सीत न जावही, अै गुण मांहि गळंत।। (25)

जीवन के अनुभूत सत्य का ज्ञान-दर्शन नीति-कथनों में देखने को मिलता है। मेहाकृत रामायण में भी नीति कथनों का प्रयोग व छटा देखने को मिलती है-

माहे जाळ न मोरिया, रुते न बूठ्या मेह।

काज पराया सींवळा, ज्यां दुखै ज्यां पीड़।

चोपड़ मांडी चोहटे, छिन में लिवी उतार।

अळ्यो म चवै मंदोदरी, अळियै लागै पाप।

भेद न दीजै भारजा।

कहो पराई जे सुणै, ज्यां सिर नांही कांन।

भाई सदा चितारजै, भाइयां भाजै भीड़।

पोह बिन पूरी नंह पड़ै, पग बिन पंथ न होय।

पहलू मारै पुरुष नै, साथ सती पिण होय।

त्रियाज हाट बिसाहणी, दिनां च्यार को सीर।

इस रामायण में मध्यकालीन समाज के खास शब्दों का प्रयोग भी हमें देखने को मिलता है। जैसे- कोट कांगरा, कापड़-चोपड़, खबरनवीस, दिखणी, बीड़ो, पाटम रांणी, भारजा, चौहटो, चकडोवल, खेड़, देसोटो, धाड़वी, लाख पसाव, रावळ-देवळ, लकाठी, दुहाई, सोवन कळस आदि।

काव्यरूढियाँ और संतवाणी का प्रभाव भी इसमें उजागर होता है। साथ ही आख्यान काव्य परम्परा की रचना होने के कारण इसमें संगीत के गेय तत्त्वों का समायोजन भी हुआ है। इस कृति में लौकिक छंदों एवं विविध राग-रागिनियों का प्राधान्य है। राग भुंवरो, राग

हंसो और राग जेतश्री आदि का प्रयोग भी प्रचुरता से इसमें किया गया है। काव्य में दोहा छंद गेय काव्य का प्राण तत्त्व माना जाता है। इस दृष्टि से इसे एक उत्कृष्ट गेय काव्य के रूप में परिगणित किया जा सकता है। इसमें प्रयुक्त संगीत और राग-रागिनियों का ही प्रभाव है कि इस आख्यान काव्य के छंद जागरण-जम्मों में भी सुमधुर स्वर लहरियों में सुनने को मिल जाते हैं।

मेहा रामायण आख्यान काव्य परम्परा में होने के कारण बाद में सरवण भूकर ने इसी को आधार बना कर 'सीत पुराण' गाथा का सृजन किया। 'सीत पुराण' में सिर्फ एक प्रसंग इस रामायण से अलग है और वह है लक्ष्मण-हनुमान और हनुमान-श्रीराम का युद्ध प्रसंग। इस प्रसंग से जुड़ा एक लोकगीत 'फळ कियां तोड्या लिछमण, शिवजी री बाड़ी' भी जागरण-जम्मों में सुनने को मिलता है। शिवजी की बाड़ी के रखवाले हनुमानजी बाड़ी में फल तोड़ते वक्त लक्ष्मणजी से युद्ध करते हैं और उनको मार देते हैं और बाद में श्रीराम के हाथों हनुमानजी मारे जाते हैं। मरते वक्त हनुमान की पुकार सुन कर शिव बाड़ी में आते हैं और श्रीराम के दर्शन पाकर उनका कोढ़ दूर हो जाता है। वे श्रीराम की लीला पहचान लेते हैं। पार्वती अपने नाखून के अमृत से छांट देकर लक्ष्मण और हनुमान को फिर से जिंदा कर देती हैं। यहीं शिव हनुमान को श्रीराम की सेवा में सौंप देते हैं। यही प्रसंग बंगाली रामायणों में 'शिव-रामेर युद्ध' नाम से प्रसिद्ध है। परन्तु दूसरे किसी रामकाव्य में ऐसा उल्लेख देखने को नहीं मिलता।

इसी परम्परा में 'रामजी सीताजी कउ रास' नाम से एक जैनकाव्य और मिलता है, जिसमें मेहोजी की रामायण का कुछ प्रभाव देखने में आता है परन्तु यह काव्य बहुत छोटा और छंदों की दृष्टि से अत्यन्त कमजोर कहा जा सकता है। जीवन की समग्रता के साथ पूर्ण औदात्य, उत्कर्ष एवं शिद्दत के साथ सृजित यह कृति राजस्थानी जन-जीवन को 'अड़सठ तीर्थों का पुण्य प्रदाता' मानी गई है। मेहोजी की रामायण का श्रुतिफल कवि द्वारा कुछ इस प्रकार बताया गया है-

अड़सठ तीरथ जो पुंन न्हायां, सुणौ रांमांयण कांनै।
पढ़ियां नै मेहो समझावै, धापो धरंम धियांनै।। (26)

इस प्रकार कहा जा सकता है कि मेहोजी कृत रामायण से शुरू हुई राजस्थानी काव्य में रामकथा की यह अटल-अविचल जोत अपने उजास से यहां के रामकाव्यों की परम्परा को सम्बल और सबलता देती रही है और देती रहेगी। मध्यकाल की यह रचना परम्परागत चली आ रही स्वयंसिद्ध महानता की सीमाओं का गौरवपूर्ण अतिक्रमण करती है। शास्त्रों से सर्वथा विमुख लोक शिक्षित कवि को माँ सरस्वती की वाणी ने जैसे स्वयं वरण किया

है और इसी के चलते कविता का एक पृथक स्वरूप जनसाधारण के सामने आया है। गंभीरता से देखें और विचारें तो इस रचना ने अपने रचनाकाल के तमाम युग-संदर्भों को अनेकों अभिप्रायों और सवालों के रूप में समाज के समक्ष विचारार्थ रखा है। भारतीय साहित्य परम्परा में मेहा गोदारा की रामायण चाहे किसी भी पायदान पर प्रस्थापित की जावे परन्तु राजस्थानी भाषा की अपनी काव्य परम्परा में अपने रचयिता की सामाजिक स्थिति से अपने समूचे काव्य-व्यवहार व प्रविधि की चालू टीका-वृत्ति से हट कर एक रचनात्मक खोज और शोध का मार्ग प्रशस्त किया है।

आधार-ग्रंथ

1. मेहा रामायण-सं. श्याम महर्षि, राष्ट्रभाषा हिन्दी प्रचार समिति, श्रीडूंगरगढ़।
2. मेहा गोदारा (भारतीय साहित्य के निर्माता), सं. श्याम महर्षि, साहित्य अकादेमी, दिल्ली।
3. मेहोजी कृत रामायण : डॉ. हीरालाल माहेश्वरी।
4. जांभोजी, विश्नाई समाज और साहित्य : डॉ. हीरालाल माहेश्वरी।
5. राजस्थानी भाषा और साहित्य : डॉ. मोतीलाल मेनारिया।
6. राजस्थानी काव्य में रामकथा : डॉ. मदन सैनी, कथाराज प्रकाशन, श्रीडूंगरगढ़।

रामकाव्य एवं रासो परम्परा में माधवदास दधवाड़िया कृत रांमरासौ का महत्त्व

डॉ. प्रेमसिंह

हिन्दी साहित्य के इतिहास में 1600 ई. के आस-पास जहाँ से रीतिकाल की शुरुआत मानी गई है उसी दौरान भगवान विष्णु के अवतार राजा राम के चरित को लेकर 'रांमरासौ' जैसा महाकाव्य लिखा गया। कालक्रम के अनुसार और जैसा कि हम इस निबंध में देखेंगे कि विधागत और संवेदनागत आधार पर यह रचना भक्ति एवं रीति के मिलन बिन्दु पर स्थित है। राजस्थान के मारवाड़ अंचल में डिंगल (मारवाड़ी) में रचित रांमरासौ हमें मध्यकाल[1] के उस काव्य परिवेश में ले जाता है जहाँ काव्य धाराएँ, कवि संवेदनाएं और सहित्यिक विधाएँ आपस में बँटी न होकर एक दूसरे से मुखामुखम कर रही थीं। जिस साहित्य को आधुनिक काल में अवधी ब्रज़ और डिंगल आदि का परस्पर भिन्न साहित्य माना जाता है, मध्यकाल में वह आपस में संवाद कर रहा था। रांमरासौ यह प्रमाणित करता है कि एकान्त अरण्यों, आश्रमों, सम्प्रदायों और मठों में बैठकर 'स्वान्तः सुखाय' भक्ति काव्य लिखना केवल भक्तों एवं संतों का ही काम नहीं था वरन् यह राजदरबारों में उन चारणों द्वारा भी लिखा जाता था जिन्हें परम्परा दरबारों में बैठकर राज-समुदाय का प्रशस्ति गायक मानती आई है। डिंगल काव्य की विशाल परम्परा-जिसे वीरगाथात्मक एवं प्रशस्तिपरक काव्यों के लिए ज्यादा याद किया जाता है-में भक्ति संवेदना पर लिखा यह एक ही ग्रंथ नहीं था, वरन् यह ब्रज अवधी क्षेत्र के बाहर भी भक्तिकाव्य की प्रभावशाली उपस्थिति को दर्शाने वाले कई ग्रंथों का एक उदाहरण है। यह निबंध रांमरासौ की रचना एवं ग्रहण का विवेचन करते हुए राम भक्ति काव्य एवं रासो की परम्परा में इसका महत्व स्थापित करेगा।

हिन्दी में रासो काव्यों की प्रामाणिकता काफी विवादित रही है लेकिन 'प्राकृत पैंगलम्' में हम्मीर विषयक छप्पयों[2] और पुरातन प्रबंध संग्रह में पृथ्वीराज चौहान विषयक छप्पयों[3]

1. 'मध्यकाल' के लिए हिन्दी में आजकल 'प्रारंभिक आधुनिक काल' का प्रयोग भी हो रहा है।
2. प्राकृत पैंगलम् - भोलाशंकर व्यास-भूमिका भाग
2. संक्षिप्त पृथ्वीराज रासो-सम्पादक-हजारीप्रसाद द्विवेदी, नामवरसिंह, पृ. 177

के आधार पर कहा जा सकता है कि 16वीं सदी से पहले डिंगल और पिंगल (ब्रजभाषा) में चरितलेखन के लिए रासो जैसे काव्यरूप रहे होंगे। ये काव्यरूप 16वीं सदी में दरबारों से संबंध रखने वाले कवियों के लिए आदर्श थे। एक राजा अपने राजदरबार को सुसंस्कृत और कीर्तिमान बनाने के लिए कवियों को राज्याश्रय देता था जो संस्कृत की प्रतिष्ठित महाकाव्य परम्परा पर भाषा में काव्य लिखकर अपने राजा, उसके पूर्वजों और वंश को शाही प्रतिष्ठा दिलाता था। चरितगान के लिए प्रबंधकाव्य वह ढाँचा प्रदान करते थे जिससे कोई भी कवि अपने आश्रयदाता राजा को राजसी प्रतिष्ठा दिलवा सकता था। इसलिए दरबारों से जुड़े कवियों, भाटों और चारणों के बीच प्रबंध काव्य जैसे रासो का प्रसिद्ध होना लाजिमी था। चारण कवि माधवदास दधवाड़िया को राजा राम के चरितगान के लिए यह काव्य रूप सर्वाधिक उपयुक्त लगा होगा जो राजदरबारों में उनके ग्रंथ को प्रतिष्ठा दिलवा सकता था।

रांमरासौ की जिन चार पांडुलिपियों का उल्लेख इस ग्रंथ के संपादक शुभकरण देवल ने ग्रंथ की भूमिका में किया है, वे रांमरासौ के विविध पाठक वर्ग को दिखाती हैं।[1] रांमरासौ उदयपुर के महाराणा जगतसिंह के राजपंडित के पुत्रों की शिक्षार्थ, दादूपंथ में सार्वजनिक पठन व ढूँढाड़ व बीकानेर के क्षेत्रों में सार्वजनिक एवं निजी पठन के लिए काफी उपयोग में लाया जाता था।[2] यही बात रांमरासौ के बहुआयामी कलेवर और आरम्भिक आधुनिक काल के साहित्यिक परिवेश को हमारे सामने लाती है। राजदरबारों में पठन से इस ग्रंथ का महत्व इस बात में है कि यह राजा राम के आदर्श चरित्र को सामने लाता है जो राजपरिवार के सदस्यों के लिए शिक्षा का काम करता था। दूसरा, यह ग्रंथ एक प्रबंध काव्य है जिसमें संस्कृत की प्रतिष्ठित प्रबंध काव्य परम्परा के सारे गुण हैं जो कवि शिक्षा के लिए उपयोगी हो सकते हैं। मारवाड़ के जिस दरबार के आश्रय में यह ग्रंथ लिखा गया वह स्वयं मध्यकाल या प्रारम्भिक आधुनिक काल में साहित्य लेखन के मामले में अग्रणी था। दादूपंथ में सार्वजनिक पठन के लिए इस ग्रंथ को इसलिए उपयोग में लाया जाता होगा कि यह ग्रंथ एक तो रामचरित के माध्यम से भक्ति की प्रतिष्ठा करवाता है वहीं दादू के शिष्यों की साहित्य में गहरी रुचि लेना भी दर्शाता है। ढूँढाड़ और बीकानेर क्षेत्रों में इस ग्रंथ का स्वयं के पठनार्थ तैयार करवाना यह दर्शाता है कि रामचरित मानस की तरह यह ग्रंथ भी एक धर्मग्रंथ का रूप ले चुका था। इसकी भाषा राजस्थान के पाठकों को राम भक्ति काव्य से जोड़ रही थी।

माधवदास दधवाड़िया का जन्म जोधपुर के पास मेड़ता परगने के बलूंदा गाँव में वि.स.

---

3. देखें, भूमिका भाग पृ. सं. 40, रांमरासौ–सम्पादक–शुभकरण देवल
4. देखें, भूमिका भाग पृ. सं. 40, रांमरासौ–सम्पादक–शुभकरण देवल

1615 के आस-पास हुआ था। इनके पिता का नाम चूंडा जी था तथा ये दधवाड़िया गोत्र के चारण थे। (इनके पिता) चूंडा जी भी स्वयं उच्च कोटि के कवि थे। माधवदास दधवाड़िया जोधपुर के महाराजा सूरसिंह (वि.सं. 1652 से 1676) के आश्रित थे। मोतीलाल मेनारिया[1] के अनुसार बीकानेर के पृथ्वीराज राठौड़ से भी इनका अच्छा हेल-मेल था। एक बार पृथ्वीराज राठौड़ ने अपना ग्रंथ 'वेली क्रिसन रुकमणी री' इनको सुनाया। सुनकर माधवदास बहुत खुश हुए एवं उन्होंने ग्रंथ (वेली क्रिसन रुकमणी री) की बहुत बड़ाई की इसके बदले पृथ्वीराज ने भी उनकी प्रशंसा में यह दोहा लिखा-

चूंडे चत्रभुज सेवियौ, ततफल लागौ तास।
चारण जीवौ चार जुग, मरौ न माधवदास।।

माधवदास भगवान के अनन्य भक्त थे तथा उच्च कोटि के कवि भी थे। इनके द्वारा लिखे तीन ग्रंथ मिलते हैं- 1. रांमरासौ 2. भाषा दसम स्कन्ध 3. गजमोख। इनमें से भाषा दसम स्कन्ध तो अभी तक अज्ञात है। गजमोख उनके द्वारा निसांणी छंद में रचित एक छोटी रचना है जिसमें गजेन्द्रमोक्ष की पौराणिक कथा वर्णित है।

माधवदास का रचनाकाल कतिपय विद्वानों ने 17वीं सदी का उत्तरार्द्ध माना है। कवि की मृत्यु के बारे में प्रसिद्ध है कि संवत् 1690 के आस-पास कुछ मुसलमान इनकी गायें हाँक ले गये, जिनको छुड़ाने के लिए इन्होंने अपने पुत्र के साथ मिलकर उनका बहादुरीपूर्वक मुकाबला किया जिसमें ये वीरगति को प्राप्त हो गये।[2] इससे पता चलता है कि ये भक्त, वीर एवं कवि तीनों एक साथ थे।

वहीं शुभकरण देवल[3] ने माधवदास की मृत्यु के बारे में लिखा है-"माधवदास दधवाड़िया के रणक्षेत्र में वीरगति को प्राप्त होने के प्रसंग एवं काल (समय) दोनों का उल्लेख मुहता नैणसी द्वारा लिखी गई 'मारवाड़ के परगनों की विगत' एवं अन्य ख्यातों में भी स्पष्ट एवं विस्तृत रूप से किया गया है। मारवाड़ के परगनों की विगत में यह प्रसंग 'महाराजा गजसिंघ जी री वा'र' शीर्षक से आया हुआ है। बलूंदा के ठाकुर रामदास चाँदावत के साथ उनकी धर्मपत्नी रंभादे सिसोदिया के सती होने संबंधी-शिलालेख में भी इस घटना के कारण व काल दोनों का उल्लेख आया है-

"तण पछै अबु असवार चाढ़ नै नींबोल रा बोहरा पकड़ीया। आ षबर जैतारण आई। राठौड़ किसनसिंघ षींमावत उतावलौ चढ़ीयौ। साथ कितराक नु षबर हुई नहीं किसनसिंघ

1. राजस्थानी भाषा और साहित्य-मोतीलाल मेनारिया, पृष्ठ 117
2. राजस्थानी भाषा और साहित्य-मोतीलाल मेनारिया, पृष्ठ 117
3. रांमरासौ, भूमिका भाग-सम्पादक-शुभकरण देवल, पृष्ठ 34

इण भाँत चढ़ीयौ। बलुंदा री पाषती निसरीया तरै पुरोहित राघवदास राठौड़ रामदास जी नु षबर मेली, राठौड़ रामदास दधवाड़ियौ माधवदास आय भेला हुआ। कितरोक साथ ऊमरावां रौ आय भेलौ हुवौ। मुगदड़ै आवता अबु नु आपड़ियौ तठै अबुही फिर ऊभौ रहो। तठे बेढ़ संवत् 1679 रा जेठ सुद 8 हुई तठै इतरौ साथ महाराज जी रो कांम आयौ।[1]

इस तरह शुभकरण देवल कवि का मृत्युकाल संवत 1679 निर्धारित करते हैं।

दादू पंथी चारण कवि ब्रह्मदास जी द्वारा रचित भगतमाल में कवि माधवदास दधवाड़िया से संबंधित एक उल्लेख इस प्रकार आया है–

प्रभु तैं माधव ऊपरां, ढुल कांबल ढारै

''मारवाड़ के गाँव बलूंदे की दधवाड़िया शाखा के प्रसिद्ध चारण भक्त माधवदास जी जंगल में एकांत में ईश्वर उपासना करते थे। वे बीमार हो गये। दस्तें लगी, पास आदमी कोई नहीं था, वे अशक्त थे तो भगवान ने स्वयं आकर उनके कपड़े बदले व अपनी कांबली ओढ़ाई। उन माधवदास जी के वंशज बलूंद व गाँव कूंपड़ावास व वासणी में विद्यमान हैं।''[2]

वहीं शुभकरण देवल 'ढुल कांबल ढारे' का अन्य अर्थ ग्रहण करते हुए कहते हैं कि भगवान श्रीराम ने माधवदास द्वारा उनके सुयश का बखान करने से प्रसन्न होकर कवि का कंबल ओढ़ाकर सम्मान किया है। तथा कंबल ओढ़ाना एक मुहावरे के रूप में प्रयुक्त हुआ है जो वर्तमान में शॉल ओढ़ाने के समान है।[3]

खैर जो भी हो लेकिन इसमें कोई संदेह नहीं कि कवि माधवदास एक परम भक्त कवि थे जिन पर ईश्वर की अनुकम्पा हुई थी। ऐसा लोक जीवन में विश्वास है कि वे एक उच्चश्रेणी के भक्त थे तथा उनकी भक्ति की कहानियाँ लोक जीवन में व्याप्त हैं।

रांमरासौ कवि माधवदास दधवाड़िया द्वारा डिंगल भाषा में लिखित एक लोकप्रिय भक्ति ग्रंथ है। रांमरासौ की अनेक हस्तलिखित प्रतियाँ मिलती हैं। कतिपय विद्वानों ने इस ग्रंथ को राजस्थानी का प्रथम महाकाव्य भी कहा है। विविध छंदों में रचित इस काव्य ग्रंथ के छंदों की संख्या को लेकर अलग-अलग विद्वानों ने भिन्न-भिन्न मत दिये हैं तथा इसके छंदों की संख्या 1000 से लेकर 1600 तक गिनाई है। रामरासौ में छंदों की गिनती विषयक एक छंद भी दिया है लेकिन उपलब्ध प्रतियों में पाठ भेद होने के कारण विद्वानों ने छंदों की संख्या भी भिन्न-भिन्न बताई है। शुभकरण देवल द्वारा संपादित ग्रंथ में यह छंद इस प्रकार आया है–

चत्र सौ अठ चालीस, छंद दोय अक्खर वाळा।
तीन सौ एकतीस में, मधि दूहा विगताळा।।

---

1. रांमरासौ, भूमिका भाग– सम्पादक–शुभकरण देवल, पृष्ठ 34
2. भगतमाल – ब्रह्मदास, पृ. 53
3. रांमरासौ, भूमिका– सं. शुभकरण देवल पृ. 36

सेष षट इकसत, छंद पध्धड़ी विचाळै ।।
गाहा गुण चालीस, अठसठि कवित्त संभाळै ।।
दोइ सौ अस्सी मोतीदमां, झाझी झड़ षट झूलणा ।।
चष रूप रसावला पद सुछंद, तत् रूपक रासै तणा ।।[1]

उपर्युक्त छप्पय में दर्शायी गई छन्दवार गिनती के अनुसार रांमरासौ के छंदों का योग इस प्रकार बैठता है- बिअक्खरी 448, दोहे (सोरठों सहित) 331 पद्धरी 160+17, गाहा 39, कवित्त (छप्पय) 68, मोतीदाम 280, झूलणा 6, रसावला 2, कुल = 1351 छंद लेकिन शुभकरण देवल ने अपने ग्रंथ की छंदवार गिनती के आधार पर छंदों की संख्या 1641 बताई है।[2]

इस विवेचन से इतना तो स्पष्ट हो जाता है कि रांमरासौ एक विशाल कलेवर वाली रचना है।

रामंरासौ के रचनाकाल के संबंध में उल्लेख है कि जोधपुर के महाराजा सूरसिंह ने वि.सं. 1654 फाल्गुन शुक्ला-2 (द्वितीया) के दिन रांमरासौ की सफल रचना के उपलक्ष में उन्हें नापावास ग्राम प्रदान कर सम्मानित किया था जिसका आधार नापावास ग्राम का मूल ताम्र पत्र है।[3] साथ ही पृथ्वीराज राठौड़ ने भी रांमरासौ की रचना के उपलक्ष में माधवदास की भूरि-भूरि प्रशंसा की थी। पृथ्वीराज राठौड़ का स्वर्गवास वि.सं. 1657 माना गया है अत: कह सकते हैं कि रांमरासौ की रचना वि.सं. 1654 के आस-पास हुई होगी।[4]

मोतीलाल मेनारिया[5] ने अपने ग्रंथ में कवि माधवदास का एक पद उल्लेखित किया है- "भरत या सब रघुनाथ बडाई" जो कि कवि कृत नहीं है बल्कि नाम साम्य वाले किसी अन्य कवि का है जिसका उल्लेख मदन सैनी[6] ने डॉ. जगमोहन परिहार के हवाले से किया है तथा कहा है कि मोतीलाल मेनारिया का अन्धानुकरण करते हुए मोहनलाल जिज्ञासु तथा नारायणसिंह भाटी ने भी रांमरासौ के उदाहरण के रूप में उसी चौपई का उल्लेख किया है। वहीं शुभकरण देवल[7] इस पद को माधवदास कृत तो मानते हैं लेकिन रांमरासौ का अंश न मानकर कवि की फुटकर रचना मानते हैं।

1. रामरासौ, भूमिका-सं. शुभकरण देवल पृ. 37
2. वही, पृ. 38
3. रामरासौ, भूमिका-सं. शुभकरण देवल पृ. 19
4. रामरासौ, भूमिका-सं. शुभकरण देवल पृ. 33
5. राजस्थानी भाषा और साहित्य-मोतीलाल मेनारिया, पृ. 117
6. राजस्थानी काव्य में रामकथा-मदन सैनी, पृ. 179
7. रांमरासौ-सं. शुभकरण देवल, पृ. 262

रांमरासौ सात कांडों में विभाजित है जिसमें राजा राम के पूर्वजों का यशगान करने के पश्चात् कवि राम जन्म का कीर्तिगान करता है। रामायण की पूरी कथा जिसमें लंका में रावण को मारकर विभीषण का राज्याभिषेक करके अयोध्या लौटना तथा रामराज्य स्थापित करना इस ग्रंथ में वर्णित है। ग्रंथारम्भ में गणेश, गुरु तथा सीता-राम की वंदना के साथ ग्रंथ को आरम्भ करने की सूचना दी गई है-

सिधिश्री गणेसाय नम। गुरुभ्यौ नम। परम गुरुभ्यौ नम।।
रामाय सीताय नम। गुण रांम रासौ लिखितं।।[1]

ततपश्चात् मंगलाचरण है जिसमें प्रभु के विराट स्वरूप की वंदना की है-

ॐकार सु आपि अनंतं। अंतर जांमी जीवि अनंतं।।
आपि भगति वरदांनि अनंतं। अहं प्रणाम मनेवि अनंतं।।[2]

कवि ने वेदव्यास, जयदेव, वाल्मीकि, शुकदेव आदि कवियों को गुरु मानते हुए उन्हीं का अनुसरण करने की बात कही है-

किसन व्यास जयदेव कवि। वालमीक सुकदेव।।
ईनि कवि गुरु सिख अहं। भाव छंद गुण भेव।।
आप हूंत वड कवि अवर। गिणि छंडिये न ग्यांन।।
सठ ही कवि भजिये सुप्रभु। जिणि तजिये दुःख ज्यांन।।[3]

एक प्रबन्धकाव्य की दृष्टि से रांमरासौ को देखा जाय तो माधवदास दधवाड़िया एक सफल प्रबन्धकार के रूप में हमारे सामने आते हैं। कवि का रचना कौशल, प्रबन्धपटुता, सहृदयता, मार्मिक स्थलों की पहचान, भाषा, श्रृंगार का शिष्ट एवं मर्यादा में वर्णन आदि सभी विशेषताएँ कवि एवं उनके काव्य रांमरासौ को उच्चता प्रदान करती हैं।

आचार्य रामचन्द्र शुक्ल की यह स्थापना है कि एक सफल प्रबंधकार की प्रतिभा का पता तब चलता है जब वह कथा में आये मार्मिक अंशों को सफलतापूर्वक छू लेता है।[4] इसी पैमाने पर उन्होंने तुलसीदास की भूरि-भूरि प्रशंसा भी की है। कवि माधवदास भी रामकथा के मार्मिक प्रसंगों का बखूबी निर्वाह करते हैं। रामवन गमन से एक उदाहरण द्रष्टव्य है-

रोगी व्रिध बालक रहे। प्रजा अंन संगि प्रखि।।
हाहाकार पुकार हुव। रांम विजोग निरखि।।
प्रजा सहित वासुर प्रथंम। आथंमियां दुणियंद।।

---

1. रांमरासौ-सं. शुभकरण देवल, पृ. 1
2. रांमरासौ-सं. शुभकरण देवल, पृ. 1
3. रांमरासौ-सम्पादक-शुभकरण देवल, पृ. 2
4. हिन्दी साहित्य का इतिहास-आचार्य रामचन्द्र शुक्ल, पृ. 83

राघव नदि तंमसा रहे। चंहु कोसे रघुचंद।।
सूती परजा अरध निसि। रांम संजोये रथ्थ।।
उत्तर पंथ खड़ी कोस इक। पेरे दक्खिणं पथ्थ।।[1]

हम देखते हैं कि राम के वियोग में अयोध्या में सर्वत्र कोहराम मच गया, रोगी, बालक एवं वृद्धजनों के अतिरिक्त सभी नगरवासी श्रीराम के रथ के पीछे-पीछे रवाना हो गये प्रजाजनों का राम के प्रति मोह के कारण उत्पन्न करुण दृश्य बड़ा ही मार्मिक बन पड़ा है।

पुत्र के वियोग में राजा दशरथ के स्वर्गवास होने का प्रसंग रांमरासौ में बड़ा ही कारुणिक है। राम के वियोग की पीड़ा से राजा दशरथ आधीरात को राम-राम रटते अपने प्राणों का त्याग कर देते हैं-

हींसि किए रथ छूंछै हय। रांम विरांम निरक्खि।।
देखि रुदंति वदंति दुःख। खग नग भ्रिंग वंन व्रखि।।
मैं वाळापण गारीयौ। जलि सरवण गज जांणि।।
दसरथ मरण सराप द्विज। पुत्र विजोग प्रमांण।।
दसरथ पुत्र विजोग दुःख। सुणे सुमंत्र दुःख सति।।
रांम रटंते अरध रति। गा पितु प्रांण मुगति।।[2]

चित्रकूट में भरत तथा राम के मिलन के बाद भरत के मन में उत्पन्न आत्म ग्लानि का वर्णन कवि ने बड़ी सजीवतापूर्वक किया है-

भवि भवि हूं थारो भगत। राजा तूं रघुनथ्थ।।
राखौं पग सिरि रांम रा। भाषै दीन भरथ्थ।।
राघव तो द्रोहो भरथ। तौ एहई दिवि तुज्झ।।
हुईज्यो याहिज कैकही। मात भवो भवि मुज्झ।।
भाया हूं जांणौ भरथ। तिल यंन दूषण तुज्झ।।
तात हुकम मेटण तंणौ। मतौ म भाषिसि मुज्झ।।
कहि रहिया गुर लोक कथ। रहे न राघव राय।।
राजकाज चवदह वरस। भोमि भरथ भलाय।।
रांमि जाचि लीधी भरथि। दोय पावड़ी दरंभ।।
चरंण वंदि सिर ग्रहि चले। संगि रघुवंसी सभ।।[3]

1. रांमरासौ-सं. शुभकरण देवल, पृ. 66
2. रांमरासौ-सं. शुभकरण देवल, पृ. 70
3. वही, पृ. 74

लक्ष्मण के शक्ति लगने के पश्चात् वे अचेत हो जाते हैं इस स्थिति में राम अपने आपको नितान्त असहाय अनुभव करते हैं तथा व्यथित होकर लक्ष्मण के लिए विलाप करने लगते हैं। कवि ने इस घटना को बड़ा ही हृदयग्राही बना दिया–

भांजे रांमंण बांण भयंकरि। आया राघव लषमंण ऊपरि।
राजा कपि संपैखे राघव। बहुत अचेत लषमंण बंधव।।
वार वार मुख लषिण विलोकित। सौ कपि रांम हुवे बहु सोकित।।
तो विणि ज्युं पंखी पंखां तज। अबळ थया दळ रांम लषिण अज
तजि उडण कूदण पौरिस तंण। मम दळ गुडी डोरि लषमंण।।
भणै रांम सौ ताम वभीषंण। लख गुण लखंण संभारे लषमंण।।[1]

गोस्वामी तुलसीदास ने रामचरितमानस में रामकथा से जुड़े जिन मार्मिक प्रसंगों का चित्रण किया है जो पाठक एवं श्रोता के हृदय को सहज ही छू जाते हैं। कुछ वैसे ही प्रसंगों को माधवदास दधवाड़िया ने भी छुआ है। रामकथा के वर्णन में तुलसी का जो सामाजिक सांस्कृतिक, साहित्यिक और ऐतिहासिक महत्व है उससे किसी भी कवि की तुलना नहीं हो सकती और न ही की जानी चाहिए। लेकिन वीररस प्रधान डिंगल भाषा में रामकथा के जिन मार्मिक प्रसंगों का वर्णन माधवदास ने किया है वह डिंगल साहित्य के इतिहास में एक नया अध्याय जोड़ता है जो इस भाषा के काव्य में मिलना कठिन है।

डिंगलकाव्य वीररस के चित्रण में अपना सानी नहीं रखता। तलवारों की टकराहट, नगाड़ों की गर्जना, हाथियों की चिंघाड़, भालों की खचाखच का ऐसा सजीव चित्रण इस काव्य परम्परा में मिलता है कि इसको पढ़ने या सुनने पर युद्ध का दृश्य हमारे सामने घूमने लगता है। कारण यह है कि इस प्रकार के काव्य के प्रणेता कवि होने के साथ-साथ योद्धा भी थे। और अपने द्वारा लड़े गये युद्धों का सजीव वर्णन अपने काव्य अथवा राजसभा में करते थे। कवि माधवदास दधवाड़िया भी इसी परम्परा से आते हैं–रांमरासौ में राम-रावण के युद्ध का वर्णन इस प्रकार है–

रोसि चढै श्री रांम। झाड़ पड़ि त्राड़ बांण झड़।।
पड़ै खाळ श्रोणिपयाळ। पड़ै पळ ग्रिध्ध झड़ापड़।।
पड़ै रोळि गढ पौळि। रीठ पड़ि भीठ प्रळै रुख।।
पड़े हार पोकार। मार पड़ि भार दस्स मुख।।
करी ताम प्रातंग्या रांम कसि। वज्र बांणि वज्राड़ियौ।।

---

1. वही, पृ. 192/193
2. रांमरासौ–स. शुभकरण देवल, पृ. 229

दस दिसि सीसि दहकंध रा। पड़िया रांमंण पाड़ियौ।।[1]

रावण के वध का वर्णन भी द्रष्टव्य है-

तब हरे दु:ख लोक त्रिता। सोकटाळि वाळी सीता।।
दहकंध हता रघु देवता। जैत्र जैत्र राघव जीता।।[1]

अन्त में कवि ने अपनी विनयशीलता प्रकट की है तथा ग्रंथ को प्रभु के चरणों में समर्पित किया है -

रासौ जस श्री रांम रौ। वदै विदुष स वेद।।
करंण कुकवि जाणै किसौ। सोरंभ कच्छ सुभेद।।
नट मटकूं जिम नंचवै। जंत्री जंत्र बजैव।।
कहिया पै तिम म्हैं कहै। दास न दूषण देव।।[2]

रांमरासौ में रस की अगर बात करें तो रासो ग्रंथों (पृथ्वीराज रासो जैसे शुरुआती काव्य) में नवरसों का समाहार करना रासोकारों का पहला उद्‌देश्य हो गया था। चंदबरदाई ने स्वयं पृथ्वीराज रासो का अंत कुछ इस प्रकार किया है-

रासौ अलंभ नव रस सरस। चंद छंद किय अमिय सम।।
श्रृंगार बीर करुना बिभछ। भय अद्‌भुत हसंत सम।।[3]

रासो काव्यों में नवरसों के समाहार का जो उद्‌देश्य चंदबरदाई ने स्थापित किया था वह किसी हद तक सही होते हुए भी रासो काव्यों में श्रृंगार और वीर रस ही प्रधान रहे हैं। ऐसे में भक्ति को उनके समकक्ष लाकर माधवदास ने युगान्तरकारी कार्य किया है और पूरी रासो परम्परा में एक नया अध्याय जोड़ा।

भाषा काव्य परम्परा में छंद वैविध्य एक तरह से महाकाव्य के गठन की पहली शर्त थी, जो दरबार से जुड़े कवियों में काफी प्रचलित थी। तुलसीदास, जायसी अपने प्रबन्ध काव्यों में तीन-चार छन्दों में ही सारा काव्य लिख लेते हैं वहीं पृथ्वीराज रासो, केशवदास की राम चन्द्रिका आदि छंद वैविध्य के अद्‌भुत उदाहरण हैं। आचार्य हजारीप्रसाद द्विवेदी और नामवरसिंह ने अपने द्वारा सम्पादित संक्षिप्त पृथ्वीराज रासो के परिशिष्ट में चंद बरदाई को छंदों का राजा कहा है।[4] लेकिन छंद वैविध्य को राजसभा में अपनी पंडिताई दिखाने के प्रभाव से परे देखने की जरूरत है। विभिन्न छंद जिनमें संस्कृत, प्राकृत, अपभ्रंश, भाषा

2. वही, पृ. 230
1. रामरासौ-सं. शुभकरण देवल, पृ. 251
2. संक्षिप्त पृथ्वीराज रासो-सं. हजारीप्रसाद द्विवेदी, नामवर सिंह, पृ. 166
3. वही, परिशिष्ट, पृ. 197
   शिवसिंह सेंगर ने अपने 'सरोज' में चंद को 'छप्पयों का राजा' कहा है।

आदि के प्रधान मात्रिक और वर्णिक छंद शामिल हैं, में कविता करना एक तरह से कवि प्रतिभा की निशानी होती थी जिसमें किसी कवि का काव्यशास्त्र पर अधिकार सिद्ध होता था। माधवदास ने राम रासो में विभिन्न छंदों में कविता रच के इसी प्रतिभा का परिचय दिया है तथा चली आ रही परिपाटी को आगे बढ़ाया है।

निष्कर्ष : हिन्दी साहित्य के इतिहास में भाषा प्रबंध-काव्य लिखने की परम्परा जब से शुरू होती है रासो काव्य तब से ही प्रतिष्ठा पाता है। मध्यकाल के कुछेक प्रचलित रासो का नाम लें तो बीसलदेव रासो, पृथ्वीराज रासो, हम्मीर रासो, परमालरासो, खुम्माणरासो आदि से जो परम्परा चली जिनमें शृंगार, वीर इत्यादि रसों का प्रधान रूप से वर्णन होता था माधवदास के रांमरासौ तक आते-आते उनका वर्ण्य-विषय मुख्यत: भक्ति प्रधान हो जाता है। इसके पीछे 15वीं-16वीं सदी के भक्ति आंदोलन के अखिल भारतीय प्रभाव को नकारा नहीं जा सकता जिससे राजस्थान के चारण-भाट आदि दरबारी कवि भी अछूते नहीं रहे। माधवदास के रांमरासौ से प्रभावित होकर डिंगल में राम पर रासो लिखने की परम्परा चल पड़ी जिसमें 1700 विक्रमी में सुरजनदान पूनिया का "रामरासो" उल्लेखनीय है।[1] यहाँ तक कि ब्रजभाषा के रीति ग्रंथों की तर्ज पर डिंगल का जो रीतिग्रंथ 'रघुनाथरूपक'[2] लिखा गया है जिसमें डिंगल के छंद शास्त्र का विस्तृत वर्णन है उसका वर्ण्य-विषय भी रामकथा है। मतलब यह है कि रामकथा जन मानस में इतनी गहरी पैठ चुकी थी कि काव्य शास्त्र पर स्वतंत्र ग्रंथ लिखने वालों को भी अपनी ओर आकर्षित करती थी।

गौरतलब है कि रांमरासौ जैसे भाषा महाकाव्य के नायक वे ही राम हैं जो तुलसीदास आदि कवियों के हैं लेकिन डिंगल भाषा, छंद और शैली में इस रामकथा को कहकर माधवदास ने 17वीं सदी के मध्य में रामकथा को अपने भौगोलिक क्षेत्र में लोक भाषा में प्रसारित किया। एक दरबारी कवि होने के नाते उस समय के दरबारों में प्रचलित काव्य के सहृदय श्रोता समुदाय को आकर्षित करने वाले काव्य मुहावरे में कविता करके माधवदास ने रामकथा को दरबारों में प्रतिष्ठा दिलवाई।

संस्कृत के कालजयी महाकाव्यों को देशभाषा में लिखने की परम्परा में माधवदास वाल्मीकि रामायण को अपना उपजीव्य बनाकर डिंगल में रामकथा कहते हैं। जिसे कई विद्वानों ने डिंगल का पहला महाकाव्य ठहराया है। माधवदास कृत रांमरासौ का उपजीव्य वाल्मीकि रामायण ही है यह इस बात से भी सिद्ध होता है कि तुलसीकृत रामचरित मानस में रामकथा से जुड़े अनेक प्रसंगों, घटनाओं, स्थान आदि से रांमरासौ में वर्णित रामकथा उस तरह से मेल नहीं खाती है जिस

---

1. राजस्थानी काव्य में रामकथा-डॉ. मदन सैनी, पृ. 196
2. देखें- रघुनाथ रूपक, सं. महताब चंद खारैड़

तरह से वाल्मीकि कृत रामायण से मेल खाती है। माधवदास दधवाड़िया एक दरबारी कवि थे। संस्कृत के कवि एवं उनके काव्य की तरफ उनका झुकाव स्वाभाविक ही था।

संदर्भ ग्रंथ :

1. प्राकृत पैंगलम्-सम्पादक-भोलाशंकर व्यास, प्राकृत ग्रन्थ परिषद्, अहमदाबाद, सन् 2007 ई.।
2. भगतमाल - लेखक-ब्रह्मदास, प्रकाशक-राजस्थान प्राच्य विद्या प्रतिष्ठान, जोधपुर सन् 1997 ई.।
3. रघुनाथ रूपक-लेखक-मंसाराम सेवग, सम्पादक महताब चंद खारैड़, प्रकाशक-साहित्य अकादमी, नई दिल्ली, सन् 1999 ई.।
4. राजस्थानी भाषा और साहित्य-लेखक-मोतीलाल मेनारिया, प्रकाशक- राजस्थानी ग्रंथागार, जोधपुर, सन् 2011 ई.।
5. राजस्थानी काव्य में रामकथा-लेखक-डॉ. मदन सैनी, प्रकाशक-कथाराज प्रकाशन, श्रीडूंगरगढ़, बीकानेर, सन् 2003 ई.।
6. रांमरासौ- सम्पादक-शुभकरण देवल, प्रकाशक साहित्य अकादमी नई दिल्ली, सन् 2005 ई.।
7. संक्षिप्त पृथ्वीराज रासो-सम्पादक-हजारीप्रसाद द्विवेदी, नामवर सिंह, प्रकाशक-साहित्य भवन, इलाहाबाद, सन् 2008 ई.
8. हिन्दी साहित्य का इतिहास-लेखक-आचार्य रामचंद्र शुक्ल, प्रकाशक-अशोक प्रकाशन, दिल्ली 2004 ई.।

सुरजनदास पूनिया रचित रामरासौ : एक अनुशीलन

रामस्वरूप

मर्यादा पुरुषोत्तम, विष्णु अवतार भगवान श्रीराम का चरित लोक में श्रद्धा और आकर्षण का विषय रहा है, वे मानव मूल्यों के प्रेरक, संस्थापक, आदर्श, नैतिक और लोक मंगल के प्रतीक माने जाते हैं। धार्मिक जगत में श्रीराम का एक अनूठा साहित्य है, इसका बहुत ही व्यापक और विस्तृत प्रचार-प्रसार रहा है। धर्म और भक्ति भावना के अतिरिक्त रामचरित रचनाओं में मनोभावों, हृदय की प्रवृत्तियों, विभिन्न दशाओं तथा मानसिक विचारों के चित्रण के साथ-साथ भक्ति, ज्ञान और कर्म की त्रिवेणी प्रवाहित हुई है। देश के साहित्यों, धर्म मतों, सम्प्रदायों और लोक तथा विदेश में भी राम का यशोगान अनेक रूपों में मिलता है। भारत की प्राय: सभी भाषाओं में राम विषयक रचनाओं का प्रणयन हुआ है, इसके अतिरिक्त विश्व के कई राष्ट्रों की अन्य भाषाओं में भी राम विषयक अनेक प्रकार की रचनाओं का उल्लेख मिलता है। विभिन्न धर्मों की दृष्टि से हिन्दू, जैन और बौद्ध धर्म ग्रन्थों में भी राम काव्य परम्परा अनेक रूपों में उपलब्ध हैं।

रामभक्ति के तात्विक निरूपण का सबसे प्राचीन और प्रामाणिक ग्रंथ रामायण है, रामायण काल के आसपास राम का जो उपास्य स्वरूप सामने रहा वह बहुत व्यापक है वह लोक रक्षक और लोक-मंगल का प्रत्यक्ष साधना करने वाली धर्म शक्ति का स्वरूप था, जिसमें सत्यम् शिवम् सुन्दरम् का समन्वय था। उसका आकर्षण लोक-धर्म में आनन्दपूर्वक प्रवृत्त करने वाला है। इस प्रकार 'वाल्मीकि रामायण, महाभारत (हरिवंशपुराण सहित) और भागवत पुराण मध्ययुगीन भारतीय संस्कृति, धर्म और साहित्य के प्रेरणा-स्रोत रहे हैं।[1]

मध्यकाल में राजस्थानी संत परम्परा के प्रथम संत (मत) पंथ संस्थापक गुरु जाम्भोजी (1508-1593) हुए। जिन्होंने सम्वत् 1542 में विश्नोई पंथ की स्थापना की। गुरु जाम्भोजी की संत परम्परा में कई विद्वान संत हुए जिनमें सुरजनदास जी पूनिया एक प्रमुख संतकवि थे।

1. मेहोजी कृत रामायण-डॉ. हीरालाल माहेश्वरी, पृ.सं. 01

कवि परिचय

सुरजनदासजी पूनिया विश्नोई पंथ के प्रतिभासम्पन्न संत-साधक हुए हैं। इनका जन्म जोधपुर जिले की फलौदी तहसील के भींयासर ग्राम में हुआ था। इनकी जन्मतिथि के सम्बन्ध में कुछ निश्चित रूप से नहीं कहा जा सकता। लेकिन सम्वत् 1673 में वील्होजी ने अपने स्वर्गवास के समय इनको रामड़ावास का महन्त बनाया था।[1] इस ऐतिहासिक कालक्रम के आधार पर डॉ. माहेश्वरी ने इनकी जन्मतिथि सम्वत् 1640 मानी है।[2] बाल्यावस्था से ही इनका मन भक्ति साधना में लग गया। इन्होंने विश्नोई पंथ के संत वील्होजी से दीक्षा ग्रहण की। ये वील्होजी के प्रमुख सात शिष्यों में से श्रेष्ठ साधक थे। संतकवि साहबरामजी राहड़ ने इनके व्यक्तित्व का चित्रण करते हुए लिखा है कि ये योगी, कवि, शास्त्रज्ञ, पण्डित, ज्ञानी, भक्त, संगीत विद्या के जानकार, निशंक और निर्भीक व्यक्ति थे।[3]

यद्यपि इनकी शिक्षा के विषय में विस्तृत जानकारी नहीं मिलती है किन्तु इनके कृतित्व से ज्ञात होता है कि ये अनेक विषयों के विद्वान, संस्कृत के प्रकाण्ड पण्डित और राजस्थानी व मरुभाषा के उच्चकोटि के मर्मज्ञ थे। इनकी रचनाओं में तत्कालीन मरुप्रदेशीय जनजीवन का यथार्थ चित्रण उल्लेखित हुआ है। 'अपने गुरु वील्होजी के स्वर्गवास होने पर इन्होंने दो 'मरसिये' लिखे जो कवि की गंभीरता व कारुणिकता के द्योतक हैं।'[4] विश्नोई पंथ में 'सूतजी' की उपाधि से सम्मानित संतकवि का नामोल्लेख राजस्थानी साहित्य की प्रचलित रचना हिण्डोलणो और भक्तमाला में भी हुआ है। मारवाड़ प्रान्त में अकाल पड़ने पर तत्कालीन महाराज के वर्षा करवाने की गुहार करने पर कवि ने 'गुड़े बंब निसाण' नामक पद सुनाकर वर्षा करवाई जो मारवाड़ के इतिहास में आज भी सुकाल का प्रतीक है।

बहुआयामी उच्च प्रतिभा के धनी संतकवि सुरजनदासजी पूनिया का स्वर्गवास वि.संवत् 1747 में जाम्भोळाव में हुआ -

"समत 1747 झांभोळाव सुरेजंनजी चलांणौ कीयो"[5]

बाद में इनके शव को कवि के पैतृक गांव भींयासर में पूनियों के गुवाड़ में समाधिस्थ किया गया। इतने लम्बे समय तक जीवित रहने के बावजूद भी कवि की शिष्य परम्परा पंथ के साहित्य तथा सन्दर्भ ग्रंथों में नहीं मिलती है।

---

1. जाम्भोजी, विष्णोई सम्प्रदाय और साहित्य भाग - 2, डॉ. हीरालाल माहेश्वरी, पृ.सं. 764
2. वही
3. वही, पृ.सं. 765
4. वही, पृ.सं. 764
5. जाम्भोजी, विष्णोई सम्प्रदाय और साहित्य, भाग - 2, डॉ. हीरालाल माहेश्वरी, पृ.सं. 764

रामरासौ

धार्मिक महापुरुषों को लेकर प्रबन्ध काव्य लिखने की परम्परा का प्रवर्तन प्राचीन काल में ही संस्कृत, प्राकृत एवं अपभ्रंश आदि भाषाओं में हो गया था। पौराणिक प्रबन्ध काव्यों की परम्परा का प्रवर्तन 14वीं शती के मध्य में हुआ। इस परम्परा की प्राचीनतम उपलब्ध रचना 'सधारू अग्रवाल' ने सन् 1354 ई. में की थी।[1] इसके अनन्तर विभिन्न कवियों ने पौराणिक काव्यों की रचना करके इस परम्परा को आगे बढाया, जिनमें सुरजनदास जी पूनिया कृत 'रामरासौ' भी उपलब्ध होता है।

राम-चरित सम्बन्धी काव्यों को प्राय: रामायण कहे जाने की परम्परा रही है, किन्तु सुरजनदासजी पूनिया ने अपने काव्य को 'रामरासौ' के नाम से पुकारा है, जिसका विशेष कारण यह है कि कवि ने मर्यादा-पुरुषोत्तम श्रीराम को विष्णु अवतार के रूप में प्रस्तुत किया है। 'ईसा के 200 वर्ष बाद महाभारत में 'अनुगीता' के अंतर्गत विष्णु के अवतारों की मीमांसा की गई है। उसमें विष्णु के छह अवतार माने गए हैं:- वाराह, नृसिंह, वामन, मत्स्य, राम और कृष्ण।[2] रामरासौ काव्य-कृति की कथा का मूलाधार वाल्मीकि रामायण ही है। इस आख्यान काव्य-कृति में कवि ने श्रीराम को आधार बनाकर राम और रावण की युद्ध कला (युद्ध लीला) का वर्णन किया है। सम्पूर्ण काव्य विभिन्न घटना प्रसंगों के माध्यम से उल्लेखित हुआ है।

सुरजनदासजी पूनिया विरचित 'रामरासौ' काव्य कृति को 'लोक परम्पराओं से अनुप्राणित अनूठी कृति तथा कवित्त रचना में तो इसे बिना मुकुट का एकछत्र सम्राट भी कहा गया है।[3]

मेहोजी कृत रामायण के पश्चात् यह जाम्भाणी साहित्य की दूसरी प्रमुख रामाख्यान विषयक रचना है। 176 छन्दों की इस रचना में 94 कवित्त, 53 दवाला, 19 दूहा और लीला गीत के 10 दाले प्रमुख हैं।

कथात्मक वैशिष्ट्य

1. रामरासौ के प्रारम्भ में अवतारवाद तथा रामावतार का कारण बताते हुए कहा गया है कि देवताओं की सभा में कश्यप ऋषि का अपमान होने पर वे क्रुद्ध होकर शाप देते हैं कि एक-एक देवता को तीन-तीन शरीर धारण कर धरती पर अवतार लेना होगा। फलस्वरूप देवगण अवतार लेते हैं-

---

1. हिन्दी साहित्य का वैज्ञानिक इतिहास, डॉ. गणपतिचन्द्र गुप्त, पृ.सं. 195
2. हिन्दी साहित्य का आलोचनात्मक इतिहास, डॉ. रामकुमार वर्मा, पृ.सं. 480
3. राजस्थानी काव्य में रामकथा, डॉ. मदन सैनी, पृ.सं. 196

इंद चंद सुरयंद, सुरदेव सगती सीधा।
देव सभा सोह दीठ, किणी नहीं आदर कीधा।।
होतिब काज्य हठवाद करि, विण विरोध विचषीया।
एक-एक तन तीन्य करि, तैण्य सराप सुर तिषीया।।[1]

इस प्रकार इन्द्र, चन्द्र, सूर्य विष्णु आदि के अंगों से प्रकट रीछ, वानर, सिद्ध-साध आदि रूपों में देवतागण वैकुण्ठ छोड़कर धरती पर अवतरित होते हैं।

निगुण निपष नीपोच निरमळ, सेस महेस कवि व्रंभ सहति।
अनड़ पोहचि अवर कुंण उडीयण, भुंणकल सांवण जेम भुंवति।।[2]

धरती पर अवतरित इन सभी देवताओं के काज पूर्ण करने के लिए भगवान श्रीराम, लक्ष्मण व सीता सहित वन में जाते हैं।

2. इस रचना में रामकथा का आरम्भ पंचवटी में शूर्पणखा के आगमन से होता है, जो लंका विजयोपरान्त राम के अयोध्या आगमन के साथ पूर्ण होता है। राम-रावण के युद्ध का मूल कारण शूर्पणखा को माना गया है-

'लंकपति बलिदेव कांम श्रीराम वनकरि।'
सिधपति लुघवीर रिध्य, घरि जांणे संकरि।
रंवणि एक धरि रूप, भंवणि आई भरमंती।
अरस जोति ऊतरी देषि दुष मान्यौ सत्ती।
वेसास घात ले विसतरी, सळी-सळी कुळ सोधिया।
सुपनंष्या वेध कीयौ संबळ, रांवण राम विरोधिया।।[3]

3. राम का संकेत पाकर लक्ष्मण शूर्पणखा की नाक और चोटी काट देते हैं।
4. सीता-हरण के पश्चात् सीता के वियोग में राम के दुःखी होने पर लक्ष्मण उन्हें धैर्य बंधाते हैं-

लाषण ले जल कुंभ, वीर मुख धोय वेसासै।
कोड़ि एक राजकंवारि, राम आणौ घरवासै।।[4]

5. सीता की खोज में अंगद, हनुमान, जामवंत आदि पर्वतों की चढ़ाई करते-करते प्यास लगने पर विश्वकर्मा की गुफा में प्रवेश करते हैं। वहाँ पर विश्वकर्मा की पत्नी

---

1. राजस्थानी रामायण (रामरासौ) पृ.सं. 12, कवित्त 01
2. पोथो ग्रंथ ज्ञान पृ.सं. 244, कवित्त 02
3. राजस्थानी रामायण (रामरासौ) कवित्त 4
4. राजस्थानी रामायण (रामरासौ) कवित्त 19

पानी पिलाती है और रामावतार की कथा कहती है। इसे सुनकर सम्पाति तुरन्त सीता की खोज करके इन सबको सीता के बारे में बताता है।

6. सीता की खोज के लिए समुद्र पार कर लंका जाते समय रास्ते में मनसा देवी द्वारा हनुमानजी की परीक्षा ली जाती है। आगे जाने पर एक राक्षसी हनुमानजी का रास्ता रोकती है, हनुमानजी उसे पराजित करते हैं।

7. हनुमानजी मार्जार रूप धारण कर लंका में प्रवेश करते हैं।

8. लंका-दहन के पश्चात् हनुमान सीता के समक्ष, अपने साथ श्रीराम के पास चलने का प्रस्ताव रखते हैं। विभीषण को राजपाट, श्रीराम का लंका में आगमन, देव-भक्तों की मुक्ति तथा लोक-लाज आदि कारण बतलाते हुए सीता इसे टाल देती हैं-

जो बझै जळ पाज, राज विभीषण दीजै।
बंदी छूटै तेतीस, दैत हति लंका लीजै।
आवै जाम श्रीराम, तामै दिन च्यारे दुहेली।
आज चलूं तोहि साथ, काल्ह मोहि हंसै सहेली।।[1]

9. इस काव्यकृति में मंदोदरी द्वारा रावण को तीन बार समझाने का प्रयास किया गया है, जो मंदोदरी-रावण के संवाद रूप में वर्णित हुआ है।

10. रामरासौ में लक्ष्मण दो बार मूर्छित होते हैं। पहली बार महिरावण की मृत्यु के बाद बदला लेने के लिए वाराही देवी द्वारा पाताल से भेजे गये सांप के पैर में काटने पर तथा दूसरी बार रावण के प्रहार से। पहली बार हनुमानजी द्वारा संजीवनी बूटी लाकर तथा दूसरी बार सीता के सरजीत मन्त्र से लक्ष्मण की मूर्छा दूर होती है।

11. सुरजनदास पूनिया रचित इस रामाख्यान में रावण का वध लक्ष्मण द्वारा किया जाता है -

धवल सल का धड़ हड़े, खड़ हड़ीया नव खंड।
लखमण बांण संजोवीयौ, करे धूप कोवड।।[2]
करे धूप कोवड करे, भुज सीस धरणी धर।
नीमो बांण कस्य प्रांण, हुवा इल आभ थर हरि।
एक भुजा दस कोस, एक भुजा कोस असी करी।
मारे रीण पुंतारय, सोर सीर भुंवर दई सीर।।[3]

---

1. राजस्थानी रामायण (रामरासौ), कवित्त 34
2. पोथो ग्रंथ ज्ञान, पृ.सं. 254, दोहा सं. 17
3. वही, पृ.सं. 254, कवित्त सं. 85

काव्यात्मक वैशिष्ट्य

1. रामरासौ के रचनाकार ने कथा के बीच-बीच में संवादों की सुन्दर योजना की है जो कथा प्रवाह में एक अद्भुत गति का संचार करते हैं। ये संवाद संक्षिप्त और प्रसंगानुकूल हैं। प्रमुख संवाद निम्नलिखित हैं-
   1. मंदोदरी-सीता संवाद
   2. मंदोदरी-रावण संवाद
   3. हनुमान-सीता संवाद
   4. अंगद-रावण संवाद
2. इस काव्यकृति में वैसे तो प्राय: सभी भावों एवं रसों की व्यंजना प्रसंगानुसार हुई है किन्तु इसका केन्द्रीय भाव भक्ति है। जिसकी परिणति शांत रस में हुई है। रामरासौ में कोमल रसों की तुलना में परुष रसों का अपेक्षाकृत अधिक परिपाक हुआ है। मुख्यत: राम और लक्ष्मण के ऐश्वर्य और शौर्य वर्णन से सम्बन्धित कृति का वीर रस पूर्ण होना स्वाभाविक ही है। युद्ध वर्णन में वीर रस अपनी पूरी ऊँचाई पर पहुंचा हुआ है-

   गुंण तसळीम प्रवाड़ां गाहक, सति भड़ हुंत कोपिया सरि।
   छिळता असर छछोहा छूटा, किळंब चंहू दिस चोट करि।।
   घाव चोट निहस घरहरै, झाळ दुंग ऊछळै झझ।
   वूही तेग मेर सिरि बजर, बजर देह खगधार बज।।[1]

   इसी प्रकार रौद्र एवं भयानक रसों की भी सफल व्यंजना हुई है। हनुमानजी के लंका दहन का जितना भयोत्पादक उत्कृष्ट वर्णन इस कृति में हुआ है उतना अन्यत्र कम ही मिलता है।
3. भावदशा के निरूपण एवं विकास में कवि ने अनेक संचारियों एवं अनुभावों का कुशलतापूर्वक प्रयोग किया है। उदाहरण के लिए सीता-हरण के पश्चात् राम की शोक विह्वल दशा का चित्र द्रष्टव्य है-

   मन सोच करौ दिस प्रठवौ, सीत वतावत को सति।
   आतर करतु रमेव च, ओचाट थीयो तिंण मांहि अंति।।[2]
4. अंलकारों का प्रयोग भाव-तीव्रता और काव्य-सौन्दर्य के लिए यथा स्थान हुआ है। यह प्रयोग काव्य में पूर्ण स्वाभाविकता और सौन्दर्य के साथ है। काव्यकृति

---

1. जाम्भोजी, विष्णोई सम्प्रदाय और साहित्य (भाग-2), पृ.सं. 809
2. पोथो ग्रंथ ज्ञान, पृ.सं. 245, कवित्त सं. 18

में मुख्य रूप से उपमा, रूपक, उत्प्रेक्षा, श्लेष, यमक, अनुप्रास आदि अलंकारों का प्रयोग हुआ है। उदाहरण के लिए वर्णानुप्रास की एक छटा :-

कळ कळ तप्यौ कळूळ, झळ झालां झळहळीयो।
दस मसतगे जेणि, कोई रांम दळे सांभळियो।
धवळ स लंका धड़ हड़े, खड़हड़िया नव खंड।
लखमण बांण संजोवियो, करै धूप कोवंड।।[1]

5. रामरासौ काव्य में कवि ने ओज और माधुर्य को जनमानस की भावभूमि पर अधिष्ठित करने का प्रयास किया है। मुख्यत: वीररस पूर्ण रचना होने के कारण ओज गुण की प्रधानता है। युद्ध के समय बाणों के प्रकार एवं प्रभाव को प्रतिध्वनित करने वाला पद द्रष्टव्य है :-

कुंत बांण केवांण कुरप बांणे नर कंपै।
गदा बांण गज बांण, नाग बाणे नर झंपै।
छोही बांण पिनांख, बांण कोवंड निछतो।
अगंनि बांण इंद बांण, मेघ बांणे जुध मतो।
तर भखर मुदगर कहर, हाक घीक जंम हथ।
सिरदार वकारै सावंतां, दळ राघौ दसरथ।।[2]

6. रचना मुख्यत: कवित्त, दोहा, दवाला तथा डिंगल गीतों में रचित है।

7. भाषा भावाभिव्यक्ति का साधन है। सुरजनदास पूनिया की इस कृति में तत्कालीन साहित्यिक और बोलचाल की राजस्थानी भाषा का अद्भुत संगम है।
कवि का भाषा पर पूर्ण अधिकार है। मुहावरों और लोकोक्तियों के प्रयोग से कवि को अपने भावों को प्रभावपूर्ण ढंग से व्यक्त करने में पूर्ण सफलता मिली है। उदाहरणार्थ कुछ मुहावरे द्रष्टव्य हैं– लीक लोपना, मन रखना, पहाड़ सरकना, जम री घात आदि। इसी प्रकार कहावतों का भी सुन्दर प्रयोग देखने योग्य है :-

वीढे राण श्रीराम करे जुग तीन्य कहाणी।
रह्या दूध का दूध, गया पाणी का पाणी।।
देता रंग पतंग गयो दीन ओ ग्रह आयो।
जिसो कमायो जीव, जीव तिसड़ो फळ पायो।।[3]

---

3. जाम्भोजी, विष्णोई सम्प्रदाय और साहित्य (भाग–2), पृ.सं. 810
1. जाम्भोजी, विष्णो सम्प्रदाय और साहित्य (भाग–2), पृ.सं. 810–11
2. राजस्थानी रामायण (रामरासौ) पृ.सं. 41, पद सं. 92

कवि का शब्द प्रयोग उस तीर के समान है जो सीधा लक्ष्य भेद करता है। सुरजनदास जी के इस काव्य में मरुभाषा की आत्मा का निर्मल रूप प्रतिबिम्बित होता है।

8. कवि की चित्रात्मक, संख्यात्मक एवं ध्वन्यर्थ व्यंजना शैली विशेष महत्व रखती है। भावानुकूल शब्द योजना, नाद व्यंजक शब्दों के प्रयोग से वस्तु चित्रण की सफल व्यंजना हुई है। योद्धाओं के अस्त्र-शस्त्रों के गणनार्थ संख्यात्मक शैली रूप प्रमुख है।

निष्कर्ष :

विश्नोई पंथ प्रवर्तक गुरु जाम्भोजी की वाणी तथा पंथ-परम्परा के पूर्ववर्ती संतकवि मेहोजी गोदारा कृत रामायण का प्रभाव होने के बावजूद भाषा शैली एवं चित्रोपम दृश्य-बिम्बों के निर्माण से सुरजनदास जी रचित यह कृति अत्यन्त प्रभावोत्पादक, सम्प्रेषणीय एवं लोकप्रिय बन गई है। यह एक ऐसी रचना है जिसकी शिक्षा सार्वदेशिक एवं कालजयी है। यह किसी समाज, जाति, धर्म या क्षेत्र विशेष की निधि नहीं है, अपितु मानव मात्र की एक अमूल्य सम्पत्ति है। इसमें महर्षि वाल्मीकि द्वारा विभावित आदर्श संसार है। राजस्थानी भाषा की रामाख्यान काव्य परम्परा में इस रचना का महत्त्वपूर्ण स्थान है।

संदर्भ ग्रंथ :

1. जम्भोजी, विष्णोई सम्प्रदाय और साहित्य (भाग-2), डॉ. हीरालाल माहेश्वरी, प्रकाशन-बी. आर. पब्लिकेशन्स, कलकत्ता, प्रथम संस्करण संवत् 2026
2. पोथो ग्रंथ ज्ञान : (सम्पा.) कृष्णानंद आचार्य, प्रकाशक-जाम्भाणी साहित्य अकादमी, बीकानेर प्रथम संस्करण 2013
3. मेहोजी कृत रामायण : डॉ. हीरालाल माहेश्वरी, सत् साहित्य प्रकाशन कलकत्ता, प्रथम संस्करण 1984
4. राजस्थानी काव्य में रामकथा : डॉ. मदन सैनी, कथाराज प्रकाशन श्री डूंगरगढ़, प्रथम संस्करण 2003
5. राजस्थानी रामायण (रामरासौ): (सम्पा.) डॉ. कृष्णलाल बिश्नोई प्रकाशक-हिन्दी विश्वभारती अनुसंधान परिषद, बीकानेर, प्रथम संस्करण 1992
6. हिन्दी साहित्य का आलोचनात्मक इतिहास : डॉ. रामकुमार वर्मा, प्रकाशक-रामनारायण लाल, इलाहाबाद, द्वितीय संस्करण 1947
7. हिन्दी साहित्य का वैज्ञानिक इतिहास : डॉ. गणपतिचन्द्र गुप्त, लोकभारती प्रकाशन, इलाहाबाद, संस्करण 2007

राजस्थानी लोक-रामायण सीतपुराण

डॉ. मदन सैनी

राजस्थान में रामायण-विषयक एकमात्र लोकगाथा 'सीतपुराण' को आज भी जसनाथी लोक-गायकों द्वारा नगाड़े पर, नायकों द्वारा "माटों" पर तथा गायिकाओं द्वारा रतजगे में चूरू-बीकानेर अंचल में भक्तिभाव-पूर्वक गाकर सुनाया जाता है। इसकी प्राचीनता तो ज्ञात नहीं है, पर पहले-पहल इसे सत्तरहवीं शताब्दी में भूकर गौत्रीय सरवणनाथ जाट ने लिपिबद्ध किया था। सरवण भूकर भक्तकवि, गायक एवं महात्मा जसनाथजी के अनुयायी थे। इन्होंने लोक-परंपरा से अनुस्यूत इस कथा को इतना सुमधुर स्वरूप दिया कि इसके अनेक अंश आज भी जन-साधारण में कहावतों-मुहावरों के रूप में प्रचलित हैं और कतिपय नवीन उद्‌भावनाओं के कारण इस गाथा का अस्तित्व भी अनूठा ही है।

कवि-परिचय

'सीतपुराण' के कवि सरवण भूकर का जन्म जाटों की भूकर शाखा में संवत् 1700 से कुछ पूर्व चूरू जिले की श्रीडूंगरगढ़ तहसील के गांव धीरदेसर में हुआ। गाँव में कवि की समाधि पर "ओटिया" बना हुआ है। ये जसनाथी संप्रदाय के चार प्रमुख धाम-पूनरासर, कतरियासर, बंबलू व लिखमादेसर में से लिखमादेसर (चूरू) धाम के पुजारी थे। जसनाथी कवियों में इनका ऊंचा स्थान है। इन्हें जसनाथजी के जागरणों में "हुंकारिये" का सम्मान प्राप्त था। इनकी रचनाओं में 'सीतपुराण' व 'हरकीरत' के अतिरिक्त भी अनेक 'सबद' मिलते हैं, जो पूनरासर के महंत शिवनाथजी सिद्ध के संग्रह में हैं। इनके छठे सबद 'दीयो बधावो काळंगा' में सतरासई इकावणां हर बांचै है बंबेक' से पता चलता है कि विक्रम संवत् 1751 में आप मौजूद थे। "सीतपुराण" की ये पंक्तियाँ भी इस तथ्य की साक्षी हैं- "भूकर गावै सू समै, सतरह सौ मेल। राखो नाम नारायणा, म्हारी अमर बधावो बेल।।" (242)

कथावस्तु

"सीतपुराण" की कथा 244 दोहों में पूर्ण होती है। इसकी शुरुआत मंगलाचरण के पश्चात् अंधमुनि, श्रवणकुमार के माता-पिता की तीर्थयात्रा, उन्हें प्यास लगने, श्रवण द्वारा पानी लाने

हेतु ''भीम तालाब'' पर जाने, वहां मामा दशरथ के बाण द्वारा धोखे से मारे जाने, प्रायश्चित्त-स्वरूप दशरथ द्वारा श्रवण के माता-पिता को पानी पिलाने हेतु जाने और उन्हें श्रवण की मृत्यु के बारे में बताने का वर्णन है, जिसे सुन, राजा को भी पुत्र-वियोग में मरने का शाप देकर श्रवण के माता-पिता के शरीर-त्यागने तक की कथा पंद्रह पदों में वर्णित है। आगे अड़तालीसवें पद तक कथा है कि कैकेयी दशरथ की सेवा के फलस्वरूप उनसे दो वरदान मांगती है, जहां राम को वनवास तथा भरत-शत्रुघ्न को राज्य मिलता है। वन में रावण का मंत्री भोज सीता के अद्वितीय सौंदर्य को देखता है और रावण को बताता है। फिर भोज स्वर्णमृग बनकर राम को कुटिया से दूर ले जाता है, राम के बाण से मरने से पूर्व वह लक्ष्मण को पुकारता है। लक्ष्मण कुटिया के कार (रेखा) देकर राम के पीछे जाते हैं। पीछे से शिव-वेश में रावण सीता को हर लेता है।

पद संख्या छिनवें तक मायामृग-वध, गरुड़ द्वारा रावण से युद्ध, राम-लक्ष्मण द्वारा सीता की खोज, शिवजी की बाड़ी में फल तोड़ने पर वहाँ के रक्षक हनुमान द्वारा लक्ष्मण-वध, राम द्वारा हनुमान-वध, शिव-पार्वती का बाड़ी में आना, शिवजी के शरीर से कोढ़ का मिटना, पार्वती द्वारा अपने नख में बसे अमृत द्वारा लक्ष्मण और हनुमान को पुनर्जीवित करना और हनुमान को राम की सेवार्थ सौंपते हुए उन्हें राम की आज्ञा न टालने का आदेश देकर शिव-पार्वती के प्रस्थान करने की कथा है।

आगे एक-सौ चारवें पद तक कथा है कि हनुमानजी राम से अपने पराक्रम की बात बताकर सीता-खोजने हेतु आज्ञा चाहते हैं। वे कहते हैं कि मैं धरती को हाथ पर उठाकर घुमा डालूं, आसमान के टुकड़े कर डालूं, सागर को सुखा डालूं। राम कहते हैं कि गरजने वाले बरसते नहीं, फिर वे निशानी के रूप में अपनी अंगूठी हनुमानजी को देते हैं और सीता को खोजने का आदेश देते हैं। फिर एक-सौ सोलहवें पद तक वर्णन है कि एक लंबी छलांग लगाकर हनुमानजी लंका से आगे बेलंका पहुंच जाते हैं, जहां एक वृद्धा उन्हें पुनः लंका की और भेजती है। दूसरे ही पद में इंद्र के ऐरावत पर बैठकर हनुमानजी के लंका पहुँचने की बात कही गई है। वे लंका पर उड़ते हैं, तो हवा के तीव्र झोंके रावण को कंपायमान कर डालते हैं। हनुमानजी लंका की पनिहारिनों की बातें सुनकर सीता का पता लगाते हैं और अशोकवाटिका में सीता की गोद में अंगूठी डाल देते हैं। सीता आशंकित होकर कहने लगती है, ''क्या राम को किसी हिंस्र पशु ने मार डाला? यह अंगूठी कौन जानवर लेकर आया है ? हनुमानजी प्रकट होकर सारी बातें बताते हैं। सीता कहती है कि चुपके से चले जाओ और राम से कहना कि मैं छह महीने तक इंतजार करूंगी। लक्ष्मण से कहना कि मैंने जो कटु वचन कहे थे, यह उसी का परिणाम है।

फिर पद संख्या एक-सौ अट्ठाईस तक वर्णन है कि सीता से आज्ञा लेकर फल खाने के बहाने हनुमानजी ने रावण के बाग को उजाड़ दिया। माली ने रावण को सूचना दी, तो लंका के सारे लोग हथियार लेकर बाग की ओर दौड़े। हनुमानजी ने अपना शरीर बत्तीस योजन जितना बढ़ाया, अक्षयकुमार को मार गिराया तथा मेघनाद को धमकाया। फिर छह माह तक सोने वाला और एक ही समय में सौ मण (मन) अनाज खाने वाला कुंभकर्ण हनुमानजी से युद्ध के लिए आया और हनुमानजी को ब्रह्मपाश में बांध कर ले गया।

पद संख्या एक-सौ सत्तावन तक वर्णन है कि रावण के पूछने पर हनुमानजी अपने को अयोध्या का माली बताते हैं। कुंभकर्ण हनुमानजी की पूंछ में रूई लपेटकर दस घड़े तेल डलवाकर आग लगवा देता है। हनुमानजी लंका जलाकर राम के पास पहुंचते हैं और सीताजी के समाचार सुनाते हैं। मंदोदरी स्वप्न में रावण के दसों सिर कटे हुए देखती है और उसे सीताजी को लौटाने की सलाह देती है। रावण कहता है कि तुम खाती तो मेरा हो और गुणगान राम का करती हो, यह उचित नहीं है। मंदोदरी स्वर्ण के थाल में सीता को कलेवा करवाती है और राम को छोड़कर आने पर उलाहना देती है। सीताजी कहती हैं कि मेरे आने से लंका नष्ट हो जाएगी, तैतीस कोटि देवता मुक्त हो जाएंगे और तुम्हें वैधव्य भोगना होगा। मंदोदरी उदास होकर रावण से कहती है कि लक्ष्मण आने ही वाले हैं। तभी राम अंगद को दूत बनाकर भेजते हैं। अंगद के विकराल शरीर को देखकर लंका के द्वारपाल भाग जाते हैं।

फिर पद संख्या दो-सौ एक तक कथा है कि द्वारपाल रावण को बताते हैं कि आज फिर एक बंदर आया है। रावण अंगद से कहता है कि राम की शरण में चले जाओ, नहीं तो मैं तुझे मार डालूंगा। अंगद कहता है कि बचपन में मेरे पिता ने तुझे खिलौने के रूप में मुझे दिया था, तब मैंने कितनी बार थप्पड़ों से मार-मारकर तुझे रुलाया था। अंगद से पराभूत होकर रावण-मंदोदरी उसे भीतर बुलाते हैं, पर बात नहीं बनती। अंगद के लौट आने पर सागर पर सेतु बनाया जाता है और पच्चीस पद्म सेना सहित लक्ष्मण लंका पर चढ़ाई करते हैं और वे ही रावण का वध करते हैं, राम उन्हें ही यह दायित्व सौंपते हैं। मंदोदरी रावण को समझाती है कि अंगद, हनुमान जैसे उनके महाबली सेवक हैं, लक्ष्मण-सरीखे भाई हैं, उनके मुकाबले आपके पास कुछ नहीं है। रावण मंदोदरी को आश्वस्त करता है और उत्तराखंड से चौसठ योगिनियों को बुलावा भिजवाता है। पथिक से वे कहती हैं कि हमें एक-एक काम सौंप दो। काली व पीली योगिनियों में से पहली बार रानी नामक योगिनी ने बीड़ा उठाया, प्रेत प्रसन्न हो गए। लक्ष्मण ने मेघनाद से युद्ध किया और अचेत हो गए।

पद संख्या दो-सौ बत्तीस तक वर्णन है कि हनुमानजी द्रोणगिरि से जड़ी लेकर आते हैं, तो अयोध्या-किनारे भरत के बाण से लंगड़े होकर गिर पड़ते हैं। विलंब होते देख, राम

चिंतित हो जाते हैं। भरत अपने को दोषी मानते हैं। संजीवनी के प्रभाव से लक्ष्मण ठीक हो जाते हैं, जिससे लख चौरासी जीव तथा तैतीस कोटि देवता प्रसन्न होते हैं। मायावी महिरावण राम-लक्ष्मण को पाताल में यज्ञ-बलि हेतु ले जाता है। रावण मंदोदरी को बताता है, तो वह कहती है कि उन्हें तो हनुमान ले आएगा और फिर लक्ष्मण के बाण से यह नगरी पाताल में चली जाएगी। पाताल में हनुमानजी देवी-प्रतिमा के पीछे बैठे सौ मण (मन) मिठाई की कड़ाही साफ कर देते हैं। महिरावण सोचता है कि अब कुशल नहीं है। अधर्म के कारण मेघनाद मृत्यु को प्राप्त होता है। कुंभकर्ण के खांडे को राम दो बाणों से रास्ते में ही काट देते हैं, फिर उसके दोनों हाथ काट देते हैं और तीक्ष्ण बाण से उसका मर्म भेदकर उसे मौत के घाट उतार देते हैं। मंदोदरी दूर से ही देखती है कि मृत कुंभकर्ण के अंगों को बंदर तोड़ने लगे हैं। वह रावण को समझाती है कि लक्ष्मण तीनों लोकों के स्वामी हैं, उनसे मत लड़िएगा, नहीं तो बच नहीं पाओगे। राम के बीड़ा फिरवाने पर लक्ष्मण सिर झुकाकर बीड़ा ले लेते हैं।

अंत में पद संख्या दो-सौ चौवालीस तक कथा है कि राम के कहे अनुसार लक्ष्मण रावण को बाणों से बींधकर मार डालते हैं। चौरासी चौहटों एवं लाखों द्वारों वाली लंका को हनुमान अकेले ही नष्ट कर देते हैं। सीता, हनुमान व राम के निर्मल चरित का गुणगान करने वाली ''सीतपुराण'' सीता के सतीत्व, लक्ष्मण के यतीत्व और हनुमान के पराक्रम की प्राणिमात्र को प्रेरणा देती है। ग्रंथ के अंत में श्रुति-फल के बारे में कवि का कहना है कि 'सीतपुराण' सुनने से धर्म की वृद्धि और पापों का नाश होता है-

> **''इण कथा रा अै ही भेव, हम तम जपो नारायण देव।**
> 'सीतपुराण सुणै चित लाय, बधै धरम, पाप खै जाय।।''

विशिष्ट कथा-बिंदु

'सीतपुराण' में कथा का प्रारंभ अंधमुनि-पुत्र श्रवणकुमार के प्रसंग से होता है। कैकेयी को वर-प्राप्ति दशरथ की सेवा करने से होती है। सीता-हरण के समय 'भोज' नामक रावण का दूत स्वर्णमृग बनकर राम-लक्ष्मण को कुटिया से दूर ले जाता है।

लक्ष्मण की कार (रेखा) पर पाटा रखवाकर भिक्षा के बहाने रावण शिवजी का वेश धारण कर, धोखे से सीता का हरण करता है। जटायु के स्थान पर 'गरुड़' रावण का रास्ता रोकता है, जिसे रावण पंख-विहीन कर देता है।

हनुमानजी का राम से मिलन सीता-हरण के पश्चात् शिवजी की बाड़ी में होता है, जहां क्षुधातुर लक्ष्मण फल तोड़ने जाते हैं। हनुमान-लक्ष्मण में युद्ध होता है और लक्ष्मण मारे जाते हैं, फिर राम-हनुमान में युद्ध होता है और हनुमान मारे जाते हैं। अपने सेवक पर संकट आया देख, शिव-पार्वती बाड़ी में आते हैं, जहां राम के दर्शनमात्र से शिवजी की कोढ़

चली जाती है। पार्वती अपनी अंगुली के नख से अमृत निकालकर हनुमान और लक्ष्मण की पुनर्जीवित कर देती हैं। फिर हनुमानजी को श्रीराम की सेवा में समर्पित करके शिव-पार्वती कैलास चले जाते हैं।

हनुमानजी और लक्ष्मण श्रीराम को सीता के वियोग में विलाप करते देख, धैर्य बंधाते हैं। लक्ष्मण उन्हें लोटे के जल से मुंह धोने के लिए कहते हैं और हनुमानजी एक के स्थान पर बीस सीता और ला देने की बात कहते हैं।

सीता-शोध हेतु श्रीराम की आज्ञा से हनुमानजी पक्षी की भांति उड़कर लंका से आगे ''बेलंका'' तक पहुंच जाते हैं, जहां एक वृद्धा के बताने पर पुनः उल्टे कूद कर लंका पहुँचते हैं। यह भी वर्णन है कि राम-काज हेतु इंद्र ने ऐसा प्रबंध कर दिया कि हनुमानजी ऐरावत पर बैठकर लंका पहुँचते हैं।

वाटिका-विध्वंस के बाद हनुमानजी अक्षयकुमार का वध करके मेघनाद को भी भगा देते हैं, तब कुंभकर्ण उन्हें ब्रह्मपाश में बांधकर रावण के दरबार में ले जाता है। हनुमानजी वहाँ स्वयं ही मरने की इच्छा प्रकट करते हुए कहते हैं कि मेरी पूंछ में आग लगाकर मुझे जला दो।

कुंभकर्ण के नेतृत्व में हनुमानजी की पूंछ में दस घड़े तेल छिड़ककर आग लगाई जाती है। मंदोदरी दिन में ही स्वप्न देखती है कि रावण के दस फिर कटे पड़े हैं और उन पर मिट्टी पड़ी हुई है। वह अशुभ विचार से आशंकित हो उठती है। युद्ध के समय रावण चौसठ योगिनियों को बुलाता है, जिनमें काली, पीली व रानी प्रमुख हैं। प्रथमतः रानी ही बीड़ा उठाती है।

हनुमानजी द्रोणगिरि (पर्वत) लाते समय भरत के बाण से लंगड़े हो जाते हैं, विलंब के लिए भरत अपने को दोषी मानते हैं। रावण का वध लक्ष्मण करते हैं। कथा का श्रुति-फल धर्म में वृद्धि तथा पापों का नाश करने वाला बताया गया है।

प्रबंधात्मकता

लोकरामायण 'सीतपुराण' कुछेक विशेष घटना-प्रसंगों एवं कतिपय नवीन उद्‌भावनाओं के निदर्शन के अतिरिक्त लोक-तत्त्वों से अनुपूरित सीधी-सादी रामकथा है। इसमें शिवजी की बाड़ी में हनुमानजी से मुलाकात का प्रसंग चौंकाने वाला है। राजस्थान की अन्य किसी रामकथा में यह प्रसंग नहीं है। यहां एक लोकगीत ''फल कियां तोड़या लिछमण, शिवजी की बाड़ी' भी जागरणों के समय गाया जाता है। यह प्रसंग बंगाली रामायणों से प्रभावित है। फादर कामिल बुल्के के अनुसार बंगाली रामायणों में ''शिवरामेर युद्ध'' का प्रसंग है, हनुमान-लक्ष्मण युद्ध का वर्णन संताली रामकथा, जावा के 'सेरीराम' तथा कंबोडिया की खमेर 'रामकेर्ति' (सर्ग-5) में भी मिलता है। 'सीतपुराण' में त्रिजटा, मंथरा, विभीषण, सुग्रीव

आदि को नगण्य रखते हुए कम-से-कम पात्रों की सृष्टि की गई है। यहां संक्षेप में इसके काव्य-सौंदर्य का निदर्शन करते हुए कृति की प्रबंधात्मकता विचारणीय है-

मंगलाचरण

''सीतपुराण'' के मंगलाचरण में कवि लगातार चार पदों में श्याम, सृजनहार, राम, आदिशक्ति, शारदा एवं सरस्वती के स्तुति-स्मरण से काव्य की शुरुआत करता है-

''सरवण सिंवरै श्याम नै मैली सिस्ट सुवाय।''

× × ×

''सरवण सिंवरै सुरसती, आय शारदा माय।।''

नायक

काव्य के नायक की कुलीनता में कोई संदेह नहीं है, स्वयं भगवान ही राजा दशरथ के घर अवतार लेते हैं, जो शिवजी की बाड़ी में शिवजी को अपने अवतार के बारे में बताते हैं-

''ध्यान लगायां देख्या ईसर, बाड़ी में दीस्या परमेसर।''

× × ×

''घर दसरथ अवतार लियो, पुरी अजोध्या गाम।
भरत-सतरघण, लिछमण सागै, कौसल्यासुत राम ।।''

उद्‌देश्य

अवतार का उद्‌देश्य पापी रावण का अंत करना, उसके यहां बंदी तैतीस कोटि देवताओं को मुक्त करना और धर्म की उन्नति करना है। सीताजी का भी मंदोदरी के प्रति कथन है- ''तोनै देण रंडेपड़ो, छोड़ावण तैतीस'', अर्थात् हमारा ध्येय तुम्हें वैधव्य देना तथा तैतीस कोटि देवताओं को मुक्त करवाना है।

सौंदर्य-वर्णन

'सीतपुराण' में अनेक स्थलों पर शैलीगत वर्णनात्मकता के अंतर्गत अनूठे दृश्यबिंब उभरते दृष्टिगोचर होते हैं। यहां सीता के सौंदर्य को व्यंजित करने वाला यह पद प्रस्तुत है-

सीस नारेळ ज्यूं कापिया गात।
कापिया गात ज्यूं सोनै रा पात।।
सोनै रै पात ज्यूं बोलती रिल।
बोलती रिल ज्यूं बाजती बिल।।
चालती आंगणै चमकतो चीर।
सीत कांई बिसरावे लिछमण बीर।।

रस–निरूपण

रस–निरूपण की दृष्टि से 'सीतपुराण' में वीर, वीभत्स, करुण, शांत व निर्वेद रस की पदे-पदे प्रतीति होती है, उदाहरणार्थ –

वीर– दो धड़ अड़िया पंचाद, भड़ जोधा जड़ जांई।
सैंस उठिया उकळाय, भारत पौंचा आई।।
पोंचो पकड़ जकड़ जड़ मुक्की, दीनी धूळ चटाय।
मरतै लाखण 'राम' कह्यो, सबद सुण्यो रुघराय।।

वीभत्स– राणी बीड़ो झालियो, बिस री बेल फिरै मतवाळी।
बासक ज्यूं बिसकूला छूटै, भूत बजावै ताळी।।

करुण– "टळक–टळक आंसू ढळै, हेत हियै नेड़ो लियो।"
"सुख आंबा सुख आंबली, सुख में गावां गीत।
म्हैं कांई जाणूं गुरु रामचंद, थे गमाई है सीत।।"

शांत व निर्वेद– देख न बोलै डेडरा, न कोई नीर तळाव।
दीठो कुवो उजाड़ रो, न कोई आवै न जाय।।

संवाद

संवाद की दृष्टि से भी 'सीतपुराण' में संक्षिप्तता एवं अर्थ–गांभीर्य की प्रतीति होती है। इसके संवाद कथा को त्वरा देने की दृष्टि से सार–ग्राह्य जान पड़ते हैं, जैसे–

"काळी पूछै कुसळै बातां, बीर कठे सूं आयो।"
"दिखण दिसा सूं आयो बाई, अब उतराधै ध्यायो।"

शकुन–विश्वास

'सीतपुराण' में शकुन, मुहूर्त, ज्योतिष एवं कर्म–रेखानुसार भाग्यवाद को पर्याप्त महत्त्व दिया गया है, जैसे–

"जोतस जोवै जोसियां, गिरै दसा कुण रास।
छठो छनिछर बारवों रवि आयो आकास।।"

कहावतें–मुहावरे

"सीतपुराण' में कहावतों–मुहावरों का भी सुंदर प्रयोग हुआ है, जैसे "राजा ओ वाचा खारा नींब सा, नींब न मीठा होय।" तथा "कोटां नैं सोवे कांगरा, भींतां नै सोवै चीत।" जैसी कहावतों के साथ ही "सिर सट्टै सुंदर मिलै।" और "अमी बसै गवरां रै नख में।" जैसी उक्तियों के सटीक प्रयोग ने इस कृति के सौंदर्य में चार चांद लगा दिए हैं।

महार्घता

"सीतपुराण" में भगवान राम के अवतार-रूप की महार्घता कई स्थलों पर संकेतित है, जैसे (पार्वती कथन)-

"आं रा दरसण हुयां.... बिरम दोस टळ जाय।"
"म्हारा वर तो मेह बरसावै, तिरभण-तारण-राम।"

संवत्-सूचना व श्रुति-फल :

"सीतपुराण" का रचनकाल संवत् 'सतरह सौ मेल' कहकर वि.सं. 1700 ही बताया गया है-

'भूकर गावै सू समै सतरह सौ मेल।
राखो नाम नारायणा, म्हारी अमर बधावो बेल।'

यहां "अमर बधावो बेल' कहकर कवि अपनी वंश-वृद्धि की कामना भी करता है। साथ ही फल-श्रुति में पाप-क्षय और धर्म-वृद्धि का उद्घोष भी करता है-

'इण कथा रा अै ही भेव, हम तम जपो नारायण देव।
"सीतपुराण सुणै चित लाय, बधै धरम, पाप खै जाय।।"

इस प्रकार दोहा व गाथा छंद में विरचित यह लोकरामायण टेक-पदों की पुनरावृत्ति के साथ रात्रि-जागरणों में सुमधुर संगीत-सृष्टि करती हुई एक सफल खंडकाव्य सिद्ध होती है।

राम–भक्त कवयित्री पर्दायत तुलछराय के सरस पद

डॉ. भगवतीलाल शर्मा

मारवाड़ के महाराजा मानसिंह के बहुआयामी व्यक्तित्व में साहित्य, संगीत, कला, इतिहास एवं अध्यात्म का अद्भुत समन्वय था।[1] इस विस्मयकारी वैशिष्ट्य के फलस्वरूप उनका शासन–समय[2] इस मरूधरा में इन सद्विद्याओं के समुन्नयन का स्वर्ण–समय बन गया, यहाँ के गौरव–गरिमामय इतिहास का अभिनन्दनीय उज्ज्वल अध्याय बन गया।[3]

शब्द और स्वर के अनन्य आराधक राजस्थान के इस राजा भोज म. मानसिंह का रनिवास भी विदुषी, विद्यानुरागिणी तथा भक्ति–भाव–सम्पन्न कविरानियों से सुशोभित था, जिनकी 'सरस काव्य–वीणा की झंकार रसज्ञ भक्तजनों की हृदयतंत्री को झंकृत करने[4] में समर्थ थी।

राजस्थानी रामभक्ति–काव्य–धारा के यहाँ प्रस्तुत प्रसंग में म. मानसिंह[5] सहित उनकी रामभक्त–कविरानियों में महारानी प्रतापकुंवरी और पर्दायत तुलछराय का सादर स्मरण किया

---

1. म. मानसिंह अपने जैसे आप ही थे, अनुपमेय। आयस लाडूनाथ ने तभी तो क्या ही सटीक कहा–

   उपमे मांन न आंन, मांन मांन उपमांन नंह।
   मांन मांन उपमांन, मांन मांन इह मांन मन।।

   ग्रं. 1510 गुटका स. 2 क: पत्र 153 : महाराजा मानसिंह पुस्तक प्रकाश, जोधपुर
2. माघ शुक्ला 5, वि.सं. 1860 से भाद्रपद शुक्ला 11, वि.सं. 1900; तदनुसार 17 जनवरी, 1804 ई. से 4 सितम्बर, 1843 ई. तक।
3. तत्समय को प्रदर्शित करता अज्ञातकर्तृक यह प्रसिद्ध छंद है–

   जोधे कीन्हो जोधपुर, व्रज कीन्हो व्रजपाळ।
   लखनेऊ काशी नगर, मान कर्यो नेपाळ।।

   अर्थात् राव जोधा ने जोधपुर बसाया, म. विजयसिंह ने इसे वैष्णव भक्ति से व्रज बनाया, तो म. मानसिंह ने इसे विद्याओं से काशी, संगीत से लखनऊ और योग से नेपाल बना दिया –भारत मार्त्तण्ड : संपा. पं. रामकर्ण शर्मा : अंक 1, पृ. 3–4, भूमिका।
4. राजस्थान : वर्ष 1, सं. 2, पृ. 29–36 पर पं. सूर्यकरण पारीक के निबन्ध 'राजस्थान की हिन्दी कविरानियाँ' से।
5. म. मानसिंह ने रामविलास तथा रामावतार संज्ञक रचनाएँ रचकर राजस्थान की रामभक्ति–काव्यधारा को संपुष्ट किया।

जा सकता है।

अपनी राम–निष्ठा के फलस्वरूप महारानी प्रतापकुंवरी जीवनपर्यन्त मनसा–वाचा–कर्मणा राममय रहीं एवं अपने धार्मिक क्रियाकलापों तथा रामपरक साहित्यिक कृतित्व से पर्याप्त प्रख्यात हुईं।[1] अनेक कारणों से अलबत्ता पर्दायत तुलछराय अवश्य अल्पज्ञात रही और यहाँ अग्रांकित पंक्तियों में अब तक उपलब्ध उनका जीवन–परिचय एवं शोध में प्राप्त उनकी सरस राम–पदावली संक्षिप्त समीक्षा के साथ प्रस्तुत करने का प्रयास किया जा रहा है।

सर्वप्रथम यहाँ राम–भक्त कवयित्री तुलछराय के संक्षिप्त जीवन–वृत्त पर दृष्टिपात करते हैं।

पर्दायत तुलछराय म. मानसिंह के बड़े अखाड़े की बारह पर्दायतों में से एक थी। म. मानसिंह से इसके दो पुत्र हुए- लालसिंह एवं रतनसिंह।[2]

---

3. क : भक्त–हृदया भटियाणी रानी प्रतापकुंवरी के राम–भक्ति-रसार्द्र छोटे–छोटे ग्रंथ–ज्ञानसागर, ज्ञानप्रकाश, प्रताप–पच्चीसी, प्रेमसागर, रामचन्द्र नाममहिमा, रामगुणसागर, रघुवर स्नेहलीला, रामसुजसपच्चीसी, पत्रिका आदि का एक संग्रह 'प्रतापकुंवरी पद रत्नावली' शीर्षक से ईडर की महारानी रतनकंवरी जी ने प्रकाशित करवाया था।

मारवाड़ का इतिहास : प्रथम भाग : वि.ना.रेउ : पृ. 24

ख : उदार–हृदया रानी प्रतापकुंवरी नेजी–भरकर मुक्तहस्त से दान–दक्षिणा में अपार द्रव्य दिया। इस प्रवृत्ति की प्रशस्ति में कवियों की कृतज्ञ वाणी फिर इस भाँति प्रस्फुटित हुई–

म्हाराजा नृप मान रे, पाटरांणी परताप।
भगती तणौ भंडार है, हिरदै रघुवर जाप।।
पुन्न तणौ है पोरसौ, धरम तणी है ज्याज।
मिंदर करायौ चूंप सूं, आगोतर रै काज।।
प्रतापकवर प्रगट भई, कीनौ अंमर नांम।
तारै पीहर सासरौ, तारै जाखण गांम।।
सब जुग मैं मैमा भई, भगत करण के काज।
गोयंद–सुता जग जीतियौ, बांध धरम री पाज।।
पुन तणौ थूं पोरसौ, और धरम तणी है ज्याज।
भगती तणौ भंडार है, इबछळ थारौ राज।।
महाभक्त रघुरांम की, प्रतापकवर इण बार।
पी'र नानेरौ सासरौ, तीनूं दीना तार।।
मीरां जनमी मेड़तै, जाखण परतापकवार।
धीन धीन (तू) धरमधुर, सबै केवै संसार।।

ग्रं. 205 : राम पदावली : प्रतापकंवर : पत्र 54 क–ख एवं 117 ख: म. मान. पु.प्र., जोधपुर

2. "12 पड़दायतियां बड़ा अखाड़ा में 9 तुलछरायजी रै वाभा लालसिंघजी दूजा रतनसिंह जी" – मं. मानसिंह री ख्यात: संपा. डॉ. नारायणसिंह भाटी : पृ. 237

महारानी प्रतापकुंवरी ने घासमंडी, जोधपुर में जब भगवान राम का भव्य मंदिर बनवाया, तो तुलछराय ने इस पावन प्रसंग पर गद्‌गद्‌ होकर लिखा-

।। चंद्रायणौ ।।

रघुवर को इक मिंद्र बणायौ प्रीत सौं।
घास-मढी के मांय भयौ अति रीत सौं।
किरपा करी दयाल वडी निज मोज सौं।
हरिहां, तुलछराय सुख पाय रहै नित चोज सौं ।।1।[1]

पर्दायत तुलछराय महारानी प्रतापकुंवरी के प्रति पूर्णतः समर्पित थी। इनमें परस्पर प्रगाढ़ प्रेम था, आत्मीयता थी। महारानी प्रतापकुंवरी ने अपने इष्ट राम से प्रार्थना की है कि पुनर्जन्म हो, तो उसे तुलछराय का संग दें ताकि मिल-बैठकर हृदय की बात कही-सुनी जा सके -

तुलछराय नै संग थे दीजौ,
मिल दोहु करसां वात ।।5।।[2]

पं. मोतीलाल मेनारिया के अनुसार इनका निधन सं. 1890 में हुआ।[3]

बस, यह सीमित मोटा-मोटा-सा रेखांकन है विवेच्य कवयित्री के जीवन-वृत्तान्त का। शेष अनुसन्धेय है और इस ओर गम्भीर प्रयास अपेक्षित हैं।

अब तुलछराय के कृतित्व[4] पर संक्षिप्त समीक्षात्मक विवेचन प्रस्तुत है।

---

1. क: ग्रंथ 205 : रामपदावली, प्रतापकंवर : पत्र 117 क. पद 290, म. मान पु. प्र., जोधपुर
   ख: राजस्थानी चंद्रायणा छंद की चतुर्थ पंक्ति में प्रथम शब्द 'परिहां' सर्वत्र प्राप्त होता है। भक्त-कवयित्री तुलछराय ने यहाँ 'हरिहां' का नवीन प्रयोग किया है।
2. क: ग्रं. 205 : राम पदावली : प्रतापकंवर : पत्र 94 क: पद 223 : म. मान पु.प्र., जोधपुर
   ख: महारानी प्रतापकुंवरी ने इस पद में अपने कुटुम्बियों तथा अन्य निकटस्थों का सादर नामोल्लेख किया है।
3. राजस्थान का पिंगल साहित्य : पृ.177 : कवि सं. 211.
4. यहाँ प्रस्तुत राम-भक्त कवयित्री तुलछराय के व्यक्तित्व-कृतित्व पर महिला-मृदुवाणी (मुन्शी देवीप्रसाद, पृ. 35-36), मारवाड़ी भजन सागर (रघुनाथ प्रसाद सिंहानिया, पृ. 11-12), राजस्थान का पिंगल साहित्य (पं. मोतीलाल मेनारिया, पृ. 177), मध्यकालीन हिन्दी कवयित्रियाँ (डॉ. सावित्री सिन्हा, पृ. 231-233), प्रेरणा (मासिक, जोधपुर, संयुक्तांक-नवंबर 1962 से फरवरी 1963, पृ. 49-50), परम्परा (त्रैमासिक, जोधपुर, पृ. 215-216), महाराजा मानसिंह री ख्यात (संपा. डॉ. नारायणसिंह भाटी, पृ. 237), मध्यकालीन कवयित्रियों की काव्य-साधना (डॉ. उषाकंवर राठौड़, पृ. 168-171) मान पदावली : संगीत (डॉ. भगवतीलाल शर्मा, पृ. 120) तथा मारवाड़ से सम्बन्धित इतिहास-ग्रंथों आदि में संक्षिप्त टिप्पणियाँ उपलब्ध हैं। अध्येताओं एवं अनुसंधित्सुओं से इनके अध्ययन का भी अनुरोध है।

राम-भक्ति-लीन कवयित्री तुलछराय ने गणेश-वंदना एवं सरस्वती स्तवन की मंगलाचरण-परिपाटी का परम्परित निर्वाह करने के पश्चात् अपने इष्ट राम के प्रति अपनी आस्था, अपूर्व निष्ठा और सर्वस्व समर्पण-भावना को अभिव्यक्ति दी है। मर्यादा पुरुषोत्तम राम विषयक पदों की इस पुष्प-वाटिका में तुलछराय के प्रातः दर्शन-प्रार्थना, राम-सौन्दर्य-शोभा, सीता-रूप-छटा, दर्शनोत्कंठा, मिलनातुरता, विनय, फाग-रमण-इच्छा, समर्पण, शरणागति, कृपाकांक्षा, दैन्य, कातरता, संसार-निस्सारता, मोक्ष-याचना आदि भाव-प्रसून खिले हैं, जिनकी अपनी निराली सौरभ है।

तुलछराय ने राम में कृष्ण-रूप निरख कर भी उन्हें घनश्याम, माधव, श्याम जैसे सरस सम्बोधनों से पुकारा है। उल्लास और उमंग-भरी होरियाँ तो स्पष्टतः यहाँ कृष्ण-लीला के प्रभाव को प्रतिभासित करती हैं।

विभिन्न भावानुभूतियों की विभूति से सजी तुलछराय की यह पदावली काफी, खमायची, जंगलौ, तैलंग, भैरुं, भैरवी, मांझ, विलावल, सोरठ, होरी काफी जैसी विभिन्न राग-रागिनियों में निबद्ध है और अपनी गेयता से निश्चित ही मग्न कर देने वाली गीतियाँ हैं। लोकप्रिय रागों ने निश्चित ही इन पदों में अनूठी सरसता का संचार कर उन्हें मार्मिक बना दिया है।

राम-भक्त तुलछराय की जैसी राम-भक्ति-रसार्द्र सहज सरल मनोभावना, वैसी ही सहज सरल भाषा-शैली में रूपायित हुई उसकी अभिव्यक्ति। इन पदों में बोलचाल की मारवाड़ी की महक है। होरियों में ब्रजभाषा का माधुर्य घुला है। सरल शब्द-चयन की सुघड़ता है इन पदों में। कहीं-कहीं अनुप्रास, उपमा, रूपक जैसे अलंकार भी इन पदों में हैं, पर अपवाद स्वरूप। निरलंकारिता ही इन पदों की नैसर्गिक आलंकारिकता है। इन पदों में प्रसाद गुण की प्रासादिकता सर्वत्र व्याप्त है। पाण्डित्य-प्रदर्शन से दूर ये पद कवयित्री की सहज अभिव्यक्ति की सबल एवं क्षमतावान साक्षी देते हैं।

पर्दायत तुलछराय के पदों का स्वतंत्र संकलन नहीं मिलता। ये जो थोड़े-से मिले हैं, वे भी महारानी प्रतापकुंवरी के पद-संग्रह में यत्र-तत्र बिखरे से लिखे हुए। इनमें से अधिकांश प्रथम बार प्रकाशन का प्रकाश देख रहे हैं। कवयित्री के विधिवत 'मंगलाचरण' प्रस्तुत करने से उसके पदों के प्रचुर परिमाण में होने की प्रबल संभावना अवश्य बनती है।

सरलता की सरसता के स्वर्ण-सूत्र में पिरोई गई इस सरस्वती-सेविका की अब तक प्राप्त राम-विषयक मनोहारिणी पदावली इस प्रकार है-

।।मंगल।।[1]

प.सं. 1] ।।राग भैरवी।। [गणेश वंदना

प्रथम रटूं गनदेव, भक्ति हित कारणै।
किरपा कर गनदेव, पाप सब जारणै।।टेर।।

पूजा करसूं नित्त, चित्त चरणां धरूं।
औ भव कठण करूर, देख मन मै डरूं।।1।।

गवरी–सुत दे बुध, सूंध रचना करूं।
श्री रघुबर परसन होय, पलक मै भव तिरूं।।2।।

तुलछराय तव पाव, सदा सिर पर धरै।
त्रिविध ताप टर जाय, सदाहरि सुख करै।।3।।[2]

प.सं. 2] ।।राग भैरवी।। [सरस्वती–स्तवन

सुरसति सुण मेरी माय, महर कर मो परै।
हरि जस लेऊं बणाय, नेम है तौ परै।।टेर।।

तुम विन पार न होय, देव सब ही कहै।
तातै हुय किरपाल, अरज मेरी सुण लहै।।1।।

रघुवर के गुण गाय, पार भव सै तिरूं।
इत उत भटकै कौंन, सफल तन मैं करूं।।2।।

तुलछराय कर जोर, भोर सनमुख रहै।
मन वंछत फल पाय, देह के अघ दहै।।3।।[3]

---

1. 'मंगलाचरण' से अभिप्राय है।
2. ग्रं. 205 : राम पदावली : प्रतापकंवर : पत्र 116 ख : पद288 : महाराजा मानसिंह पुस्तक प्रकाश, जोधपुर
3. ग्रं. 205 : राम पदावली : प्रतापकंवर : पत्र 116 ख–117 क: पद 289 : म. मान. पु.प्र., जोधपुर

प.सं. 3] ।। राग भैरू ।। [प्रात:दर्शन–प्रार्थना

जागियै रघुरांम सांम, जननी सुख दीजै।।टेर।।
उठौ नाथ भयौ प्रात, सरजू जल नाय वेग।
मेवौ मिसरी अरोगौ, ऊपर पय पीजै।।1।।
परजा की खबर लीजै, भक्तन कौं दरस दीजै।
सौं निरख कै मुखारबिंद, प्रेम नैन भीजै।।2।।
तुम बिन मेरै जीय की नाथ, कौंन का कहीजै।
तुलछराय दासी कुं, चरनन में कीजै।।3।।[1]

प.सं. 4] ।। राग जंगलौ ।। [सौन्दर्य–शोभा

सियावर सांम लगै मोयै प्यारौ हौ।।टेर।।
क्रीट मुगट मक्राक्रत कुंडल,
भाल तिलक सुखकारौ हौ।।1।।
मुख की शोभा काहा कहु उनकी,
कोटि चंद उजियारौ हौ।।2।।
गल विच कंठौ है रतनां रौ,
वनमाला उर धारौ हौ।।3।।
केसरियौ जांमौ जरकस कौ,
दुपटौ लाल लपा रौ हौ।।4।।
पीतांबर पट कट पर सोहै,
पायां जांझर न्यारौ हौ।।5।।
तुलछराय कहै मो हिरदै विच,
आंण वस्यौ धनुवारौ हौ।।6।।[2]

---

1. सं.205 : राम पदावली : प्रतापकंवर: पत्र 115 क–ख : पद 284 : म.मान. पु.प्र., जोधपुर
2. क.ग्रं. 205 : राम पदावली : प्रतापकंवर : पत्र 115 क: पद 283 (2) : म. मान. पु.प्र., जोधपुर
   ख. महिला मृदुवाणी : मुन्शी देवीप्रसाद : पृ. 36
   ग. मारवाड़ी भजन सागर : रघुनाथ प्रसाद सिंहानिया : पृ. 641:पद 929
   घ. मध्यकालीन कवयित्रियों की काव्य साधना : डॉ. (श्रीमती) उषाकंवर राठौड़: पृ. 169 (रागोल्लेख रहित)

प.सं. 5] **।। राग विलावल ।।** **[रूप-सौन्दर्य**

मन तू निरख छटा रघुवर की।।टेर।।
लटपटि पाग पीतांबर सोहै,
कोर ताहि है जर की।।1।।
आभूषण है रतन जड़ाऊ,
चालै पट अंतर की।।2।।
पुसप-वाग मै आप विराजै,
गुलाब-जल धर छरकी।।3।।
सीताजी कौं संग लियां है,
तुलछराय मन हरषी।।4।।[1]

प.सं. 6] **।। राग सोरठ ।।** **[रूप-छटा-दर्शन**

दरसण दौ रघुनाथ छबीला,
थांरा दरसण री बलिहारी।।टेर।।
प्रात समै दरसण नै आई,
वा छिब निरखी है भारी।।1।।
गलै हार मोतियन कौ सोहै,
कुंडल की छिब भारी।।2।।
वैजंती-माला मन सोहै,
जांझण री झणकारी।।3।।
तुलछराय प्रभु रूप निहारै,
चरण कवल पर वारी।।4।।[2]

---

1. ग्रं. 205 : राम पदावली : प्रतापकंवर : पत्र 117 ख: पद 292, म. मान. पु.प्र., जोधपुर
2. ग्रं. 205 : राम पदावली : प्रतापकंवर : पत्र 40 क: पद 91 : म. मान. पु. प्र., जोधपुर

प.सं. 7] **।। राग सोरठ ।।** **[राम–सीता–रूप–शोभा**

थांरी छिब निरखूं जी सिया रघुवीर।।टेर।।

बांवै अंग सियाजी सोहै,
जीमणै लिछमण वीर।।1।।

रघुवर सोहै जरकस जांमौ,
सियाजी रै दिखणी चीर।।2।।

राघौजी रै सोहै केसरिया दुपटौ,
सियाजी रै कंचवौ मलीर।।3।।

राघौजी रे पैरण जड़ाऊ गैणौ,
सियाजी रै मुगता हीर।।4।।

राघौजी री सोभा कहां लग वरणूं,
हरत पराई पीर।।5।।

तुलछराय प्रभु रूप निहारै,
उमग रयौ छै सरीर।।6।।[1]

प.सं. 8] **।। राग भैरवी ।।** **[दर्शनोत्कंठा**

अब मोयै दरसण देवौ रघुरांम।।टेर।।

असट पेहर तुमही कुं ध्याऊं,
करियै पूरण कांम।।1।।

और बात पै चित नही राखूं,
जपत रहूं तुव नांम।।2।।

तुलछराय पर निज किरपा कर,
आंण मिलौ हो घनसांम।।3।।[2]

---

1. ग्रं. 205 : राम पदावली : प्रतापकंवर : पत्र 40 ख–41 क: पद 90; म. मान. पु.प्र., जोधपुर
2. ग्रं. 205 : राम पदावली : प्रतापकंवर : पत्र 116 क–ख : पद 287 क: म. मान. पु.प्र., जोधपुर

प.सं. 9] **।। राग भैरवी ।।** **[दर्शनाभिलाषा**

मेरे मन हो रांम,
दरसण की लागी है।।टेर।।
रैण दिवस जीय जपत रेहत हूं,
उन छिब पै अनुरागी है।।1।।
कांम क्रोध मद लोभ मोह की,
कुबध कला सब भागी है।।2।।
तुलछराय कर जोर कहै मेरे,
जीवन की जड़ी जागी है।।3।।[1]

प.सं. 10] **।। राग खमायची ।।** **[दर्शनातुरता**

इण सियावर नै निरखण जासां है,
इण रघुवर नै निरखण जासां है।।टेर।।
निरखण जासां दरसण करसां,
जनम सफल कर लेसां है।।1।।
तन मन सब ही भेट करसां,
पेम सुधा रस पीसां है।।2।।
तुलछराय प्रभु कहै कर जोड़ी,
निज चरणां में रेसां है।।3।।[2]

---

3. ग्रं. 205 : राम पदावली : प्रतापकंवर : पत्र 116 क: पद 287: म. मान. पु. प्र., जोधपुर
2. ग्रं. 205 : राम पदावली : प्रतापकंवर : पत्र 48 क-ख : पद 113; म. मान. पु. प्र., जोधपुर

प.सं. 11] ।। राग मांझ ।। [मिलनोत्कंठा

राघौजी मेरे आंगण,
अेक वेर आजौ जी।।टेर।।

मो बंदी कुं जांण के प्रभु तुम,
पल भर दरस देखाजौ जी।।1।।

क्रीट-मुगट कुंडल की वा छिब,
मो उर आंण बसाजौ जी।।2।।

तुलछराय पर मेहर करी नै,
चरणां में वेग लगाजौ जी।।3।।[1]

प.सं. 12] ।। राग जंगलौ ।। [मिलन-यांचना

मेरी सुध लीजौ जी श्री रघुनाथ।।टेर।।

लाग रही जिय केतै दिनन की,
सुणौ मेरा दिलड़ा री वात।।1।।

मोकूं दासी जांण सियावर,
राखौ थांरा चरणां री साथ।।2।।

तुलछराय कर जोड़ कहै,
मेरौ निज कर पकड़ौ हाथ।।3।।[2]

---

1. ग्रं. 205 : राम पदावली : प्रतापकंवर : पत्र 115 ख-116 क: पद 286 : म.मान. पु. प्र., जोधपुर
2. क.ग्रं. 205 : राम पदावली : प्रतापकंवर : पत्र 114 ख-115 क: पद 283 (1) म.मान.पु.प्र., जोधपुर
ख. यही पद इसी ग्रंथ में पत्र 110 क-ख (पद 272) पर राग सोरठ में निबद्ध प्रतिलिपित है।
ग. महिला मृदुवाणी : मुन्शी देवीप्रसाद : पृ. 35
घ. मारवाड़ी भजन सागर : रघुनाथ प्रसाद सिंहानिया : पृ. 640-641 : पद 928
ड. प्रेरणा (मासिक), जोधपुर : संयुक्त अंक नवम्बर 1962-फरवरी 1963,, पृ. 49-50
च. परम्परा (त्रैमासिक), जोधपुर संपा. डॉ. नारायणसिंह भाटी : भाग 15-16 : पृ. 216 पर दीनदयाल ओझा का लेख 'मध्यकालीन राजस्थानी कवयित्रियाँ',
घ. मध्यकालीन कवयित्रियों की काव्य साधना : डॉ. (श्रीमती) उषा कंवर राठौड़: पृ. 169 (रागोल्लेख रहित)

प.सं. 13] ।। राग तैलंग ।। [मिलनातुरता

वे म्हांनै कबहौ मिलैगा,
सीतापत रघुराय।।टेर।।
आज सखी तूं मिंदर जाजै,
मेरी सुद केजै जाय।।1।।
दरसण विन मोय कल न पड़त है,
घर अंगणौ न सुहाय।।2।।
मैं दासी प्रभु जनम जनम की,
भूल बिसर मत जाय।।3।।
तुलछराय की आइ छै वीणती,
चरण कंवल लपटाय।।4।।[1]

प.सं. 14] ।। राग होरी काफी ।। [फाग-रमण

सिया रघुवर खेलत होरी।।टेर।।
अबीर गुलाल सू और अरगचा,
फेट भरै भर झोरी।।1।।
हाथ लिवी पिचकारी रघुवर,
सब सखियां पर छोरी।।2।।
तुलछराय प्रभु रूप निहारै,
हरख निरख सुख लो री।।3।।[2]

---

1. क: ग्रं. 205 : राम पदावली : प्रतापकंवर : पत्र 33 ख- 34 क: पद 73 : म.मान.पु.प्र., जोधपुर
ख: मध्यकालीन कवयित्रियों की काव्य-साधना : डॉ. श्रीमती उषाकंवर राठौड़ : पृ. 170, (रागोल्लेख रहित)
2. क: ग्रं. 205 : राम पदावली : प्रतापकंवर: पत्र 110 क: पद 271: म.मान पु.प्र., जोधपुर
ख: ग्रं. 27720 : प्रतापकुंवर कृति संग्रह : पत्र 129 ख: राजस्थान प्राच्य विद्या प्रतिष्ठान, जोधपुर

प.सं. 15] ।। राग होरी काफी ।। [फाग–रमण

सीता रामजी सूं खेलूं मैं होरी,
भर लेऊं गुलाल की झोरी।।टेर।।

सज कर आई जनककिसोरी,
चहुं बंधुन की जोरी।
मीठा बोल सियावर बोलत,
सब सखियन की टोरी,
हसै हरि सूं कर जोरी।।1।।

उडत गुलाल अबीर आली री,
अंबर अरुण भयौ री।
रंग भरी छूटत पिचकारी,
केसर कीच मच्यौ री,
नैन भर छिब निरखौ री।।2।।

लोक नगर कौ सब ही आयौ,
चहुं दिस भीर भरो री।
तुलछराय प्रभु कहै कर जोरी,
तन मन धन अरपौ री,
जनम कौ लाभ लहौ री।।3।।[1]

---

1. क. ग्रं. 205 : राम पदावली : प्रतापकंवर: पत्र 109 ख–110 क: पद 270 : म.मान.पु.प्र., जोधपुर
ख. ग्रं. 27720 : प्रतापकुंवर कृति संग्रह : पत्र 129 क: रा.प्रा.वि. प्रति., जोधपुर, इसमें पद की अंतिम पंक्ति 'जनम...लहौ री' नहीं है।
ग. महिला मृदुवाणी : मुन्शी देवीप्रसाद : पृ. 35
घ. मारवाड़ी भजन सागर : रघुनाथ प्रसाद सिंहानिया : पृ. 640 : पद 927
ङ. मध्यकालीन कवयित्रियों की काव्य साधना : डॉ. (श्रीमती) उषाकंवर राठौड़: पृ. 169 (रागोल्लेख रहित)

हरि संग खेलत होरी,
सिया संग खेलत होरी।।टेर।।

नेह पीहित सु फाग रमत है,
केसर भर भर झोरी।
बंसत रमण सब चालौ,
तौ हरख हरख गुण गावौ।।1।।

संतन की प्रतपाली सियावर,
नेह नवौ नित लागौ।
अबीर गुलाल की धूम मची है,
तौ रंग की चलत फुंव्रारी।।2।।

ग्यान गुलाल अबीर उडत है,
नेह की चली पिचकारी।
गूंघट ओट सियावर खेलत,
पेम मगन चित होई।।3।।

धू पेलाद वभीषण खेलत,
नारद वेण वजाई।
तुलछराय सिया गुण गावत,
तौ वरसत रंग अपारी।।4।।[1]

1. ग्रं. 205 : राम पदावली : प्रतापकंवर : पत्र 48 ख: पद 114: म. मान. पु. प्र., जोधपुर

प.सं. 17] ।। राग मांझ ।। [विनती

सहेल्यां मारै राघौजी नैं
निरख लीजौ है।।टेर।।

अेक चित सुं वाकौ दरसण करकै,
जांमण मरण हरीजौ है।।1।।

दोउ कर जोर रघु कै आगै,
मेरी सुध तुम कीजौ है।।2।।

तुलछराय कहै उन चरणन कौ,
पल पल ध्यांन धरीजौ है।।3।।[1]

प.सं. 18] ।। राग तैलंग ।। [विनय

दसरथ कवर सुजांन,
जोवै छै थांरी वाट सियाजी।।टेर।।

मोर मुगट पीतांबर सोहै,
कुंडल झलकत कांन।।1।।

सीता रांम लिछमण भरत सत्रुघण,
च्यारूं वीर सुजांन।।2।।

तुलछराय प्रभु अरज करै छै,
मैर करौ भगवांन।।3।।[2]

---

1. ग्रं. 205 : राम पदावली : प्रतापकंवर : पत्र 115 ख: पद 285; म. मान. पु. प्र., जोधपुर
2. क: ग्रं. 205 : राम पदावली : प्रतापकंवर : पत्र 34 क: पद 74 : म.मान. पु.प्र., जोधपुर
ख. मध्यकालीन कवयित्रियों की काव्य–साधना : डॉ. श्रीमती उषाकंवर राठौड़ : पृ. 170 (रागोल्लेख रहित)

प.सं. 19] ।। राग तैलंग ।। [समर्पण-भाव

म्हारा माधौजी हो,
हूं तौ थांरा चरणां री दासी,
थांरा छां जी अवध-निवासी।।टेर।।

हूं तौ दीन पतत करणानिध,
सब अवगुण की रासी।
थांरा च (र)णां रौ छै एक भरोसौ,
ले निभज्यौ अविनासी।।1।।

अबकै पार करौ परसोतम,
काटौ जम की पासी।
जो म्हांनै भूलौला माधव,
लोक करैला थांरी हांसी।।2।।

ज्यां-ज्यां नांव लियौ हरि तेरौ,
तिरिया जीव जग-वासी।
सीतापत अब तुलछराय नैं,
सरणै आप र(खा)सी।।3।।[1]

प.सं. 20] ।। राग काफी ।। [शरणागति

सिया रघुनाथ सरण तेरी आई
तीन लोक के नाथ कहीजौ
दसरथ राजकवर सुखदाई।।टेर।।

महैर करै नै कर मेरा पकड़ौ,
धरौ मेरे सिर पर हाथ सदाई।।1।।

दवापर तेता सतजुग कलजुग,

---

1. क. ग्रं. 205 : राम पदावली : प्रतापकंवर : पत्र 34 क-ख : पद 75 : म.मान.पु.प्र., जोधपुर
ख. मध्यकालीन कवयित्रियों की काव्य साधना : डॉ. (श्रीमती) उषाकंवर राठौड़: पृ. 170 (रागोल्लेख रहित)

वेद पुरांण विमल जस गाई।।2।।
तारै अधम अहीर कीर तुम,
अहल्या सिवरी मीरांबाई।।3।।
तुलछराय प्रभु कहै कर जोरी,
राखौ निज चरणां लपटाई।।4।।[1]

प.सं. 21] **।। राग सोरठ ।।** **[कृपाकांक्षा**

म्हांरी सुध लीजौ हो सीतारांम।।टेर।।
सुख रा सागर किरपा रा आगर,
भगतविछल थांरौ नांम।।1।।
हरि अवतार लियौ धरणी पर,
सार्‌यौ छै भगतां रौ कांम।।2।।
भूमि कौ भार उतार्‌यौ हरि नै
रघुकौल जनमै हैं रांम।।3।।
रांवण सरीसौ दुष्ट संघार्‌यौ
अहैल्या गई निज धांम।।4।।
आगै भगत अनेक उधारै,
वां तौ दीनौ दांन।।5।।
मेरे तौ कुछ दैण नैं नांही,
हूं तौ रटूं इक नांम।।6।।
दीन जांण प्रभु दया विचारौ,
विरद रावरौ जांन।।7।।
तुलछराय पर मैर करीजौ,
दीजौ अभै-पद दांन।।8।।[2]

---

1. ग्रं. 205 : राम पदावली : प्रतापकंवर : पत्र 110 ख-111 क: पद 274 : म. मान. पु.प्र., जोधपुर
2. ग्रं. 205 : राम पदावली : प्रतापकंवर : पत्र 40 क-ख: पद 89; म. मान. पु.प्र., जोधपुर

प.सं. 22] **।। राग विलावल ।।** **[संसार–निस्सारता**

मना तुम ध्यांन धरौ रघुवर कौ।।टेर।।
औ संसार सकल है झूठौ,
हरि विन और न घर कौ।।1।।
इण बिन घड़ी एक नही सजसी,
सरण गहौ हर कौ।।2।।
तुलछराय थिर नहि आ काया,
ज्यूं अंजनी जल ढरकौ।।3।।[1]

प.सं. 23] **।। राग तैलंग ।।** **[मोक्ष–कामना**

म्हांरा राघौजी हो,
सियावर तारौ नी म्हांनै,
पल न विसरां म्हैं थांनैं।।टेर।।
म्हैं चाकर थैं ठाकर म्हांरा,
जगत सरब ही जांनै।
अब तौ दरस दियां वण आसी,
छिप रेजौ मत छांनै।।1।।
गज गिनका सिवरी नैं तारी,
तारी छै करमां नैं।
बिड़द रावरौ पततां–पावन,
वेद पुरांण वखानै।।2।।
रात–दिवस हरजी कूं ध्याऊं,
कियौ जगत सब कांनै।
तुलछराय रघुवर नैं सिंवरै,
और नहीं मन मांनै।।3।।[1]

---

1. ग्रं. 205 : राम पदावली : प्रतापकंवर : पत्र 117 क–ख: पद 291; म. मान. पु.प्र., जोधपुर
1. क. ग्रं. 205 : राम पदावली : प्रतापकंवर : पत्र 34 ख–35 क: पद 76: म.मान.पु.प्र., जोधपुर
ख. मध्यकालीन कवयित्रियों की काव्य साधना : डॉ. (श्रीमती) उषाकंवर राठौड़ : पृ. 171 (रागोल्लेख रहित)

।। राग काफी ।।

[मोक्ष–याचना

दसरथ राजकवार,
हो जो म्हांनै तारोगै हौ,
दसरथ राजकवार।।टेर।।

मोरमुगट सिर छत्र विराजै,
कुंडल झिलक अपार।।1।।

मैं पापी तुम पतित उधारण,
संतन के प्रतिपाल।।2।।

सेस महेसरु सिव सनकादिक,
वेद न पायौ पार।।3।।

तुलछराय प्रभु रूप निहारै,
हरख निरख उर धार।।4।।[1]

अंत में सार स्वरूप कहा जा सकता है कि इन पदों में सरल भाव, सरल भाषा और सरल शैली का सुष्ठु संगम है। राम–भक्त कवयित्री तुलछराय की आत्मीयतापूर्ण अभिव्यक्ति से ओतप्रोत यह पदावली राम–भक्ति–भावानुरागियों के लिए उसकी ओर से पावन प्रेमोपहार है। इति शुभम्–

1. ग्रं. 205 : राम पदावली : प्रतापकंवर : पत्र 110 ख: पद 273: म. मान. पु. प्र., जोधपुर

रघुनाथ रूपक गीताँ रो में रामचरित्र वर्णन

ब्रजेन्द्र कुमार सिंहल

राजस्थानी कवियों के लिये यह प्रवाद बद्धमूल सा हो गया है कि उन्होंने अपने काव्यकला कौशल का प्रदर्शन वीरों की गाथाओं को गाने में ही प्रदर्शित किया है किन्तु यह कथन अंशत: सत्य है। वस्तुत: मुद्रणकला के प्रचार में आने के उपरान्त राजस्थानी के जिन ग्रंथों का प्रकाशन सर्वप्रथम हुआ उनमें प्रधानत: वीररस की ही कविताएँ थीं। संयोगवश वे रचनाएँ हिन्दी की प्राप्त अन्य रचनाओं से अपेक्षाकृत प्राचीन थीं। अत: इन्हें आदिकालीन–साहित्य किम्वा वीररस प्रधान साहित्य कहा गया। और यह प्रवाद प्रधानता से सुर्खियाँ पाता रहा कि राजस्थानी के कवियों की वाणी वीरों का विरुद गाने में ही अपनी सार्थकता समझती है।

वस्तुत: राजस्थान ही वह प्रदेश है जहाँ सर्वाधिक संत–सम्प्रदायों का उद्‌गम हुआ। राजस्थान ही वह प्रदेश है जहाँ जैन मुनियोंके अनेक संघों, गच्छों व पंथों का उद्‌गम हुआ। राजस्थान ही वह प्रदेश है जिसमें रामावत, निम्बार्क, ललित, शुक–चरणदासी, वल्लभ आदि सम्प्रदायों का पुष्टता व सघनता के साथ पल्लवन हुआ। इन सभी का विपुल वाणी साहित्य है जिसका मुख्य स्वर शांतरस प्रधान भक्ति है।

जिन चारण कवियों नेअपनी ओजभरी वाणी से वीरों को विरुदाया उन्होंने ही राम–कृष्ण–भक्ति परक विपुल साहित्य का भी सृजन किया। चारणी शैली में चारणों ने ही रचनाएँ की हों, यह भी पूर्ण सच नहीं है। राजस्थानी भाषा में चारणेतर कवि इतने सशक्त और सफल रचनाकार हुए हैं कि बिना उनकी कृतियों की चर्चा किये राजस्थानी–साहित्य की चर्चा करना बेमानी सा हो जाता है। वीरमायण का कर्त्ता बादर ढाढी था, कान्हड़दे प्रबन्ध का कर्त्ता नागर ब्राह्मण पद्मनाभ था, हमीरायण का कर्ता व्यास जाति का भांडउ नामक कवि था, जंभसार के रचयिता जांभोजी पंवार राजपूत तथा जसनाथी वाणी के कर्ता जसनाथ जाणी जाट थे। माधवानल कामकन्दला प्रबन्ध का कर्ता गणपति कायस्थ था। मीरांबाई राठौड़ राजपूत थी। वेलीकृष्ण रुकमणी री का कर्ता पृथिवीसिंह राठौड़ था। ढोला–मरवण री चउपाई को व्यवस्थित रूप प्रदान करने वाला जैन मुनी कुशल लाभ था। गोरा बादल पदमनी चौपाई के कर्ता जैनी हेमरत्न सूरी थे। सीताराम चतुष्पदी जैसी कृति के रचयिता समयसुन्दर जैन थे। उक्त नाम

मात्र निदर्शन हैं। सेवग, भोजग, राव, भाट आदि राजस्थान की ऐसी जातियाँ रही हैं जिन्होंने चारणों की टक्कर का राजस्थानी साहित्य सृजित किया। ऐसे कुशल कवियों में मनसाराम सेवग का नाम भी आता है जो जाति के सेवग ब्राह्मण थे और सीताराम के अनन्य भक्त थे। विश्व विश्रुत वृन्द (वृन्दावनदास) भी सेवग जाति के ही रत्न थे।

वस्तुत: मनसाराम सेवग, जिन्होंने अपने ग्रंथ में अपना नाम प्राय: 'मंछ कवि' प्रयुक्त किया है चारणों द्वारा गाये जाने वाले गीतों पर रीतिबद्ध ग्रंथ लिखने वालों में अन्यतम हैं। इनका जन्म जोधपुर में शाकद्वीपी कुंवारा गोत्रीय पाराशर ब्राह्मण बक्षीरामजी सेवग के घर विक्रम सम्वत् 1827 में हुआ। बाल्यावस्था में इन्होंने शिक्षा अपने काका हाथीराम से ग्रहण की। कालान्तर में कुछ शिक्षा जोधपुर के किशोरदास भंडारी से भी इन्होंने प्राप्त की थी। मनसाराम की माँ का नाम रुकमणी और पत्नी का नाम राधा था जो जोधपुर के तेजकरण सेवग की पुत्री थी। इनका विवाह 18 वर्ष की उम्र में वि.सं. 1845 में हुआ। इनका देवलोक गमन सं 1897 में जोधपुर में हुआ। ये जोधपुर के महाराजा मानसिंह (वि.सं. 1860, 1900) के प्रीतिपात्र थे। एक बार इन्होंने महाराजा मानसिंह को नाथजी की स्तुति सुनाई जिससे प्रसन्न होकर महाराजा ने इनको 2 रुपये प्रतिदिन, 720 रूपये प्रतिवर्ष देना तय कर दिया जो देश आजाद होने के पूर्व सन् 1934 तक इनके वंशजों को मिलते रहे। तत्पश्चात् 360 रूपये मिलने लगे।

मनसाराम ने कुल कितना साहित्य सृजित किया, ज्ञात नहीं होता किन्तु इनको अमर कर देने वाला इनका एक ग्रंथ 'रघुनाथ रूपक गीतां रो' प्राप्त है जिसका रचनाकाल कवि ने इस प्रकार सूचित किया है।

रूपक यह रघुनाथ रो पिंगल गीत प्रमाण।
कहियो मंछाराम कवि जोधनगर जगजाण।।
जोधनगर जगजाण बास गूंदी बिसतारा।
बगसीराम सुजाव जात सेवग कूँवारा।।
सम्वत ठारै सतक बरस ते-राठौ बचाणौं।
सुकल भादवी दसम बार ससिहर बरताणौं।।
मत अनुसारै मैं कह्यौ सुध करि लियो सुजाण।
रूपक यह रघुनाथ रो पिंगल गीत प्रमाण।।

रघुनाथ रूपक गीता रो पृष्ठ 252

(जोधनगर=जोधपुर, बास गूंदी=गूंदी का मोहल्ला, सुजाव=पुत्र, कूँवारा=कुंवारा गोत्र, ससिहर=चन्द्रवार)

यद्यपि कवि ने राजस्थानी गीतों के ऊपर रीति ग्रंथ के रूप में ही रघुनाथ रूपक ग्रंथ का निर्माण किया है किन्तु उन्होंने उदाहरण के रूप में गीतों की सामग्री नायिका भेदादि प्रस्तुत न कर अपने इष्ट रघुनाथजी की विमल कीर्ति युक्त कथा प्रस्तुत की है। कवि का कथन है

'उरज्ञान भगती नीत उपजै चातुरी लह चोज सूँ।
अवधेस चिरताँ हुवै वाकब मिलै सदगत मोज सूँ।।
इण ग्रंथ में रघुनाथ गुण अत भेद कविता भाखियो।
इण हीज कारण नाम ओ रघुनाथ रूपक राखियो।।
मैं दाखियो अनुसार मत रै जोय सगळा लीजियो।
इण माहिं चूक हुवै सु ओळख कदी माफ करीजियो।

पृष्ठ 253

(चोज=सोत्साह, वाकब-ज्ञाता, सदगत-मोक्ष, सगळा-सभी, ओळख-पहचानकर)

कवि मनसाराम ने अपना कालजयी ग्रंथ 'रघुनाथ रूपक गीतां रो' कुल नौ विलासों में विनिर्मित किया है।

कवि मंछ जिनका काव्यनाम था, उन मनसाराम सेवक ने सर्वप्रथम वस्तुनिर्देशात्मक, नमस्कारात्मक व आशीर्वादात्मक मंगलाचरण किया है। कवि मंछ के इष्ट रघुनाथजी महाराज थे। अत: उसने सर्व प्रथम न गणेश को मनाया और न सरस्वती को मनाया। उसने तो वस्तु के रूप में रघुनाथजी के स्वरूप का ही वर्णन किया है, उसी को नमस्कार किया है और उसी से आशीर्वाद प्राप्त करने की आशा व्यक्त की है। ग्रंथांत में भी कवि ने अन्य आश्रयों की न्यूनता दिखाकर रघुनाथजी की सर्व श्रेष्ठता दर्शायी है। यह कवि के मन में विद्यमान अपने इष्ट के प्रति अनन्यनिष्ठा का प्रबलतम उदाहरण है।

मंगलाचरण के उपरान्त, बिना किसी भूमिका के कवि अपने मूल विषय रघुनाथचरित-गायन की पूर्व पीठिका प्रस्तुत करने को उद्यत होता हुआ सर्वप्रथम लघु, दीर्घ, दग्धाक्षर, निर्दोषवर्ण, शुभाशुभगण व द्विगणादि का वर्णन करता है। तत्पश्चात् द्विगणादि के शुभाशुभत्त्व, मित्रत्व-शत्रुत्व और तत्सम्बन्ध जन्य फलादि का कथन करता है। इसके पश्चात् अंध, छबकाळ, हीण, निनंग, पांगळो, जातिविरोध, अपस, नालच्छेद, पखतूट व बहरो नामक दस दोषों का सोदाहरण, सलक्षण विवरण-विश्लेषण है। इसके पश्चात् वयण-सगाई का निरूपण है। वस्तुत: वयण-सगाई अर्थात् 'वर्ण-मैत्री' को कविता में प्रयुक्त करने पर कविता के अन्य सारे दोष मिट जाते हैं जबकि वर्णमैत्री के अलावा कविता में सारे गुणों के होने पर भी वह कविता किसी भी काम की नहीं होती। यह मान्यता है चारण कवियों की जिसको राजस्थानी भाषा में कविता करने वाला प्रत्येक कवि मान्यता प्रदान रहा है।

कवि ने यहाँ पहला विलास पूरा कर दिया है। इसमें कुल 49 छंद हैं। द्वितीय विलास में कवि ने सर्वप्रथम परमुखोक्त, सनमुखोक्त, परामुखोक्त और श्रीमुखोक्त चार प्रकार की उक्तियों का वर्णन किया है। कवि ने इन उक्तियों के उदाहरणों में ही शृंगाररस वीभत्सरस, भयानकरस, शांतरस, अद्भुतरस, करुणरस, रौद्ररस, हास्यरसों का भी वर्णन किया है।

इस विलास में कुल 25 छंद हैं।

तृतीय-विलास का नाम बालकाण्ड है। इसी विलास से कवि ने गीतों के लक्षण और उनके उदाहरण देना प्रारम्भ किया है। इस विलास में कवि ने कुल 18 प्रकार के गीतों के लक्षण और उदाहरण दिये हैं। गीतों के नाम हैं (1) साणोर बड़ा (2) शुद्ध साणोर (3) प्रहासगीत (4) दुमेलगीत (5) अरट गीत (6) अरटियो (7) दोढो (8) भाखरी (9) पंखाळो (10) गोखो (11) दूसरो गोखो (12) गोख (13) अर्ध भाखरी (14) प्रोढ (15) दूजो प्रोढ (16) सिंहचलो (17) सालूर (18) झमाल गीत। इसमें गीतों व लक्षण के छंदों की कुल संख्या 40 है जिनमें से गीतों की संख्या 18 है।

इस विलास की रामकथा का स्वरूप इस प्रकार है। पार्वती की शिव से जिज्ञासा करना कि आप का सारा जगत ध्यान करता है। ऐसा आपसे बड़ा कौन है, जिसका आप ध्यान करते हैं। शिव का उत्तर कि मैं रामचन्द्रजी का ध्यान करता हूँ। कवि बिना किसी कथानक की सृष्टि करते हुए, जैसी की रामचरित मानससकार ने की है (देखें रामचरित मानस 1/48/1 से 57/8 तक) सीधे ही रघुनाथ जी के गुणकथन करके रामकथा कहने की शिवजी से प्रतिज्ञा करवाता है।

रामचरितमानसकार ने अयोध्याधिप अजसुत दशरथ के व्यक्तित्व पर बालकाण्ड में कोई प्रकाश नहीं डाला है किन्तु आलोच्य कवि ने पूरा एक अरट जाति का गीत लिखा है

इम राज करै अजनंद अयोध्या, नेत बंधी निखतैत।
जंगाँ जीत तपोबल जालम, ओप बड़े अखड़ैत।।1।।
नामै सीस अनेक नरेसुर, रैत सुखी अणरेह।
चारूँहिं चक्क अदल्लां चालै, तेज धरै सिर तेह।।2।।
ईत तणों नह भीत अगंजी, मान दुजा मन मेर।
आखेटा मजबूत अड़ाकी, जीत किया खळ-जेर।।3।।
दीजै जोड़ किसो नृप दौलत, राज विभौ अवरेख।
सात सुखाँ भुगतै दिन साजा, वासव हुत विशेख।।4।।

(नेत=मर्यादा, निखतैत=नक्षत्रधारी, अखड़ैत=बड़ा बलवान, रैत=रय्यत- प्रजा, अणरेह=अपार, चक्क-दिशा, अदल्लाँ-नीति, तैह-उसके, अगंजी-अजीत, अड़ाकी=अड़ने

वाली जेर=बस में करना, अवरेख=देखकर)

धनुष यज्ञ में पधारने वाले राजाओं की अगवानी करने को राजा जनक मिथलापुरी की सीमा से बाहर चार कोस तक गए। आने पर राजा लोग अपने अपने स्वर्ण सिंहासन लगा लगाकर बैठे। यह विवरण रामचरित से मेल नहीं खाता।

भाट राजा जनक की प्रतिज्ञा स्पष्ट रूप से 'जो त्रिनेत्र के पिनाक नामक धनुष को चढ़ायेगा जानकी का विवाह उसी से होगा' बारबार गाकर कहते हैं। इधर रामजी को देखकर सीता उन पर मोहित होकर एक अनूठी प्रतिज्ञा करती है जो संभवत: इस कवि की अपनी निजी उद्भावना ही है। रामचरित मानस में इसका उल्लेख नहीं मिलता। पूरा गीत ही उद्धृत है। गीत पंखालो:

धरियो पण जनक इसी मन धारे धनक पिनाक चढ़ाय धरै।
महपत आय सयंबर माहैं, बसुदा कुमरी तिको वरै।।
तात हूँत इधकी परतिंग्या, सांभळ बात कहूँ सरसाळ।
तन मन धार भाळ दशरथ तण, मेंगळ राळ दई वरमाळ।।
जाळो चाप पिता पण जावो, हण जावो जोधा जिग हार।
चित तो राख लियो म्रदु चरणाँ, भाख लियो राघव भरतार।।

रामचरितमानसकार की सीता पिता जनक की प्रतिज्ञा पर मन ही मन क्षुभित होती है 'सुमिरि पिता पनु मनु अति छोभा' 1/234/4 किन्तु आलोच्य कवि कहता है ''सीता विचार करती है कि पिता के प्रणानुसार जो राजा स्वयंवर में आकर पिनाक नामक धनुष को चढ़ायेगा, पृथिवी की पुत्री सीता उसी को वरेगी किन्तु मेरी प्रतिज्ञा पिता की प्रतिज्ञा से भी अधिक है। मैंने तो दशरथ पुत्र रामचन्द्र को देखकर तन और मन से उनके गले में वरमाला डाल दी है। चाहे पिता का प्रण टूट जाए, चाहे तमाम योद्धाओं को मार डाला जाए और चाहे यह यज्ञ भ्रष्ट हो जाए, पर मैंने मेरा मन तो रामचन्द्र के चरणों में नियोजित कर दिया है और मैंने रामचन्द्र को पति कहकर स्वीकार कर लिया है। विवाह होने के उपरान्त अर्थात् पाणिग्रहण-संस्कार के उपरान्त राजस्थान के राजपूतों की प्रथा के अनुसार दूल्हे व दुल्हिन को जनवासे में ही स्वतंत्र आवास प्रदान कर दिया जाता था और वे वहीं अपनी सुहागरात्रि सुखपूर्वक व्यतीत करते थे। चूंकि आलोच्यकवि राजस्थान का निवासी है, जोधपुर महाराजा का आश्रित कवि था। अत: उसके द्वारा राजस्थानी रीतिओं को रामचरित में आरोपित किया जाना स्वाभाविक है। कवि कहता है ''कितनों ही के गर्व को खर्व करके इस प्रकार चारों भाइयों ने विवाह किया। दुल्हा व दुल्हिन जुलूस के साथ डेरे पर वापिस आये। गठबन्धन की रीति हर्ष से करते हुए राजा दशरथ को प्रणाम किया। जैसे अपार आनन्द से उन्होंने रात्रि व्यतीत

की, वैसा सुख तो इन्द्र को भी नहीं है। जूवाँ जुई खेली। कंकन-डोरड़े खोले और सब शुभ कार्य सम्पूर्ण किये। देखो कितना आश्चर्य का विषय है कि देवों के देव रामचन्द्रजी ने भी कुलदेवों की जात देकर यानी उनकी पूजा कर उनको नमस्कार किया। मूल पाठ। गीत जात सिंहचलो:

परगत इस भ्रात चहूँ परणीजै, माण किता चा मारिया।
डाणाँ हूँत सजोड़ा डेराँ, पाछा बींद पधारिया।।1।।

छोड़ो छोड़ करंता छोळाँ, नामे सीस नरेस नू। (लंघे रात अणंद अलेखे, सो सुख नहीं सुरेस नूं।।2।। खेले जुवा डोरड़ा खोले, सह सुभ कारज सारिया। देवाँ देव जिकण ही देखो, जातां देव जुहारिया।।3।। रामचरित मानस में धनुषभंग के तत्काल पश्चात् परशुरामागमन बताया गया है किन्तु वाल्मीकि रामायण में विवाहोपरांत जनकपुर से प्रस्थान किन्तु अयोध्या पहुँचने के पूर्व परशुरामागमन व संवाद का विवरण आया है। आलोच्य कवि की रचना में भी परशुराम जी का आगमन उक्त घटना व विदाई होकर अयोध्या की ओर प्रस्थानरत होने पर ही वर्णित हुआ है। रामचरितमानस में कंकण डोरे खोलनेकी रीति का सम्पादन अयोध्या में होता है जबकि आलोच्य कवि ने इस विधि का संपन्न होना जनकपुर में ही बता दिया है। प्राय: व्यवहार में देखा जाता है कि कंकण-डोरा, जुवाँ-जुई आदि का खेल लड़के के घर में ही सम्पन्न किये जाते हैं, लड़की के घर में नहीं। यहाँ आकर तीसरा विलास पूरा हो जाता है।

चौथे विलास का नाम अयोध्याकाण्ड है। इसमें कुल छोटा साणोर, बेलियो गीत, सोहणो गीत, मुक्तागृहगीत और इकखरो गीत पाँच जात के गीत हैं। रामचरित मानस की तुलना में आलोच्य कवि ने अयोध्या काण्ड की व्याप्ति काफी सीमित रखी है। जो कथाएँ रामचरितमानस में अयोध्या काण्ड में हैं। उनमें से आधी से ज्यादा कवि ने अरण्यकाण्ड में वर्णित की हैं। वस्तुत: मुझे आलोच्य रचनाकार का ही काण्ड विभाजन उचित लगता है।

इस काण्ड में स्वर्ग से आकर देवताओं द्वारा रामचन्द्रजी से भूभार उतारने की प्रार्थना करना, भरत-शत्रुघ्नको पढ़ने हेतु ननिहाल भेजा जाना, रामचंद्रजी को युवराज घोषित किये जाने का उपक्रम, मंथरा द्वारा कैकेयी को बहकाया जाना, कैकेयी द्वारा वरदान मांगना, रामचंद्रजी का राजाज्ञापालनार्थ माँ कौशल्या के पास जाना और तत्पश्चात् वनगमनार्थ आज्ञा मांगना, राम-सीता व राम-लक्ष्मण सम्वाद वर्णित है।

इस विलास में कुल पाँच गीत व लक्षण के 8 छंद इस प्रकार कुल 13 छंद हैं। रामचरितमानस में ब्रह्मादि देवों द्वारा विष्णु से अवतार धारण करने हेतु प्रार्थना करने का प्रसंग, बालकाण्ड में रामजन्म होने के पूर्व रावणादि के अत्याचारों से दुखित होने के कारण बताया

गया है किन्तु आलोच्य रचनाकार इस प्रसंग को अयोध्याकाण्ड के प्रारम्भ में लिखते हुए कहता है 'एक दिन सम्पूर्ण देवगण समूह मिलकर रामजी की सेवा में उपस्थित हुए और प्रार्थना करने लगे, हे करतार ! आपके बिना रावण जैसे दुर्दान्त दैत्य को कौन मार सकता है और पृथिवी के बोझ को कौन हल्का कर सकता है, पृथिवी पर यह राक्षस बड़ा ही सख्त दुर्दान्त है जिसके द्वारा दिये जा रहे अकथनीय दुःख हम सहन कर रहे हैं। हे दीनानाथ आपके बिना हम किसके पास जाकर अपना दुखड़ा रोएँ।।2।। हे राम ! आप तो बेफिक्र हो रहे है। हे स्वामी ! आपने तो हमारी सुधि लेना भी छोड़ दी है। सम्पूर्ण देवगणों को शिथिल देखकर रामचन्द्र ने कहा।।3।। वनवास लेकर, सीता को छिनवाकर और अपार कवि समूह को कसकर रावण के दस मस्तकों को तलवार धारण करके काट डालूंगा।।4।। यह सुनकर सभी के मनों के दुःख मिट गए। देवताओं ने प्रणाम किया और रामजी का यशगान करते हुए देवलोक को चले गए।

कवि ने हाथ में तलवार लेकर युद्ध करने की बात कही है किन्तु रामजी के समय धनुषतीरों का प्रयोग होता था, तलवारों का नहीं। संभवत: कवि ने अपने समय के प्रचलन को रामके समय से जोड़ कर देखा है।

पाँचवाँ-विलास वनकाण्ड के नाम से कवि ने बनाया है। इसमें कुल 19 प्रकार के गीत हैं (1) दीपकनाम (2) सात्रक अडल (3) सावक अडल दूसरो (4) गाहा चौसर (5) त्रबंकड़ो (6) हेलो (7) एकलबैणों (8) एकलवैणों दूसरो (9) भाख (10) अर्ध भाख (11) गजगत (12) धमाल (13) चोटियाळ (14) उमंग (15) सेलार (16) अरध गोखो (17) सतखणौं (18) झड़मुकट (19) अमेल। इस काण्ड में अग्रांकित कथाओं का समावेश है।

निषादराज गुह का रामजी से मिलन; केवट प्रसंग, चित्रकूटपर्वत पर आगमन, अयोध्या में अजपुत्र दशरथ का स्वर्ग सिधारना, मंत्रियों द्वारा भरत को बुलाभेजना, जिस समय पत्र वाहक गया उस समय भरत का सोया हुआ होना व बुरे स्वप्न देखना, भरत का अयोध्या आना, कैकेयी से दशरथ मरण का समाचार जानना, भरत कौशल्या सम्वाद, कौशल्या द्वारा राजा की अन्त्य क्रिया के परामर्श देना, अन्त्य क्रिया के उपरान्त रामजी को लौटा लाने हेतु चित्रकूट की ओर प्रयाण, आकाश में चढ़ी हुई रज और फड़कती हुई ध्वजा को देख कर रामचन्द्रजी का लक्ष्मण से भरत की संभावित कुचालों को चलने की आशंका व्यक्त करना। यथा:

"चलकर मजल निकट गिर पहुँचिय, चढ़ रज अरस फरक धुज चाह।
मुझ पर भुकर अवत सुण लिखमण, निरबल निरख भरथ नरनाह।।

रामचरित मानस के राम में और आलोच्य कवि के राम में काफी अंतर है तुलसी के

राम के मन में भरत आगमन सुनकर विचार तो उत्पन्न होता है किन्तु भरत के स्वभाव का विचार करके रामजी लक्ष्मण को लड़ने को सनद्ध होता देख उल्टे उन्हें समझाते हैं कि भरत को कभी भी राजमद नहीं हो सकता। चाहे उसे विधि, हरि अथवा हर का ही पद क्यों न मिल जाए। हे लक्ष्मण ! तुम्हारी शपथ और पिता की आन है कि भरत जैसा शुचि सुबन्धु संसार में होना मुश्किल है। भरतहि हो इन राजमद विधि हरि हर पद पाय। कबहुँ कि काँजी सीकरनि, छीर सिंधु बिनसाय ।।231 ।।.... लखन तुम्हार सपथ पितु आना। सुचि सबंधु नहि भरत समाना ।।232-4 ।। अस्तु।

भरत राम सम्वाद, राम द्वारा पादुका प्रदान करना, भरत का अयोध्या आगमन, सिंहासन पर पादुकाओं का संस्थापन। भरत का गाँव बाहर यतियों की भाँति रहना। यथा:

बलकल पहरिया धर बोध, राखी इंद्रियाँ कर रोध।
सोवै धरा आसण सोध, जीमै बखत हेकण जोध ।।4 ।।
सुत ग्रह केकई सरसाय बन बिध रिषी अंग बणाय।
कीधा वरणै धन काय, मन हर रहै चरणाँ माय ।।5 ।।

रामचरित मानसकार ने भी भरत की नंदीग्राम निवासावधि की रहनी-करनी उक्त जैसी ही लिखी है। अयोध्या काण्ड का अंत तुलसी यहाँ आकर करते हैं।

रामजी का अत्रि आश्रम में आगमन, सती अनुसूया का सीता को यावत् चन्द्र दिवाकरौ सौभाग्यवती रहने का आशीर्वाद देना। अगस्त्याश्रम-आगमन, अगस्त्य का पंचवटी में रहने का परामर्श देना, पंचवटी में कबन्ध का वध। रामचरित मानस कार ने कबन्ध के बारे में विशेष न लिखकर सामान्य लिखा है। यथा

आवत पंथकबंध निपाता। तेहि सब कही साप की बाता।
दुरबासा मोहिदीन्हीं सापा। प्रभु पद पेखि मिटा सो पापा।।

सुनु गंधर्व कहउँ मैं तोही। मोहि न सोहाइ ब्रह्मकुल द्रोही ।।3 ।33 ।6-8 । इसके विपरीत आलोच्यकवि कबन्ध के बारे में अच्छी जानकारी देता है। 'अगस्त्य ऋषि ने जो कुछ कहा, रामचन्द्र ने सब सुना। प्रणामानंतर वनमार्ग में चलने लगे। वनमार्ग में एक राक्षस रहता था। उसका शरीर ऊँचा और नाम कबन्ध था। उसके हाथ चार कोस लम्बे थे। पूर्वजन्म का वह गंधर्व था। उसने इंद्र के सामने पराक्रम दिखाया था। अत: इन्द्र के शाप से वह राक्षस हो गया। उसने बिना मस्तक का होकर भी हाथों को दूर-दूर तक फैलाकर बहुत से जीवों को मारा था ।।1 ।। रामचन्द्र धनुष कमला को और गर्व भरे भाई लक्ष्मण को साथ लेकर उसी दिशा में चले। गर्व भरे भाई लक्ष्मण को कबन्ध ने बलवान हाथ फैलाकर और झपटकर मजबूती से पकड़ लिया। उसकी दोनों भुजाओं को रामचन्द्र ने सुध बाँधकर (अच्छी तरह

निशाना लगाकर) व बाण चलाकर काट डाला और फिर दूसरा बाण चढ़ाकर उसके हृदय में मारा।।2।। राक्षस कबन्ध दौड़ा और उसकी श्रेष्ठ गति नियत हो गई।

दंडकारण्य में सूर्पणखा का राज था। वह रामजी को लुभाने आई। राम ने लक्ष्मण और लक्ष्मण ने राम के पास उसे भेजा। वह क्रोध में भरकर सीता को खाने को दौड़ी। राम ने उसके नाक, कान काट डाले। रामचरितमानसकार नाककान का काटा जाना लक्ष्मण के हाथों से सम्पन्न करवाते हैं। देखें 3/17। जबकि आलोच्य कवि राम द्वारा काटना बताते हैं।

सूर्पणखा खर, दूषण और त्रिशिरा के पास आई। तीनों ने रामजी से युद्ध किया और परमगति पाई। रावण से सूर्पणखा ने गुहार लगाई। रावण के कहने से मारीच स्वर्णमृग बना। सीता ने स्वर्णभृग की चर्म लाने को रामजी से कहा सीता स्वर्णमृग चर्म का क्या करेगी ? इसका विवरण मानसकार नहीं देता। मानस में मात्र 'आनहुचर्म कहति वैदेही' उल्लेख है किन्तु आलोच्य कवि कहता है कि सीता ने कंचुकी बनाने के उद्देश्य के स्वर्णमृग चर्म मँगवाई।

इसके पश्चात् सीताहरण, सीता को अशोक वाटिका में रखना और रावण द्वारा सीता को प्रलोभन में फँसाकर रावण पत्नी बनने के प्रस्ताव का वर्णन है। सीताहरण के बारे में लंकावासियों की क्या प्रतिक्रिया रही, रामचरितमानसकार ने कुछ नहीं लिखा है किन्तु आलोच्य कवि ने लिखा है, गीत अरध गोखो :

सांभली इसी सराह, लायो सीत भरे लाह।
मची सको लोक माँह त्राहि त्राहि त्राह त्राह।।1।।
मिलै जठै तठै मीत, संभाखै हुआ सभीत।
राण तणीं सुणी रीत, की अनीत की अनीत।।2।।
नराँ नार सुराँ नार, जूज जीत लीध जार।
धपेनको ता बुधार, है गिंवार गिंवार।।3।।
अंत हमें लंक ईस, दिनाँ माहिं देख लीस।
बडंगा करंग बीस, दसे सीस दसे सीस।।4।।
महाबली रिमाँ मार, हुओ चोर पाण हार।
आगमाँ जणाण यार, हूंणहार हूंणहार।।5।।

लंकावासियों ने यह प्रशंसा सुनी कि रावण लोभ से सीता को लाया है तो संपूर्ण लंका में त्राहित्राहि मच गई।।1।। जहाँ कहीं मित्रगण आपस में मिलते हैं तो डरते हुए आपस में कहते हैं- रावण की नीति आपने सुनी। बड़ी अनीति की है उसने।।2।। मनुष्यों, देवताओं और नागगणों की स्त्रियों को युद्ध करके जीत लिया है फिर भी तृप्त नहीं हुआ है। कितनी न्यूनता है, बडा गंवार है।।3।। अब शीघ्र ही रावण का थोड़े ही दिनों में अंत देख लेंगे।

उसके दस मस्तक और बीस हाथ कटने वाले हैं।।4।। बड़ा बलवान और शत्रुओं को मारने वाला रावण बल खोकर चोर हो गया है। अपने भविष्य को जानता है कि यही होनहार है।।5।।

रामजी सीता के लिए विलाप करते हैं। पत्थर, वृक्ष, पक्षियों, पशुओं से सीता के बारे में पूछते हैं। रास्ते में उन्हें जटायू मिला। सम्वाद हुआ। जटायू राम राम कहता हुआ स्वर्ग / मोक्ष को प्राप्त हुआ। इसके आगे शबरी मिलन प्रसंग व झूठे फल अरोगने का वर्णन है। कवि कहता है, रामजी कई दिनों तक सीता को वनों में ढूँढते रहे। भीलनी शबरी के आश्रम में रहते रहे।

यहाँ आकर बनकाण्ड पूरा होता है। इसमें गीतों सहित कुल 35 छंद हैं। जिनमें से 17 गीतों के उदाहरण हैं।

छठा विलास किष्किंधाकाण्ड है जिसको कवि ने मरुभाषा के कारण केकिंधाकाण्ड कहा है। आधुनिक शोधों से ज्ञात होता है कि किष्किंधा का बिगड़ा हुआ रूप कर्नाटक है। इस विलास में कुल 14 छंदादि हैं जिनमें से 8 गीतों के रूप में उदाहरण हैं। गीतों के नाम हैं (1) काछो (2) हंसावलो (3) भँवर गुंजार (4) भँवर गुंजार दूजो (5) चोटियो (6) चितविलास (7) मंदार।

इस विलास की कथा का क्रम इस प्रकार है सुग्रीव द्वारा रामचंद्रजी को देखना, रामजी को लाने को हनुमान को भेजना, हनुमान द्वारा बाली के अत्याचारों का वर्णन करना व रामजी को सुग्रीव के पास ले जाना। राम जी ने कहा, यदि तुम सीता को खोज कर दोगे तो मैं बाली को मारकर तुम्हें किष्किंधा का राजा बना दूँगा। रामजी की वीरता को प्रमाणीभूत करने के लिए सुग्रीव ने रामजी से सात ताड़ वृक्षों को बेधने को कहा। रामजी ने तत्काल सात वृक्षों को बेध दिया। हनुमान द्वारा सीता द्वारा गिराया गया नूपुर दिखवाना। रामजी द्वारा बाली का बध करना। बाली ने कहा, रामजी ! मैं निरपराध हूँ। फिर भी आपने मुझे मारा है। रामजी ने कहा, कृष्णावतार में मैं तेरे हाथों मरूँगा। सुग्रीव द्वारा चातुमास में सीता की खोज के लिए किसी को भी न भेजना। लक्ष्मण द्वारा सुग्रीव को फटकारना। सुग्रीव द्वारा सीता की खोज में बंदरों को भेजना। रामजी सीता को खोजते-खोजते जब ऋष्यमूक-पर्वत के निकट पहुँचे तब रामचरितमानसकार के अनुसार सुग्रीव घबराया कि कहीं दोनों राम-लक्ष्मण बाली के गुप्तचर तो नहीं हैं किन्तु आलोच्य कवि कहता है कि सुग्रीव ने रामजी के बल-पराक्रम के बारे में पहले ही सुन लिया था। अत: वह डरा नहीं। उसने हनुमान को रामजी के पास उन्हें ऋष्यमूक पर्वत पर लिवा लाने को भेजा।

सप्तम विलास का नाम सुन्दरकाण्ड है। इसमें कुल 13 छंदादि हैं जिनमें से 5 गीत

हैं। गीतों के नाम हैं (1) कैवार (2) चितहिलोल (3) पालवणी (4) कवि इलोल (5) त्रिपंखो। कथासार अग्रांकित प्रकार से है।

लंका की ओर सीता की खोज में 12 सुभट महावीरों सहित अपार वानरों का प्रस्थान। मार्ग में स्वयंप्रभा व सम्पाति बानर का मिलना। रामचन्द्रजी का सुयश सुनकर "गीध के पंखों का आना। उसका आकाश में उड़कर सीता जी को देखना और सीता का अशोक वाटिका में अंगद को बताना। हनुमान द्वारा समुद्र लांघकर लंका में जाना। सीता को खोजना। अक्षयकुमार को मारना। लंका को जलाना। सीता से चूड़ामणि लेना। हनुमान के कृत्य को देखकर मंदोदरी द्वारा रावण को समझाना। दोनों में सीता को लौटाने अथवा न लौटाने पर काफी चर्चाएँ। विभीषण द्वारा रावण को समझाना। रावण द्वारा विभीषण को लात मारना। विभीषण का रामजी की शरण में आना। रामजी द्वारा विभीषण को लंकेश का सम्बोधन देना।

यहाँ रावण–मन्दोदरी संवाद में ध्यान देने की बात यह है कि रामचरित मानस की मंदोदरी रावण को समझाती तो है किन्तु उसकी समझाइश एक पारमर्शक पत्नीमात्र की है जो दबीजबान में अपनी बात कहकर अपने कर्त्तव्य की इतिश्री कर लेती है किन्तु आलोच्य कवि की मंदोदरी खरी–खरी कहने वाली, निर्भीक पत्नी है जिसको मात्र अपने बारे में ही चिन्ता न होकर सम्पूर्ण राक्षस कुल के भले की चिन्ता है। तब ही वह संतों की तरह चाणक–चाबुक लगाते हुए रावण को समझाती है, आसन्न भविष्य के परिणाम सप्रमाण बताती है। उसके उदाहरण किसी अन्य के नहीं, स्वयं रावण के अतीत के हैं जिनके अनुसार वह वैसा योद्धा शतांश में भी सिद्ध नहीं होता जैसी कि वह डींग मारता है। दोनों ही गीत आज के नारी–स्वातंत्र के अन्तर्गत बोलने की स्वतंत्रता के अधिकार की याद दिलाते हैं। कवि का नारी के प्रति स्वातंत्र्य के भाव उत्पन्न करना वस्तुत: आज के 200 वर्ष पूर्व के समय में सराहनीय कदम है।

अष्टम विलास का नाम लंकाकाण्ड है। इसमें 19 प्रकार के गीतों के लक्षण–उदाहरण हैं जिनके नाम हैं (1) महामोद गीत (2) झड़लुप्त गीत (3) त्रबंकड़ौ गीत (4) पालवणी (5) सावझड़ो (6) अर्ध सावझड़ो (7) जांगड़ो गीत (8) खुड़दसाणोर गीत (9) वीरकंठ (10) सवैयो गीत (11) सपंखरो गीत (12) सुवग गीत (13) अठतालो गीत (14) त्राटको गीत (15) ल्हैंचाल गीत (16) पाड़गत गीत (17) त्रकूटबंधगीत (18) दूसरो त्रकूटबंधगीत और (19) लघुचित्तविलास गीत। इस काण्ड में वर्णित कथा का सार निम्नप्रकार है। रामचन्द्रजी की सेना का युद्धार्थ प्रस्थान; समुद्र पर रामनाम युक्त पत्थरों से रास्ता बनाना; लंका के बाहर सेना सहित डेरा डालना; मंदोदरी द्वारा रावण को पुन: समझाना, रामजी द्वारा रावण के पास युवराज अंगद को दूत रूप में भेजना, अंगदका रावण की सभा में जाना, उसको समझाना, न समझने पर पुन: रामजी की सेवा में उपस्थित होना, राम की सेना का युद्धार्थ तैयार होकर

व्यूह रचना करना, युद्ध प्रारम्भ होना, विभीषण पर शक्ति प्रहार करना, लक्ष्मणजी का आगे आकर शक्ति प्रहार सहना। रामचन्द्रजी का विलाप करना, लंका से पतूस नामक वैद्य को लाना, संजीवनी बूँटी का पता बताना, हनुमान का द्रोणागिरि पर जाना, रास्ते में कालनेमि राक्षस को मारना द्रोणाचल को बूँटी सहित उठा लाना, लक्ष्मण का संजीवनी से उपचार एवं स्वस्थ होना, रावण द्वारा कुंभकर्ण को जगाना, कुम्भकर्ण द्वारा रावण को समझाना, राम और कुम्भकर्ण का युद्ध, कुम्भकर्ण की मृत्यु, इंद्रजीत का युद्धार्थ आना और मारा जाना, पुनः मंदोदरी द्वारा रावण को समझाना, रावण का सीताजी को मारने को उद्यत होना, विजय प्राप्त्यर्थ रावण द्वारा होमादि करना, अंगदादि द्वारा मंदोदरी का अपमान करके रावण को उकसाना फलतः रावण का अनुष्ठान विफल हो जाना, राम-रावण युद्ध, रावण का राम द्वारा मारा जाना, विभीषण का लंकेश के रूप में राज्यतिलक करना, सीता मिलाप, मंदोदरी द्वारा विभीषण को पति रूप में स्वीकार करना। इस विधान में कुल 40 छंदादि हैं जिनमें से उदाहरण स्वरूप रामचरित समन्वित 18 गीत हैं।

नवमविलास का नाम उत्तरकाण्ड है। इसमें ललतमुकट नाम का एक गीत है जिसमें लंका से आने के पश्चात् रामजी के राज्यतिलकादि का वर्णन, अयोध्या नगरी का विवरण, हनुमान, लक्ष्मण आदि की रामजी के मुख से प्रशंसा आदि है। इस विलास में रामजी की वदान्यता, सौशील्य, शरणागत वत्सलता आदि का बड़ा ही हृदयग्राही वर्णन है। उक्त ललतमुकट गीत के पश्चात् कवि ने दवावैत और वचनका शैलियों के लक्षण, प्रकार एवं उदाहरण प्रस्तुत किये हैं। वचनका के पदबंध भेद के उदाहरण में लक्ष्मण की श्रीरामजी के मुख से की गई प्रशंसा बड़ी ही प्रशंसनीय है।

कवि ने आगे ग्यारह प्रकार की जथाओं का सलक्षण, सोदाहरण वर्णन किया है। सभी उदाहरणों में रामजी के रूप, गुण लीला आदि का वर्णन किया है।

जथाओं के पश्चात् कवि ने बारह प्रकार की नीसाणियों में अवधेश के प्रभाव का वर्णन किया है।

इसके पश्चात् कवि ने 4 भेद युक्त कुंडलिया छंद के लक्षण, उदाहरण राम रघुनाथ की महिमा में कहे हैं।

अंत में कुंडलिनी छंद में रामनाम महिमा का कथन है। यथा

कीजै तीरथ कोटं, गोदान ताम दिज्जिय कै।
अभय करै रख ओटं, करावेविवाह किन्ना।
किन्ना व्याहे कोड लोंजु किन्यावळ लेवै।
माल खजाना मुलक, दूजाँ उदके दत देवै।।

राम नाम इक तरफ दुवै तरफाँ सह दीजै।

तऊ न ह्वै समतूल, कोट जो तीरथ कीजै।।

अर्थात् करोड़ों तीर्थ करना, करोड़ों गायों का दान देना, अपना सर्वस्व देना, अपनी शरण में रखकर निर्भय करना, धर्मपुत्री बनाकर विवाह करना, कन्यादान के अवसर पर रखे जाने वाले व्रत का माहात्म्य, खजाना और देश ब्राह्मणों को दान करना, ये सब तो एक तरफ और 'राम' 'राम' दूसरी तरफ। फिर भी ये सब चीजें राम नाम के बराबर नहीं हो सकतीं।

पांडव गीता में भी इसी जैसे भाव का गौतम वचन के रूप में एक श्लोक है-

''गोकोटिदानं ग्रहणेषु काशी, प्रयागगङ्गायुत कल्पवासः।

यज्ञायुतं मेरुसुवर्णदानं, गोविन्दनामस्मरणेन तुल्यम्।।47।।

अर्थात् करोड़ गौओं का दान, ग्रहण में काशी का स्नान, प्रयाग में गंगा तट पर दस हजार कल्प पर्यन्त वास करना, दस हजार यज्ञ करना, और मेरु पर्वत के बराबर स्वर्ण का दान करना ये सभी गोविन्द नाम के एक बार स्मरण के बराबर है।

सन्त रज्जब की सरबंगी में 6 त्रिभंगी छंदों में गुरु और रामनाम की अतुलनीयता उक्त जैसे उदाहरणों से व्यंजित की गई है। विशेष जानने के लिये लेखक द्वारा सम्पादित 'रज्जब की सरबंगी' को देखा जा सकता है।

अंत में हम भी जोधपुर के कवि के समकालीन कवि भंडारी उत्तमचन्दजी द्वारा ग्रंथ प्रशंसा में कहे दो छंद उद्धृत करते हैं जिससे कवि के काव्य के माहात्म्य के बारे में जानने में आता है:

आछो कीध इसोह, रस ले साहित-सिंधु रो।

जग सह पियण जिसोह, रूपक राम पयोध रुख।।

साहित्य रूपी समुद्र का रस लेकर रघुनाथ रूपक जैसा अच्छा बनाया हुआ रामचन्द्र के यश-समुद्र का यह गीत काव्य सब संसार में पीने योग्य है।

मनसाराम प्रबन्ध मझ, राखे मनसा राम।

कियो भलो हिज काम कवि, कियो भलो हिज काम।।

मनसाराम ने इस प्रबन्ध में अपनी इच्छा 'राम' में रखी है। यह काम कवि ने श्रेष्ठ किया, बडा ही श्रेष्ठ किया।

राजस्थानी साहित्य के राम भक्ति काव्य में रघुवरजसप्रकास का वैशिष्ट्य

डॉ. रणजीत सिंह चौहान

राजस्थानी साहित्य लिखने में चारण कवियों का बहुत बड़ा योगदान रहा है। चारण कवियों ने वीर, शृंगार, भक्ति और नीति का साहित्य लिखा है, इन्होंने ज्यादातर ऐतिहासिक काव्य लिखे हैं। चारण कवियों की परम्परा में मेवाड़ के किशना आढ़ा का महत्त्वपूर्ण योगदान रहा है।

ये आढ़ा गोत्र के चारण राजस्थान के प्रसिद्ध कवि दुरसा आढ़ा की वंश परम्परा में थे और मेवाड़ के महाराणा भीमसिंह के आश्रित थे, इनके पिता का नाम दूल्ह था, जिनके छह पुत्रों में ये तीसरे थे।[1]

रचनाएं – भीम विलास, महादेव पारवती री वेलि, रघुवरजसप्रकास।

चारण कवि किशनाजी संस्कृत, ब्रजभाषा एवं राजस्थानी भाषा के उद्भट विद्वान थे। लक्षण ग्रन्थों में आपकी बहुत रुचि थी। इतिहास में भी आपको गहरी रुचि थी। कर्नल टॉड को भी अपना राजस्थान का बृहद् इतिहास लिखने में आपसे बहुत सहायता प्राप्त हुई थी।[2]

'रघुवरजसप्रकास' ग्रन्थ वि.सं. 1880 की माघ शुक्ला चतुर्थी बुधवार को प्रारम्भ किया गया था और कवि ने अपनी कुशाग्र बुद्धि व प्रौढ़ प्रतिभा के सहारे वि.सं. 1881 के आश्विन शुक्ला विजयादशमी, शनिवार को पूर्ण किया था।[3]

'रघुवरजसप्रकास' राजस्थानी भाषा का छंद-रचना का उत्कृष्ट लाक्षणिक ग्रन्थ है। इस ग्रन्थ में संस्कृत, प्राकृत, अपभ्रंश, हिन्दी व राजस्थानी के छंदों का विशद् विवेचन है। छंद रचना के नियमों व लक्षणों का वर्णन सरल, प्रवाहमय एवं प्रसादगुणयुक्त भाषा में होने के कारण यह एक सफल रचना बन पड़ी है। छंदों के वर्णन में कवि ने अपनी रामभक्ति का

1. राजस्थानी भाषा और साहित्य (डॉ. मोतीलाल मेनारिया) तृतीय संस्करण, पृ. 171
2. रघुवरजसप्रकास, (सं. सीताराम लालस) भूमिका, पृ. 5
3. रघुवरजसप्रकास, पृ. 340

पूर्ण परिचय दिया है। राम-गुणगान ही कवि का मुख्य ध्येय था, अतः छंद रचना के लक्षणों के साथ-साथ रामगुण-वर्णन करते हुए कवि ने एक पंथ दो काज की कहावत को पूर्ण रूप से चरितार्थ किया है।

इसमें कवि ने 91 गीतों का वर्णन किया है। केवल गीतों का ही नहीं, गीतों के विभिन्न अंगों का वर्णन भी बड़े सुंदर एवं विस्तृत ढंग से किया गया है।

कवि ने रीति के अनुसार ग्रन्थ को पांच भागों में विभाजित किया है यथा प्रथम प्रकरण में मंगलाचरण, गणागण, गणागणदेव, गणागण का फलाफल, गण मित्र शत्रु, दोषादोष, आठ प्रकार के दग्धाक्षर, गुरु, लघु गुरु की विधि, मात्रिक गण, मात्रिक गणों के भेदोपभेद व उनके नाम एवं छंदशास्त्र के आठ प्रत्ययों प्रस्तार, सूची, उद्दिस्ट, नष्ट मेरु, खंडमेरु, पताका, मर्क्कटिका का संक्षिप्त विवेचन किया गया है।

द्वितीय प्रकरण में कवि ने कुल 224 मात्रिक छंदों के लक्षण व उदाहरण दिये हैं। इस प्रकरण में राजस्थानी भाषा की साहित्यिक गद्य रचना के नियम तथा उसके भेदोपभेद संक्षिप्त रूप में वर्णित हैं।

तृतीय प्रकरण में कवि ने एक अक्षर से छब्बीस अक्षर के छंदों के नाम छप्पय कवित में गिनाये हैं। छंदों के उदाहरण स्वरूप कवि ने अपनी अनन्य भक्ति प्रकट करते हुए श्रीराम का गुणगान किया है।

चतुर्थ-प्रकरण में राजस्थानी-गीत (छंदों) का विशुद्ध वर्णन किया गया है। गीत छंद तथा उसके भेद राजस्थानी भाषा के कवियों की अपनी मौलिक देन है। गीतों के लक्षण, गीतों में वैणसग़ाई, गीतों में नौ उक्तियां, गीतों में माने गये ग्यारह दोष एवं गीतों की रचना व नियम आदि का सरल भाषा में विशुद्ध वर्णन किया है।

पाँचवाँ प्रकरण ग्रन्थ का अंतिम प्रकरण है। इस प्रकरण के प्रारम्भ में कवि ने निसांणी छंद के लक्षणों को देकर उदाहरणों को प्रस्तुत किया है।

रघुवरजसप्रकास में निरूपित राम भक्ति भावना – 'रघुवरजसप्रकास' में कवि किशना आढ़ा ने तुलसीदास की परम्परा का निर्वाह किया है। सगुण दास्य-भक्ति के अन्तर्गत श्रीराम का गुणगान किया है। ग्रन्थ के प्रारम्भ में कवि ने गणेशजी की स्तुति की है–

"श्री लम्बोदर परम संत, बुद्धवंत परम सिद्धि वर।
आच फरस ओपंत, विघन-बन हंत ऊबंबर।
मद कपोल महकंत, मधुपभ्रामंत गंधमद।
नंद महेसुर जन निमंत, हित दयावंत हद।।"[1]

1. रघुवरजसप्रकास, पृ. 1

छंदों के ज्यादातर उदाहरणों में राम-कथा के उत्कर्ष पूर्ण स्थलों का निरूपण है और राम की भक्त वत्सलता, शक्ति, शौर्य और ऐश्वर्य का वर्णन है। कुछ स्थलों पर श्रीकृष्ण की लीला तथा हनुमानादि देवताओं की स्तुति है। ग्रन्थ में न तो घटनाओं की प्रबन्धात्मकता है और न कोई कथासूत्र ही। मात्र एक भक्त की प्रार्थनाएं एवं अपने इष्टदेव का यशोगान है। राम भक्ति ही ग्रन्थ का आदर्श है।

रघुवरजसप्रकास में कवि ने अपने इष्टदेव को नाना प्रकार से चित्रित किया है, परन्तु चित्रण की विविधता में अन्तर्भूत एकता निरन्तर बनी रही है। कवि ने विष्णु के अवतार राम में पूर्ण ब्रह्मत्व का आरोप किया है और उन्हें ब्रह्मा-विष्णु-महेशादि देवताओं में सर्वश्रेष्ठ माना है-

नरं जनम जे दियौ समर जांनकीनाथ सौ।
अज अहप ईस रे जपत है सदा गाथ जौ।
मत विलम तूं करै भजण रांम माहीप रे।
जप 'किसन' नांम जे जनम औ लियौ जीप रे।।[1]

कवि ने राम के शील, सौन्दर्य का चित्रण करते हुए लिखा है कि राम के नेत्र कमल के समान, मुख चन्द्रमा के समान, होठ बिम्बाफल के समान सुन्दर हैं तथा समरांगण में उनका हृदय चट्टान के समान दृढ़, पैर स्तम्भ की भांति अडिग और करोड़ों सूर्य जैसी आभा वाला व्यक्तित्व है-

नयण कंज सम निपट, सुभग आंणण हिमकर सम।
जप सम ग्रीवह जळज, तवत सम हीर डसण तिम।।
अधर ब्यंब सम अरुण, समह भुज नागरौ ज सख।
सिल समांन उर समर, अथघ सम स्यंध उदर अख।।[2]

राम की चारित्रिक विशेषताओं में माता-पिता की भक्ति, मातृ-प्रेम, मर्यादा पालन, वचनों की दृढ़ता तथा शरणागत रक्षा आदि उल्लेखनीय हैं। राम के अपरिमित गुण असीम हैं-

सरस बखांणै जगत चित विखांणै जेम सिंध,
मौज किव बखांणै चन्दनांमा।
बुध गिरा रांम हथवाह रिम बखांणै,
बखांणै काछद्रढ़पणौ बांमा।।[3]

---

2. रघुवरजसप्रकास, पृ. 148
3. रघुवरजसप्रकास, पृ. 95
3. रघुवरजसप्रकास, पृ. 176/196

अपने इष्टदेव को कवि ने अनेक नामों से विभूषित किया है, परन्तु अधिकतर रूप में 'राम', 'हरी' तथा 'श्रीपति' नाम से ही सम्बोधित किया है। इन्हीं राम को कवि ने परब्रह्म, पुरुषोत्तम, अन्तर्यामी, अज, अनन्त और अद्वैत माना है–

"न रूप न रेख न रंग न राग, अपार न पार निधार अधार।
अलेख अदेख अतेख अभेख, अतारस तार सुसार असार।।"[1]

कवि ने स्थान–स्थान पर यह भी प्रतिपादित किया है कि नर–देह मनुष्य को बड़ी कठिनता से प्राप्त होती है, अत: उसे व्यर्थ न गवांकर हरि भक्ति में लीन होना चाहिए, कवि ने झूलणा छंद में लिखा है–

"सीस दीधौ जिकौ नांम रघूनाथ सूं।
नैण दीधा जिकौ निरख माधव नरा।।
जीभ दीधी जिकौ क्रीत स्रीवर जपौ।
होठ मुसुकाय रिझवाय पातक हरा।।"[2]

कवि ने भव से मुक्ति दिलाने वाले प्रभु से विनती की है। रघुवर की विशेषता शरणागत की रक्षा करना है–

"जौ रघुवर गावै सब सुख पावै,
निभय जिकां जम ताप नहै।"[3]

रघुनाथ - शरणागत के रक्षक, दीनदयाल, भक्तों के अपराधों को क्षमा करने वाले एवं दुष्टों को दलने वाले हैं–

"दस अठ–अठ छामं चव विस्रांमं छंद सुनांमं तिरभंगी।
रघुनाथ समथ्थं हणि दसमथ्थं रखि यळ गथ्थं रिण संगी।।
ससिबदनी सीता कंत पुनीता दास अभीता कुळदीता।
'किसना' जिण कीता गुण मुख गीता प्रगट पुणीता जग जीता।।"[4]

कवि ने स्थान–स्थान पर भगवान राम के उद्धार कार्यों का उल्लेख करके उनकी भक्त वत्सलता का प्रमाण भी दिया है–

तवै भू अहल्या गणंका तिराई, रटां बोर भीलीतणा खाय रीधौ।
सरां ताड़का मार ऊधार सांमी, करां ग्रीधवाळौ वळे स्राध कीधौ।।[5]

1. रघुवरजसप्रकास, पृ. 210
2. रघुवरजसप्रकास, पृ. 57
3. रघुवरजसप्रकास, पृ. 55
4. रघुवरजसप्रकास, पृ. 53
5. रघुवरजसप्रकास, पृ. 257

भक्तों में वे किसी प्रकार का जन्म या कुल का विभेद नहीं मानते।व्याध, अजामिल, गणिका, शबरी तथा विदुर आदि भक्तों पर जब जब भीर पड़ी, हरि उनके दुःखों का निवारण करने दौड़ते आये हैं–

आवै तूं ऊतावलौ, पावै दास पुकार।
धारण गिर ज्यूं धांभियौ, वारण तारण वार।।[1]

कवि बारंबार भगवान की कृपा, भक्त वत्सलता और दीन बन्धुता की सप्रमाण पुनरावृत्ति करके प्रशंसा करता है और हरि भक्ति पर विशेष बल देता है–

हर मत छाडै रै हिया, लिया चहै जौ लाह।
दिल साचै तेड़ो दियां, नैड़ो लिछमी नाह।।[2]

कवि ग्रन्थ के अनेक स्थलों पर इष्टदेव के नखशिख में चित्त–वृत्तिको केन्द्रीभूत करने का आदेश देता है–

भज रे मन रांम सियावर भूपत, अंग घणाघण सोभ अनूप।
नीरज जात सुगाथ निरूपित, कौटिक कांम सकांम।
पीत दुकूळ कटी लपटांणौ, बीर अभंग निखंग बंधांणौ।
अंस अजैव धनू उरमाणौ, रूप यसै त्रप रांम।।[3]

सीतापति अंतर्यामी माने जाते हैं, वे भक्तों के मन की बात को भांप कर तुरन्त उनके कष्टों का निवारण कर देते हैं –

''सीता चौ स्वामी अंतरयांमी रवि कुळ मंडल राजा।
जिण सुजस जपीजै लभ तन लीजैकीजै सुक्रत राजा।।''[4]

अवधपति तथा मिथलेसराज शब्दों में राम का राज्य–वैभव, महान प्रतिभा सम्पन्न स्वरूप प्रदर्शित होता है। ऐसे महान् व्यक्तित्व ही तो किंचित् जन के दुःखों को क्षणभर में भस्मीभूत कर देते हैं–

''अवधपति अनम सुज, तेज रवि कौट सम।
सियपति सरम रख लख जनां आधार है आखां।।
त्रप राघव जगनायक लायक।
भूपाल लेण जस लाखां ।।''[5]

---

1. रघुवरजसप्रकास, पृ. 64
2. रघुवरजसप्रकास, पृ. 65
3. रघुवरजसप्रकास, पृ. 302–303
4. रघुवरजसप्रकास, पृ. 53
5. रघुवरजसप्रकास, पृ. 60

कोई व्यक्ति चाहे कितना ही बड़ा पापी क्यों न हो किन्तु रघुवीर का नाम जपने से उसके तिलभर पाप भी शेष नहीं रहते –

"कोडां पापां की जतां, कौपै धू की नास।
जीहा राघौ जौ जपै, तौ नांही तिल त्रास।।"[1]

राम के एक अन्य पर्यायवाची शब्द का प्रयोग भी कवि किशना जी ने किया है –

"चित जे मत व्है चळ विचळ, भज भज नहचळ भाय।
कूक करै जिण दिन कुटंब, स्रीवर करै सिहाय।।"[2]

स्रीवर शब्द की यहां विशेषता यह है कि स्रीवर सबका स्वामी है, अतः वह समग्र परिवार के दुःख-सुख समझने वाला है।

श्रीराम की स्तुति में किसना आढ़ा ने 'रघुवरजसप्रकास' में निम्न रूप में वर्णन प्रस्तुत किया है –

दीनां पाळगर धन सुतन दसरथ, सकज सूर समाथ।
रिणखेत भंजण सकुळ रांवण, नेत बंध रघुनाथ।।
तौ रघुनाथ रे रघुनाथ,
रिवकुळ आभरण रघुनाथ।।
तन स्याम सघण सरूप ओपत, सुपट बीज सकाज।
रिम कोट हण जन ओट रक्खण, मोट मन महराज।
तौ महराज रे महराज,
माहव मोट मन महराज।।[3]

किशना आढ़ा ने 'हरि' के नाम-स्मरण को अधिक महत्व दिया है–

जिण राघव जापियां, सुलभ भवसागर तरसी।
जिण राघव जापियां, सरब मन कारज सरसी।।
जापियां जेण रघुवर सुजस, धरै ऊंच विरदां धरा।
तैं नांम जोड़ नां ज्याग तप, नित राघव जप जप नरा।।[4]

"राघव" शब्द का मुख्य प्रयोजन कष्टों से मुक्ति दिलाने वाले तथा दुःख में धैर्य दिलाने वाले प्रभु के लिए प्रयक्त हुआ है–

---

1. रघुवरजसप्रकास, पृ. 64
2. रघुवरजसप्रकास, पृ. 66
3. रघुवरजसप्रकास, पृ. 217-218
4. रघुवरजसप्रकास, पृ. 101

"रांम भजीजे, झौड़ तजीजे, लाभ, सदेही, वेद वदेही।
संत सिहाई, राघवराई, वौ हरि गावौ, पै उध पावौ।।[1]

निष्कर्ष : इस प्रकार उपर्युक्त विवरण में किसना आढ़ा ने श्रीराम की भक्ति भावना को स्पष्ट किया है। श्रीराम को राघव, स्रीवर, सीतापति, रघुवर, अवधपति, मिथलेसराज आदि नामों से पुकारा है। इनकी भक्ति भावना तुलसीदास से मिलती-जुलती है। सगुणोपासना में दास्य भाव का निर्वाह किया है। इस ग्रन्थ की एक विशेषता यह है कि इसमें चित्र-काव्य का भी उल्लेख मिलता है। संस्कृत व ब्रज भाषा में चित्र-काव्य पर्याप्त मात्रा में प्राप्त होते हैं। किन्तु डिंगल गीतों के प्राप्त लाक्षणिक ग्रन्थों में चित्र काव्य संबंधी विवरण नहीं मिलते। राजस्थानी साहित्य में मध्यकाल से ही चित्र काव्य की परम्परा प्रारम्भ हुई है। सम्पूर्ण काव्य में प्रसाद गुण का पूर्ण रूप से निर्वाह हुआ है। उपर्युक्त ग्रन्थ में शृंगार एवं वीर का सुंदर समन्वय भी देखा जा सकता है। इस ग्रंथ के मुख्य छंदों में दोहा, चौपाई, छप्पय, सवैया, दुमिला, पद्‌दरि, त्रिभंगी, गीत, रोला आदि छंदों का प्रयोग हुआ है। अंलकारों में यमक, अनुप्रास, सादृश्यमूलक देखे जा सकते हैं। कवि ने सरल व सरस भाषा के माध्यम से भगवान श्रीराम की भक्त वत्सलता, शरणागतता का सुंदर चित्रण किया है। वास्तव में यह ग्रंथ राजस्थानी भाषा का सुंदर राम भक्ति काव्य है।

---

1. रघुवरजसप्रकास, पृ. 120

श्रीमंत कुमार व्यास द्वारा चित्रित कैकयी–चरित्र

डॉ. गोपीकिशन चितारा

"कैकयी हूती नहीं राम रो नाम न हूतो।
वालमीक तुळसी रो सिरजण कीकर हूतो।
कदे न सीता हरण मरण रावण रो हूतो।
कैकयी री आ ख्यात सबळ कितरी है कूंतो।"[1]

रामकथा के नारी–पात्र मानव स्वभाव की विविधताओं एवं जीवन की वास्तविकताओं तथा आदर्शों को प्रस्तुत करने वाले हैं। इनमें कुछ पात्र कथा में स्थान की दृष्टि से महत्वपूर्ण हैं, कुछ अपने चरित्रबल के आधार पर, किसी विशेष आदर्श की स्थापना करने से अथवा किसी गर्ह्य तत्व की अवांछनीयता का प्रतिपादन करने से महत्व रखते हैं। कथा में स्थान, चारित्रिक बल, इन दोनों दृष्टियों से रामायण के नारी–पात्रों में सीता का चरित्र सर्वाधिक महत्व का है। सीता के पश्चात् कथा की दृष्टि से महत्वपूर्ण नारी पात्र शूर्पणखा तथा कैकयी हैं। अपने चारित्रिक बल के आधार पर व्यक्तिगत महत्व रखने वाले नारीपात्र कौशल्या, सुमित्रा, मंथरा, तारा, मंदोदरी, अनुसूया, शबरी, स्वयंप्रभा त्रिजटा, अहल्या, ताड़का आदि हैं।[2]

राम की तीन माताओं में, उनके जीवन की गतिविधियों को संचालित करने में सबसे अधिक भाग **कैकयी** का है। इस पात्र के द्वारा नारी स्वभाव के कुटिल, क्रूर एवं अमंगलकारी पक्ष अभिव्यक्त हैं।[3]

कामिल बुल्के ने 'रामकथा' में (1950) बताया है कि 'दशरथ कथानम्' में कैकयी का नामोल्लेख न होने पर भी उसके पात्र से मिलते–जुलते एक पात्र के कृत्य वर्णित हैं। विमल सूरि के 'पउम चरिय' में कैकयी के साथ दशरथ का विवाह तथा युद्ध के समय कैकयी का दशरथ का रथ हाँकने का विवरण है। 'ब्रह्म वैवर्त्यपुराण' के 'रामर्तार्थ महात्मयं' में कैकयी देव–दानव युद्ध के पश्चात् दशरथ से तीन वर प्राप्त करती हैं। 'महावीर चरित्र' के चतुर्थ

1. कैकयी, पृ. सं. 11 (भूमिका)
2. कंबन और तुलसी के नारी पात्रों की तुलना– पृ. सं. 45
3. वहीं, पृ. सं. 66–67

अंक में कैकयी के मंथरा बेषधारी शूर्पणखा के द्वारा एक जाली-पत्र मिथिला भेजने का उल्लेख हुआ है। 'प्रतिमा नाटक', 'अनर्घ राघव' तथा 'महावीर चरित्र' में कैकयी के दोष-विवरण की बात बतायी गयी है।[1]

तमिल के 'दिव्य प्रबन्धम्' में कैकयी के भ्रांत होने का तथा दशरथ से वर माँगने का उल्लेख है। कुलशेखर आळवार के 'पेरुमाळ तिरुमोळि' में दशरथ क्षुब्ध होकर उससे कहते हैं कि 'ओ ! कैकयी ! ऐसा करके तुमने क्या पाया? इतना सब होने के बाद भी तुम इस धरती पर सुखी हो।[2]

वाल्मीकि रामायण, अध्यात्म रामायण, कंबरामायण और तुलसी रामायण ग्रंथों में कैकयी-मंथरा संवाद, कैकयी-दशरथ संवाद आदि का वर्णन भिन्न-भिन्न प्रकार से हुआ है जिसके फलस्वरूप राम-वनवास, सीता-हरण, रावण-वध आदि कार्य सम्पन्न हुए। इन कार्यों को सम्पन्नता के मध्य कैकयी का चरित्र उद्घाटित हुआ है।

पुत्र-स्नेह, अबोधता, अभिमान, हठीलापन आदि कैकयी की चारित्रिक विशेषतायें हैं, जिनका प्रकाशन सभी काव्यों में हुआ है। वाल्मीकि रामायण, अध्यात्म रामायण, कंबरामायण व तुलसी रामायण में दशरथ के निवास में कैकयी की धाक एवं आतंक के सामान्य वातावरण को चित्रित किया है। वाल्मीकि रामायण तथा अध्यात्म रामायण में इसकी खुली व्यंजना अन्य दो काव्यों से अधिक हुई है।[3]

आधुनिक काल में भी कैकयी के चरित्र को पुनर्मूल्यांकित करने के प्रयास हुए। हिन्दी काव्य परम्परा में 'साकेत' एक ऐसी ही कड़ी है जिसमें मैथिली शरण गुप्त ने उपेक्षित नारी पात्रों को स्थान दिया है। कैकयी उसी संदर्भ में 'साकेत' महाकाव्य में प्रस्तुत हुई है। मनोवैज्ञानिक सत्य का सहारा लेते हुए उन्होंने अपराधी नारी की मनोदशा का चित्रण संवेदना के स्तर पर किया है। कैकयी का राम के प्रति स्नेह, जिसे समय ने धुंधला बना दिया था, गुप्त जी ने बड़े ही मार्मिक ढंग से उसे प्रदर्शित किया है।[4]

'राजस्थानी भाषा में भी कैकयी के चरित्र को बीसवीं सदी के उत्तरार्द्ध में नये रूप में उद्घाटित किया गया है। इसका श्रेय है राजस्थानी काव्य परम्परा के श्रेष्ठ कवि 'श्रीमंत कुमार व्यास' को।

श्रीमंत कुमार व्यास का जन्म लाडनू में 17 मार्च 1927 ई. में हुआ। श्रीमंत कुमार

1. कंबन और तुलसी के नारी पात्रों की तुलना, पृ. सं. 67
2. वहीं, पृ. सं. 67
3. वही, पृ. सं. 67
4. आधुनिक काव्य संग्रह, पृ. सं. 291

व्यास ने गद्य और पद्य दोनों रूपों में सृजन कार्य किया तथा राजस्थानी साहित्य को समृद्ध किया। उनके प्रबंध काव्यों में 'रामदूत' 'कैकयी', 'द्रौपदी' 'मीरा' आदि उल्लेखनीय हैं। 'धरती थारी है' 'मैनत मुळकै', 'मीरा रा प्रभु गिरधर नागर' 'भक्ति गीत' आदि उनके मुक्तक काव्य हैं। उनकी सोच थी– 'तूं जी भलाई अेक दिन, पण मिनख बणनै जी' (भले ही एक दिन के लिए जीओ, पर इन्सान बन के जीओ)।[1]

श्रीमंत कुमार की प्रबंध रचनाओं में 'कैकयी' एक श्रेष्ठ रचना है। 'सार छंद' में लिखी यह छह सर्ग की सम्पूर्ण रचना वाल्मीकि रामायण के अयोध्याकाण्ड के सातवें सर्ग की इन दो पंक्तियों को आधार मानकर पूर्ण हुई है:–

"ज्ञाति दासी यतोजाता कैकय्या तु सहोषिता।
प्रासादे चन्द्रसंकाशमारुरोह यदृच्छया।।"[2]

वाल्मीकि रामायण एवं रामचरित मानस के कैकयी आख्यान को श्रीमंत कुमार ने राजस्थानी भाषा में कैकयी के चरित्र को उजागर करते हुए छह सर्ग का काव्य लिखा है। उन्होंने सार रूप में लिखा है कि यदि कैकयी नहीं होती तो राम का नाम विख्यात कैसे होता ? वाल्मीकि और तुलसीदास के काव्यों की रचना किस प्रकार होती ? कभी भी सीता का हरण तथा रावण का मरण नहीं होता। कैकयी की यह ख्यात (कथा) कितनी सबल, इसका मूल्यांकन कीजिये।[3]

कवि ने प्रथम सर्ग के प्रारम्भिक छंद में मां शारदा, रामकथा तथा कल्याणी माता कैकयी की वंदना की है:–

"प्रणमूं सारद मात बखाणू राम कथा जग जाणी।
खमा भगति सगति री दाता खमा, राम री वाणी।।
थूं है निरमळ नीर जियां गंगा रो पावन पाणी।
जुग जुग सूं थूं अजर अमर है कैकयी माँ कल्याणी।।"[4]

वाल्मीकि रामायण के अनुरूप ही प्रथम सर्ग में कैकयी की अबोधता एवं राम के प्रति स्नेह पर प्रकाश पड़ता है। कैकयी राम के गुणों का वर्णन करती हुई कहती है:–

"गुण री खान बंस री सोभा रसनां राम रमावै
जियां सूरज री किरणां साथै कंवळ फूल खिल जावै
ऐड़ो प्यार दीदार हूयां बिन की भी नहीं सुहावै

1. जागती जोत (पत्रिका), पृ. सं. 51–52
2. वही, पृ. सं. 54
3. कैकयी, पृ. सं. 11 (भूमिका)
4. कैकयी, पृ. सं. 5

भरत बिना तो भावै पण नी राम बिना कुछ भावै।।"[1]

वह राम के पथ में गुलाब के फूल बिखेरना चाहती है तथा राम के हजार वर्ष जीने की कामना करती है। वह कहती है

"नजर न लागै थुथको नाखूँ ज्यूं इमरत रा छांटा
फूल गुलाबी बणै मारगां जो भी पड़िया कांटा
उमर हजारी होय राम री हरदम सैर-सपाटा
सुरग अजोध्या उतरै सै ही सुख जीवण रा लाटां।"[2]

प्रथम सर्ग के प्रारम्भ में कवि ने कैकयी के आन्तरिक सौंदर्य के साथ बाह्य सौंदर्य का भी सुन्दर वर्णन किया है:-

"केस नागण्यां मगरां माथे कैकयी रै यूं छितरी
रंग भाळियै मांही जाणै मादक मदिरा बिखरी

x x x

रति रंभा उरवसी मेनका रूप सामनै झींकी
निरख कैकयी री सुंदरता आप विधाता छींकी

x x x

दाँत हंसै तो जाणै बादळ मांय बिजळिया चमकै
के दाड़म रा बीज रुंखड़ै जाणै लटक्या दमकै
कंचन री थाळी में जाणै मोती पळ पळ पळकै
के मावस री रात अकासां तारा झळ झळ झळकै।"[3]

इसलिए दशरथ कह पड़ते हैं :-

"कैकयी प्राण पियारी राणी म्हारी जीव जड़ी है
दो रतनां रै बीच कैकयी मोलक लाल लड़ी है
मिटै न तिरसा जोय पदमणी जाणै अमर जड़ी है
कैकयी थां रै बिना निरप री बिरथा देह खड़ी है।।"[4]

तदनन्तर कैकयी-मंथरा संवाद में दो वरदान को लेकर चली आ रही पुरानी परिपाटी को आधुनिक रूप में कवि ने नयी दृष्टि दी है।मंथरा आकर कैकयी को कहती है:-

---

1. कैकयी, पृ.सं. 5
2. वही, पृ.सं. 5
3. वही, पृ.सं. 8
4. वही, पृ.सं. 7

"बोली दासी आय नगर में राणी ढोल घुरीजै
राम बणै जुवराज दिनूंगां माथै मुगट धरीजै
राज अजोध्या रो देवण री त्यारी सैंग करीजै
सुण कैकयी रो हिव हरखावै प्रेमाधार बहीजै।"[1]

कैकयी उसे इसके लिए पुरस्कार लेने को कहती है। दूसरे ही क्षण कैकयी मन ही मन विचार करती है:-

"फिर झटको सो लाग्यो चाण चूकै राणी पितळाई
मन ही मन में बात करै खुद नै ही खुद बतळाई
लियां राज तो नहीं राम री होवै हाय भलाई
करम किलोल करण नै लागो उलटी रील चलाई।।"[2]

वह विचार करती है कि राम को राज्य मिलने से उसका कल्याण नहीं है। श्रवण की मृत्यु राजा के हाथ से होने पर उसे पुत्र वियोग में तड़प-तड़प कर मरने के शाप की याद से वह सिहर उठती है। सोचती है पुत्र राम का वियोग होने पर मात्र राजा का ही देहान्त होगा। अब नियति का चक्र चलेगा। राम ने विश्वशान्ति की चौदह बरसी योजना बना रखी है। मुझे उसे कार्यान्वित करना है। मुझे राम को जग मंगल हेतु बचाने के लिए बलि देनी होगी। किन्तु इस रहस्य को मैं खोल कर नहीं रख सकती। भले ही मेरी तथा भरत की अपकीर्ति हो। मेरे कठोर होने से राम की मृत्यु टल सकती है। मेरे दो वरदान जो दशरथ जी के पास थाती हैं मैं उन्हें माँग कर कल्याण करती हूँ।

यद्यपि ननिहाल से जब भरत आयेगा तो मुझे अवश्य बुरा-भला कहेगा तथापि मुझे तो प्रिय राम की रक्षा करनी है:-

"इण खातर बदनाम धरा पर कैकयी अब होवैली
बल बुधो चतराई अपणी सगळो खुद खोवैली
आखी दुनिया दासी मंथरा नै ही घण रोवैली
रामपूत बचावण कैकयी आप बळी देवैली।।"[3]

तथा:-

"मत मानो कोई भी चायै प्यारो राम बचाणो
भरत लाल नै पड़ी पड़े तो सहणो सब हरजाणो

1. कैकयी, पृ. सं. 10
2. वही, पृ. सं. 10
3. वही, पृ.सं. 10-11

कुळगरू परजा कुटम कबीलो पड़ज्या भळै गमाणो
चिंता कोनी कैकयी द्रिढ़ हैआछो की कर जाणो।।''[1]

यहाँ कवि ने कैकयी को लोक कल्याणकारी स्वरूप में प्रकट कर उसे महान बना दिया है और एक नयी दृष्टि दी है।

आगे कवि ने कैकयी के कोप भवन में प्रवेश और उसकी मनोदशा को बहुत ही सुन्दर ढंग से प्रस्तुत किया है:-

''आभूषण ने खोल हुई या नागी बूची
लाल जड़ी पोसाकां खोली धरदी ऊंची
तिजूरी री खोल नाख दी कामण कूंची
दसरथ री नगरी में आज लगावण चूंची।।''[2]

कोप भवन में उदासी का वातावरण हो गया और कैकयी ने दो वर माँगने की योजना बनाई। कैकयी धरती पर जा पड़ी:-

''बोरी धरती बिछा कैकयी इयां पसरगी
पति जींताई विधवा बणगी जिया पसरगी
सुगन राम रा दशरथ रा भी साव बिसरगी
आंसूड़ा छळकाती बा झरणै ज्यूं झरगी।''[3]

तब दशरथ दो वर माँगने की बात कहते हैं:-

है दसरथ रघुवंसी निज वचनां रो पक्को
राख मती राणी मन थांरै कोई संको

थाती है दो थांरी लेय सकै है कद भी
दो रै बदळै च्यार झलाऊँ माँगै जद भी
चिंता कर मत राणी आज लजा दी हर भी
सूर उगाळी म्हैं त्यागूंला म्हारो पद भी।।''[4]

तभी कैकयी मनोभाव में कवि बिभत्स तथा वात्सल्य रस की छवि दिखाता है:-

''कैकयी ऊंडी उतरी हियै डहरकां फंसगी

---

1. कैकयी, पृ.सं. 13
2. वही, पृ.सं. 15
3. वही, पृ.सं. 16
4. वही, पृ.सं. 20

ज्यूं हिड़काई कुती कादै मांही धंसगी
कीकर बात बताऊं मांय बिजळियां चसगी
छबी राम री बालपणै री अखिया बसगी।"[1]

फिर उसे ध्यान आया कि पुत्र का वियोग होने से दशरथ को ही मरना पड़ेगा जबकि राज्य लेने पर पहले राम को मरना पड़ेगा। इस प्रकार सूर्यवंश के दो लोगों को मरना होगा, क्योंकि नियति को अपना शाप तो पूरा करना ही होगा–

"राज लियां तो अरे राम नै मरणो पड़सी
पूत विजोग हूयां दसरथ नै जाणो पड़सी
सूर्यवंस रा दोय जणां नै मरणो पड़सी
बेमाता नै स्राप सांच तो करणो पड़सी।"[2]

ये पंक्तियाँ ही कैकयी के जग प्रचलित नकारात्मक स्वरूप को सकारात्मक रूप देने में महती भूमिका निभाती हैं।

कैकयी सोचती है कि दशरथ तो पके हुए पीपल के समान हैं। वे शासन, धर्म और अर्थ के कार्यों से संपृक्त हो चुके हैं। परन्तु राम तो अभी शासन के विषय में बिल्कुल अनजान है। अत: पुत्र को बचाने के लिए मैं पति के जीवन पर डाका डालूंगी।[3] इन सबको ध्यान में रखते हुए अपने दो वर इस प्रकार माँगती है :-

"मांग्यो चवदा बरस राम नै बन भेजण रो
दूजो लीनो मांग भरत नै राज करण रो
फटियो सुण ततकाल काळजो आज धरण रो
मचियो तांडव म्हैल मांय अवधेस मरण रो।"[3]

कुल मिलाकर कवि ने श्रवण कुमार की मौत के बाद मुनि के शाप से अयोध्या को संकट से बचाने का माध्यम 'कैकयी' को बनाकर कैकयी के चरित्र को महान् बना दिया। राजस्थानी भाषा साहित्य के विद्वान आलोचक डॉ. मनमोहन स्वरूप माथुर भी लिखते हैं:-
"इण री प्रमुख कथा सरवण री मौत पूठै अंध मुनि रै शाप सूं दशरथ री पूत विजोग में मिरत्यु सूं अजोध्या रै कल्याण वास्तै कैकयी द्वारा राजा दशरथ सूं जुद्ध में वणां री रक्षा रै बदळै दीयोड़ै दो वरदानां नै मांगण सूं जुड़्योड़ी है।"[4]

चतुर्थ सर्ग में कवि भरत के अयोध्या आगमन पर पूरे घटनाक्रम की जानकारी के बाद

---

1. कैकयी, पृ. सं. 21
2. वही, पृ. सं. 22
3. वही, पृ. सं. 23
4. जागती जोत (पत्रिका), पृ. सं. 57

कैकयी माता को कुलनाशी, कुलक्षणी आदि के द्वारा सम्बोधन पर कैकयी द्वारा उसे पुनः समझाने कि तू राजनीति, कुचाल एवं सूर्यवंश की बातों से अनजान हैं, कैकयी और भरत का वार्तालाप सजीव चित्रित हुआ है। कैकयी कहती है:-

''नहीं मांगती दोनूं वर म्हैं राजा सूं माडाणी
दोरी मिनखा जूण मिलै फिर राणी री जिनगाणी
थनै सुणाऊं बीती बातां इण घर री सब काणी
राजा दसरथ धन्य मानतो रूपवती पा राणी।''[1]

कैकयी ने राजा दशरथ की प्राण रक्षा तथा राजनीति में उसके द्वारा की गई सहायता का सविस्तार वर्णन किया और श्रवण की हत्या एवं उसके पिता द्वारा दिए गए शाप की बात बताई। राम को बन भेजने की आवश्यकता थी अन्यथा दो मौतें हो जातीं। राम वापिस लौटकर इस राज्य को संभाल लेंगे तथा कष्ट के दिन कट जायेंगे। जीवन का सत्य तथा कवि की दार्शनिक दृष्टि कैकयी के इस कथन में सुन्दर ढंग से परिलक्षित होती है:-

''अज दिलीप रघु नहीं बच्या तो दसरथ कीकर बचता
आयु खतम होण लागै तो काळ जाळ है रचता
अज रो मरण हूयो जद दसरथ हालत करतो खसता
राज अयोध्या रो बोलो फिर कीकर रहतो बसता''[2]

इस प्रकार कैकयी भरत को समझाते हुए भरत को उच्च कहकर व स्वयं को नीच कहकर बहुविध प्रकार से समझाती है और चौथे सर्ग के अन्त में भरत माता कैकयी से क्षमा माँगता है:-

''निंदरा टूटी चेत हूयो तो जागी मां री ममता
मांगण माफी भरत मात रै चरणां में यूं नमता
नेणां सूं आंसू रा झरणां झर झर कदै न थमता
भरत भूलबा दुख नै पाछी जाग जगाई खिमता''[3]

पंचम सर्ग में कैकयी द्वारा राम को वन से वापिस लाने का वर्णन किया गया है, जिसमें भी कवि ने कैकयी के स्वरूप को राम द्वारा श्रेष्ठ सिद्ध करवाया है। राम कहते हैं:-

''चूक भरत री पड़ी हुई तो म्हैं उण नै समझाद्यूं
बात राज री कम जाणै तो म्हैं उण नै बतळाद्यूं
सेवक रा सै सूत्र बोल नै म्है उण नै जतळाद्यूं

1. कैकयी, पृ. सं. 33
3. वही, पृ. सं. 37
3. कैकयी, पृ. 38

अंबा री सगति रो उण नै म्हैं आभास करादयू''[1]

वे तो यहाँ तक कहते हैं:-

''खमा खमा मंगळकरणी मां जुग जुग जाणी
खमा भ्रांति सांति री दाता खमा वेद री वाणी
थूं है निरमळ नीर जियां गंगा रो पावन पाणी
जुगां जुगां थूं अमर रवैली कैकयी मां कल्याणी''[2]

छठे सर्ग में अयोध्या के पूर्ण विकास के लिए कैकयी राम के साथ मंत्रणा कर रामराज्य की योजना की क्रियान्विति में अपना जीवन समर्पित कर देती है:-

''राम राज रै म्हैंल नींव रो कैकयी सुंदर भाटो बणगी
राज सिंघासण रो मजबूत मनोहर कैकयी पायो बणगी
जग जननी अंबा कल्याणी रामपूत रो सायो बणगी
रामचरित मानस में वा तो राम राज मनचायो बणगी''[3]

कुल मिलाकर श्रीमंत कुमार का यह राजस्थानी काव्य कैकयी के चरित्र को सम्यक् रूप से प्रस्तुत करता है। डॉ. हरिश्चन्द्र वर्मा कवि भास के नाटक 'प्रतिमा' से तुलना करते हुए कहते हैं:-

''महाकवि भास ने अपने नाटक 'प्रतिमा' में कैकयी के चरित्र को जिस आधार पर प्रस्तुत किया है व्यास जी ने ठीक उसी आधार पर कैकयी काव्य की रचना की है। 'प्रतिमा' के छठे अंक में भास ने कैकयी के चरित्र को उदात्त बनाने के प्रयास में सुमंत्र से भरत को कहलाया है कि अंधमुनि के शाप के कारण उसने राम के वनवास की व्यवस्था की।''[4]

आगे वे कहते हैं कि ''कविवर श्री श्रीमंत कुमार व्यास ने कैकयी के व्यक्तित्व एवं चरित्र को नये सन्दर्भ में रखकर नई दृष्टि से मूल्यांकित किया है और उसे नई अर्थवत्ता तथा भास्वरता प्रदान की है। समूचा काव्य भावपूर्ण संदर्भों के चयन और संयोजन से निर्मित है। कवि का सादृश्य विधान अनूठा है। कवि ने लोक जीवन से अछूते उपमान चुने हैं। राजस्थानी लोक भाषा का अखण्ड प्रवाह आद्योपान्त दर्शनीय है। सम्पूर्ण काव्य संवेदना और शिल्प की दृष्टि से मार्मिक और प्रभावपूर्ण है। सहजता के कारण संवेदना की सम्प्रेषणीयता असंदिग्ध है।''[5]

सार रूप में कह सकते हैं कि कवि श्रीमंत कुमार ने अपनी इस कृति में कैकयी की

---

1. वही, पृ. सं. 41
3. वही, पृ. सं. 44
1. वही, पृ.सं. 48
2. कैकयी, पृ.सं. (भूमिका) 21
3. वही, पृ.सं. (भूमिका) 22

छवि नयी और मौलिक सोच के साथ प्रस्तुत की है। उन्होंने कैकयी को एक कल्याणकारी रूप में प्रस्तुत करना सामयिक जरूरत माना है विशेषकर इस नारी सशक्तीकरण के युग में कैकयी का यह स्वरूप भारतीय नारी समुदाय को एक नयी दिशा देगा।

संदर्भ-ग्रन्थ :

1. आधुनिक काव्य संग्रह - रामवीर सिंह, विश्वविद्यालय, प्रकाशन चौक, वाराणसी
2. कंबन और तुलसी के नारी पात्रों की तुलना - डॉ. एम. शेषन, हर्ष पब्लिशिंग हाउस, दिल्ली 110032, प्रथम संस्करण
3. कैकयी - श्रीमंत कुमार व्यास, राजस्थानी ग्रन्थागार, जोधपुर, द्वितीय संस्करण
4. जागती-जोत (पत्रिका), जून-जुलाई 2006, अंक 3-4, राजस्थानी भाषा साहित्य एवं संस्कृति अकादमी, बीकानेर
5. साकेत - मैथिलीशरण गुप्त

राजस्थानी जैन-साहित्य की रामकाव्य-परम्परा

डॉ. मनमोहनस्वरूप माथुर

अवतारवाद पर आधारित वैष्णव भक्ति का वैशिष्ट्य यही है कि वह प्राणिमात्र के प्रति प्रेम और उदार दृष्टि रखती है । यह हृदय की वस्तु है, इसीलिये समस्त मानव जाति के हृदय में भक्ति के आधारभूत अवतार राम और कृष्ण हैं। कुछ विद्वानों की मान्यता है कि विष्णु के अवतारों में कृष्ण राम की अपेक्षा अधिक प्राचीन हैं। किन्तु कृष्णावतार की व्यापकता के साथ ही रामायण और राम की बढ़ती हुई लोकप्रियता के कारण राम भी विष्णु के अवतार माने जाने लगे । डॉ. कामिल बुल्के ने राम और विष्णु की अभिन्नता का समय लगभग पहली शताब्दी ई. पू. माना है ।[1]

महाभारत में रामावतार के उल्लेख प्राचीनतम उल्लेखों में से माने जाते हैं ।[2] गीता में कृष्ण स्वयं को राम बतलाते हैं ।[3] बौद्धों ने ईस्वी सन् की कई शताब्दी पूर्व-राम को बोधिसत्व मानकर रामकथा को अपने जातक-साहित्य में स्थान दिया[4] दशरथ जातक अनार्मक जातक आदि । जैन साहित्य में राम (पद्म=पउम) लक्ष्मण और रावण को जैन मतावलम्बी माना गया है और उनकी त्रिषष्टि शलाका पुरुषों में गणना की गई है । राम, लक्ष्मण और रावण क्रमशः अष्टम बलदेव, वासुदेव तथा प्रतिवासुदेव माने गये हैं ।[5]

इस प्रकार राम के इसी अवतारी स्वरूप की भक्ति का विकास वैष्णव-भक्ति के विकास के अनुरूप होता रहा । मर्यादा-पुरुषोत्तम राम की परब्रह्म के रूप में प्रतिष्ठा होने से पूर्व वीरपूजा के रूप में उनकी उपासना बहुत पहले जनसाधारण में प्रचलित हो चुकी थी । वैदिक

---

1 रामकथा, पृ. 144

2 सं. हरिश्चन्द्र वर्मा आदि-साहित्यानुशीलन : साहित्येतिहास विशेषांक-हिन्दी विभाग, म.द. वि.वि. रोहतक, पृ. 77

3 श्री मद्भगवतगीता 10/31 (रामः शस्त्रभृतामहम्) ।

4 डॉ. कामिल बुल्के-रामकथा, पृ. 721

5 (क) महेशचंद्र श्रीवास्तव-जैन धर्म एवं दर्शन, पृ. 53-54

(ख) डॉ. रमाकान्त शुक्ल-जैनाचार्य रविषेण कृत पद्मपुराण और तुलसीकृत रामचरित मानस, पृ. 33

युग से लेकर पौराणिक युग तक जैसे-जैसे ज्ञान एवं कर्म की अपेक्षा भक्ति का विकास होता गया, वैसे-वैसे विष्णु के अवतार के रूप में दाशरथी राम की प्रतिष्ठा दृढ़ होती चली गई। मध्यकालीन भक्ति आन्दोलनों में विकसित रामानुज और रामानंद की विचारधारा से संबन्धित सम्प्रदायों ने इसे मनोवैज्ञानिक भाव भूमि प्रदान की। परिणामतः भक्तों एवं कवियों ने सगुण राम की विविध लीलाओं को लेकर कथाओं और काव्य रचनाओं का सृजन आरंभ किया। इस दृष्टि से वाल्मीकि कृत रामायण रामकाव्य परम्परा का आदि काव्य है। इसमें वर्णित कुछ प्रसंग महाभारत के आरण्यक, द्रोण एवं शान्तिपर्व में वर्णित हैं। इन पर्वों में वर्णित रामकथा वाल्मीकि-रामायण की कथा के साथ ही मौखिक रूप में लोक प्रचलित रामकथा से भी प्रभावित है। अन्तर मात्र यही है कि महाभारत के राम अवतारी हैं, जबकि रामायण के राम अलौकिक महापुरुष ।

दाशरथी राम की भक्ति से संबन्धित यह काव्य-परम्परा संस्कृत, पालि, अपभ्रंश भाषाओं[1] की काव्य-रचनाओं के माध्यम से अन्य देशज भाषाओं में भी पल्लवित हुई। राजस्थानी में चारण-चारणेतर एवं जैन कवियों ने रामभक्ति से सम्बन्धित काव्य-मुक्तक एवं प्रबन्ध दोनों शैलियों में लिखा। इनमें से प्रमुख कवि एवं उनकी रचनाएँ हैं-

1. इल्लूजी कविया-परमभागवत (कवित्त-छप्पय छंद में राम की निर्गुण और सगुण भक्ति सम्बन्धी चर्चा)
2. ईसरदास बारठ-हरिरस (राम-सम्बन्धी सगुण भक्ति की चर्चा)
3. मेहा गोदारा-मेहा रामायण
4. कर्मण-सीताहरण
5. सुरजन पूनिया-राम रासौ
6. रूपदेवी-राम रास
7. सरवर भूकर-रामायण
8. शिवलाल-रामरासौ-लक्ष्मण-सीता वनवास चौपाई
9. केसवदास गाडण-राम सुयश
10. माधोदास दधवाड़िया-राम रासौ
11. बारठ नरहरिदास-गुणराम नींसाणी, रामचरित

---

1 (क) **संस्कृत**-रघुवंश, रावणवध (सेतुबंध), दशावतार चरित, जानकीहरण, उदारराघव, राघवोल्लास (महाकाव्य); महावीर चरित, अनर्घराघव, प्रसन्नराघव, उल्लास राघव, उत्तररामचरितम् (नाटक)।

(ख) **प्राकृत-अपभ्रंश**-वसुदेव हिण्डी में वर्णित रामकथा, भुवनतुंग सूरिकृत सियाचरियम, रामचरियम्, रविषेणकृत पउमचरित्र, गुणभद्ररचित उत्तर पुराण; हरिषेण रचित कथाकोष में वर्णित रामायण कथा, स्वयंभू रचित महापुराण में कथित रामकथा आदि।

12. पृथ्वीराज राठौड़–दसरथ रावउत और अहल्या–प्रसंग
13. कविया करणीदान–सूरज प्रकाश में रामचरित्र अथवा रामायण का समावेश
14. सिंढायच बुद्धसिंह–'देवीचरित' में संपूर्ण रामचरित्र का वर्णन
15. भगवान राम–हनुमान नाटक, अहिरावण वध
16. मंसाराम सेवग 'मंछ'–रघुनाथ रूपक गीतां रो (रामकथा के माध्यम से छंद विवेचन)
17. प्रताप कुंवरी–रामचंद्र नाम महिमा, रामगुण सागर, राम सुजस पच्चीसी, रघुनाथजी रा कवित्त, पत्रिका (विनय–पत्रिका)
18. तुलछराय–रामगुण (भक्ति) सम्बन्धी गीत एवं पद
19. किसना आढ़ा–रघुवरजस प्रकास (राम भक्ति द्वारा छन्द विवेचन)
20. बावजी चतुरसिंह–मानवमित्र रामचरित्र एवं मेवाड़ी रामायण
21. बलदेव प्रसाद खण्डेलवाल–विचित्र रामायण
22. श्रीमंत कुमार व्यास–कैकई, रामदूत ।

राजस्थानी साहित्य के विकास में यहाँ के जैन कवियों द्वारा रचित साहित्य का सराहनीय योगदान रहा है । इन जैन कवियों ने जैन चरित–नायकों के साथ ही जैनेतर चरित्रों को भी अपनी रचनाओं की विषय–वस्तु बनाया । इसी श्रृंखला में जैन कवियों ने राजस्थानी भाषा में रामचरित् से सम्बन्धित अनेक छोटी–बड़ी रचनाओं का सृजन किया । राजस्थान के विभिन्न हस्तलिखित संग्रहालयों में इनकी पाण्डुलिपियां उपलब्ध हैं । राजस्थानी जैन साहित्य की रामकाव्य–परम्परा को दर्शाने वाली ग्रंथ–सूची प्रस्तुत है–

क्र.सं.	रचना	रचनाकार	र. काल	लिपि काल
1.	रामरासौ	समयसुंदर	वि.11 वीं शती	---
2.	भरतेश्वर बहुबली रास	शालिभद्र सूरि	वि. 1241	---
3.	सीमा देवी रासु	---	वि. 1257	---
4.	सीयाहरण रासु	---	वि. 1257	---
5.	रामरासौ (राम चरित्र काव्य)	ब्रह्मजिनदास	वि. 1508	---
6.	राम सीता नो लेख	ज्ञानसागर	---	वि. 1588
7.	राम राज्य रास	ज्ञानसागर	---	वि. 16वीं शती
8.	राम सीता रास	गुण कीर्ति	---	वि. 16वीं शती
9.	पद्मचरित	विनय समुद्र	वि. 1604	---
10.	सीता–चउपई	समय ध्वज	वि. 1611	---

11.	सीता-चरित्र	रामचंद्र	वि. 1613	---
12.	रामायण	विद्या कुशल	वि. 1628	---
13.	सीता-प्रबन्ध	---	वि. 1618	---
14.	पिंगलशिरोमणि	कुशललाभ	वि. 1635	---
15.	सीता-प्रबन्ध	हेमरतन सूरि	वि. 1636	---
16.	सीता-चरित	हेमरतन सूरि	वि. 1636	---
17.	राम-सीता रास	नगसी (नागर्षि)(?)	वि. 1649	---
18.	अंजना सुंदरी प्रबंध	गुणविनय	वि. 1662	---
19.	सीता-विरह वेला	---	वि. 1671	---
20.	लव-कुश रास	राजसागर	वि. 1672	---
21.	सीताराम चौपाई	समयसुंदर	वि. 1673	---
22.	अंजना सुंदरी गीतम्	समयसुंदर	वि. 1673	---
23.	रामकृष्ण चौपई	लावण्य कीर्ति	वि. 1673	---
24.	अंजना सुंदरी सज्झाय	हेमविजय	वि. 1683	---
25.	रामयशोरसायन	केसराज	वि. 1683	---
26.	अंजना चौपई	पुण्य सागर	वि. 1687	---
27.	रामजस रसायन	---	वि. 1687	---
28.	रामचरित्र	चरित्र धर्म	वि. 1699	---
29.	रामचंद्र चरित्र	कवि विक्रम	वि. 1699	---
30.	हनुमन्त कथा रास	ब्रह्म रायमल	---	वि.17वीं शती
31.	सीता स्वाध्याय	भोज सागर	---	वि.17वीं शती
32.	पवन अंजना सुंदरी रास (हनुमन्त चरित)	पुण्य भवन	---	वि.17वीं शती
33.	रामसीता रास	ब्रह्मगुण कीर्ति	---	वि.17वीं शती
34.	सीता-सज्झाय	विद्याचंद	---	वि.17वीं शती
35.	सीताहरण	जयसागर	वि. 1732	---
36.	सीता गीत	जिनरंग सूरि	वि. 1763	---
37.	अंजना-सुंदरी रास (हनूमन्त चरित)	भुवन कीर्ति	वि. 1776	---

38.	सीताहरण चौढालियो	दौलत कीर्ति	वि. 1784	---
39.	रामायण	चरित्र धर्म और विद्या कुशल	वि. 1791	---
40.	सीता सती री सज्झाय	लिखमीचंद	---	वि. 18वीं शती
41.	रामजी-सीताजी कउ रास	मुनि मनोहर	---	वि. 18वीं शती
42.	रामचंद्र आख्यान	धर्मविजय	---	वि. 18वीं शती
43.	श्री राम	भैरव	---	वि. 18वीं शती
44.	राम सीता री ढाल	तपागच्छीय ऋषभ	वि. 1803	---
45.	रामरासौ (लक्ष्मण-सीता वनवास चौ.)	शिवलाल	वि. 1812	---
46.	ढाल मंजरी रामरास	सुज्ञान सागर	वि. 1822	---
47.	सीता सज्झाय	जिनहर्ष	---	वि. 1837
48.	सीता चउपई	चेतन विजय	वि. 1851	---
49.	रामचरित	चौथमल	वि. 1862	---
50.	भरत चरित	आचार्य भिक्षु	---	वि.19वीं शती
51.	सीता चरित्र	अमोलक ऋषि	---	वि.19वीं शती
52.	शुक्ल जैन रामायण	मुनि शुक्लचंद्र	---	---
53.	जैन राम यशोरसायन	मरुधर केसरी मिश्रीमलजी	---	---
54.	अग्नि परीक्षा	आचार्य तुलसी	---	---
55.	सरल जैन रामायण	कस्तूरचंदजी	---	---

इस सूची से स्पष्ट है कि जैन कवियों की रचनाएँ 11वीं शताब्दी विक्रम से वर्तमान तक लिखी जाती रही हैं। यदि हम प्रस्तुत सूची की प्रथम चार रचनाओं को अपभ्रंश प्रभावित मान भी लें तो भी राजस्थानी जैन-साहित्य में राम काव्य की यह परम्परा निश्चिततः 16वीं शताब्दी (विक्रम) के आरंभ से सतत प्रवाहित रही है। इस परम्परा के प्रथम कवि ब्रह्म जिनदास कहे जाने चाहिये, जिनकी रचना है- 'रामरासौ' अथवा रामचरित काव्य (वि. 1508)। इनके पश्चात् 20वीं शताब्दी तक राजस्थानी के श्वेताम्बर और दिगम्बर जैन कवि रामकथा सम्लन्धी काव्य-रचनाएँ लिखते रहे हैं। इस परम्परा के कथ्य एवं शिल्प को समझने के लिये हम यहाँ कतिपय जैन रामकाव्य रचनाओं का परिचय प्रस्तुत कर रहे हैं-

1. पिंगलशिरोमणि[1]

अपने आश्रयदाता जैसलमेर के रावल हरराज को काव्यशास्त्रीय शिक्षा देने हेतु जैन कवि कुशललाभ ने इसका सृजन वि.सं.1635 की श्रावण शुक्ला नवमी रविवार को पूरा किया। इसमें कवि कुशललाभ ने रामकथा के माध्यम से छन्द और डिंगल गीतों के लक्षणों के उदाहरण प्रस्तुत किये हैं। रचना अपने बिखरे हुए रूप में आठ हुलासों में विभाजित है जिसे हमने चार व्यवस्थित शीर्षक में निरूपित किया है।[2]

आलोच्य रचना में कवि ने रामकथा का प्रयोग 'दण्डक छंद विधि कथन' शीर्षक में घनाक्षरी छंद के उदाहरण से किया है। यहाँ भृगु ऋषि के आश्रम में दशरथ-सुत राम की वाणी उच्चारण से हुआ है। रामकथा से सम्बन्धित ये प्रसंग छप्पय छंद विवेचन के अन्त में अनेक प्रयत्नों के पश्चात् कुंभकर्ण के जगने और इसके युद्ध में रत होने के साथ पूर्ण होते हैं। इस प्रकार यहाँ कवि ने रामकथा के निम्नलिखित प्रसंग प्रस्तुत किये हैं-

1. सीता जन्म[3] 2. कौशल्या द्वारा राम की गर्भ-स्तुति एवं चारों पुत्रों का जन्म 3. विश्वामित्र संवाद, 4. विवाह हेतु धनुर्भंग प्रसंग 5. धनुर्भंग पर परशुराम का क्रोधित होना 6. राम के राजतिलक का प्रसंग एवं मंथरा द्वारा कैकई को उकसाना 7. कैकई द्वारा राजा दशरथ से वचन मांगना 8. राम-सीता-लक्ष्मण का वन-गमन व शूर्पणखा का लक्ष्मण राम से मिलना 9. मारीच का स्वर्ण-मृग बनकर सीता-हरण 10. मार्ग में जटायु का इस घटना को देखना 11. राम-लक्ष्मण का हनुमान मिलन तथा सीता की खोज का आश्वासन 12. हनुमान का लंका में उत्पात तथा सीता को राम का संदेश देना 13. राम-राक्षसों का युद्ध 14. लक्ष्मण का मूर्छित होना एवं वैद्य द्वारा उपचार 15. कुंभकर्ण को अनेक प्रयत्नों के साथ जागृत कर उसका युद्ध में प्रवृत्त होना।

डिंगल गीत प्रकरण में कुशललाभ ने राम की सेना द्वारा लंका के विध्वंस को दर्शाते हुए राम के धैर्य और पुरुषार्थी रूप की स्थापना की है। युद्ध के पश्चात् राम-सीता मिलन एवं अयोध्या में भाइयों द्वारा स्वागत की घटनाओं का वर्णन किया है। इस प्रकार यहां यह कथा पूर्णतः वैष्णव रामकथानुरूप वर्णित है। इसका प्रमुख कारण कुशललाभ का वैष्णवी यदुवंशी रावल हरराज का आश्रित होना है। अतः उसने उन्हीं के स्वभावानुरूप अध्यापन की सहायक सामग्री के रूप में इसका सृजन किया है।

---

1 परम्परा, भाग 13- राजस्थानी शोध-संस्थान, चौपासनी-जोधपुर

2 डॉ. मनमोहन स्वरूप माथुर : कुशललाभ : व्यक्तित्व और कृतित्व (चतुर्थ अध्याय)।

3 बाल तिण सब्द कीनौ सुभाइ, पूरण सरीर हुवौ अवधि पाई
रिखि लियौ काढ़ि ग्रो घट सरूप, निसरी अजोनी कन्या अनूप ।। परम्परा, अंक 13, पृ. 40

2. रामसीता रास (स्वाध्याय)[1]

राजऋषि अथवा नगर सी (?) नाम के तपागच्छीय जैन रचयिता ने इसका सृजन रोहतक नगर में वि.सं. 1649 में किया।

कवि ने रचना का आरंभ मां सरस्वती के रूप-सौंदर्य द्वारा करते हुए इस रास की महिमा का बखान किया है। तदुपरान्त कथा को भरतक्षेत्र के अधिपति राजा भरत के वर्चस्व के साथ आगे बढ़ाया है। जैन चरित श्रेयांस और श्रीकंठ को किष्किंधा का शासक बताते हुए वहां बानरों की बहुलता का बखान किया है। यहीं राजा श्रीवन्त का मुनिसुव्रन से संयम व्रत एवं युद्ध हेतु लंका प्रस्थान का उल्लेख किया गया है।

रानी इन्द्राणी के तीन पुत्र थे-माली, सुमाली और माल्यवान। सुमाली और प्रीतिमति के तीन पुत्र-रावण, कुंभकर्ण एवं विभीषण तथा एक पुत्री चंद्रनखा (शूर्पणखा) हुए। रावण का विवाह दक्षिण की संगीतनगरी के राजा मय की विद्याधरी पत्नी हेमवती की कन्या मन्दोदरी से हुआ। उनके इन्द्रजीत नाम का पुत्र हुआ। अन्य तीनों संतानों की भी शादियां हुईं।

किष्किंधा में बाली का राज्य हुआ। इसने सुग्रीव की पत्नी से विवाह कर लिया। कवि ने इस घटना को अमर्यादित कहा है। यहीं खरदूषण चंद्रनखा, बाली-सुग्रीव, रावण-बाली के द्वन्द्व का भी कवि ने उल्लेख किया है। इसी प्रसंग के साथ कवि ने अंजना-केसरी के विवाह एवं हनुमान के जन्म और पोषण की कथा कही है।

एक दिन रावण को जनक-सुता सीता और दशरथ सुत राम को मारने की सूझी। विभीषण ने इसे नीति विरुद्ध बताकर विरोध किया। इस वृत्त को मुनि नारद ने भी सुना।

इस वृत्त के उपरान्त जनकपुरी में सीता अवतार और अयोध्यापुरी में रामादि भाइयों के जन्म की कथा कही गई है। यहीं कवि ने नारद द्वारा भामण्डल के विभिन्न भवों की कथा कही है। उसके पूर्व-भव को राजा चंद्रगति ने भी सुना। इसी वृत्त के साथ कवि ने सीता-स्वयंवर की कथा कही है।

सीता-स्वयंवर के अवसर पर मुनि सत्यभूत वहां आये। तभी एक विद्याधरी भी वहां पहुंची। उसने जनक और राजा दशरथ के पूर्व भव की कहानी बताई और भामण्डल के दुर्दिनों की चर्चा की (ढाल 13, छंद 261)।

विवाहोपरान्त राजा दशरथ ने राम को राज्य देना चाहा किन्तु कैकई ने भरत को राज देने और राम को वनवास देने का वचन मांगा। राम इस प्रस्ताव से सहमत थे क्योंकि भरत उनका भाई था। किन्तु राजा दशरथ पुत्र-वियोग सहन नहीं कर पाये। राम भरत को सिंहासन पर बिठाकर लक्ष्मण और सीता सहित वन चले गये।

---

1 राजस्थान प्राच्य विद्या प्रतिष्ठान, जोधपुर, ग्रं. 27107

अनेक गांव-नगर, जंगल पार करते हुए वे मालव देश पहुंचे। विश्राम के समय उन्हें एक व्यक्ति मिला। उसने बताया कि यह वज्रकरण की नगरी है जो जिनधर्मावलंबी है। उन्होंने सिंहोदर की प्रतिमा को नमन किया। सीता ने एक रोगी पक्षी की सेवा की उसे रोग मुक्त किया और उसे जटायु नाम दिया। इसी घटना के साथ रावण द्वारा सीता-हरण का उल्लेख है।

दण्डकारण्य में कुंभकर्ण रहता था। विचरण करते हुए लक्ष्मण ने वहां एक धड़ देखा। उसने लक्ष्मण को बताया कि किसी ने उसे विद्या-बाण से मारा है। लक्ष्मण भाई राम के पास पहुँचा। उन्होंने सौंदर्यवती चंद्रनखा को वहां पाया। वह विवाह निवेदन कर रही थी। लक्ष्मण ने उसे विरूप कर दिया। उसने खरदूषण एवं रावण को इस घटना की सूचना दी।

सागर के ऊपर से जाते हुए राम ने सीता का करुण स्वर सुना। रावण ने सीता को पटरानी बनाना चाहा किन्तु उसका कथन था 'इससे मरना अच्छा है।' लंका में वृक्षों के नीचे रहते हुए अपने शील की रक्षा की। सीता के पास खडे रावण के संवादों को सुनकर मंदोदरी भी सत्य जान गई।

राम हनुमान की सहायता से सुग्रीव से मिले। दोनों ने सीता की खोज में उनकी सहायता की। भामण्डल भी इस घटना से परिचित था। रावण को विभीषण ने बहुत समझाया, पर वह नहीं माना। परिणामतः वानरों ने लंका को नष्ट भ्रष्ट कर दिया। रावण का नाशकर राम लंका का राज्य विभीषण को सौंपकर अयोध्या आये। वहां सभी ने उनका स्वागत किया।

सीता के गर्भधारण-वृत्त से दुखी हो राम ने उन्हें सेनापति के साथ वन भेज दिया। सीता ने जिनधर्म की रक्षा की, जिससे प्रसन्न होकर ऋषि वज्रसध ने उन्हें अपने पास रखा। तदुपरान्त लवकुश की कथा एवं राम-लक्ष्मण द्वारा जिनधर्म के अनुरूप प्रव्रज्या धारण करने का वर्णन है।

इस प्रकार संपूर्ण कथा 24 ढालों और 500 छंदों में निबंधित है। आगे के दस छंदों में पुष्पिका लिखी गई है। इस प्रकार रचना में कुल 510 छंद हैं। ढालें धनाश्री, बिलावल गौड़ी और आसावरी रागों में हैं। कथा में क्रम का अभाव है। बिखराव उसकी विशेषता है। युद्धों का यथा-प्रसंग उल्लेख हुआ है किन्तु उनमें हिंसा नहीं दिखाई गई है। संपूर्ण कथा का शिल्प जैन शैली के अनुरूप है।

3. रामकृष्ण चौपई[1]

दस इंच द सवा चार इंच आकार के 30 पत्रों में लिखित इस रचना का निर्माण लावण्यकीर्ति ने विक्रम सं. 1670 में किया। जैन आगम रचनाओं के अनुसार राम, लक्ष्मण और रावण

1 राजस्थान प्राच्य विद्या प्रतिष्ठान, जोधपुर, ग्रंथांक 5603

क्रमशः अष्टम बलदेव, वासुदेव तथा प्रतिवासुदेव माने गये हैं। गीता में भी कृष्ण ने स्वयं को शस्त्रधारियों में राम कहा है। इन्हीं मान्यताओं को स्वीकार करते हुए कवि लावण्यकीर्ति ने रामकृष्ण चौपई की कथा का सृजन किया है। कवि की इन पंक्तियों में इसी ओर संकेत हुआ है–

तिण कारिण तप समकित नई विषइ रामअनइ गोविंद।
चरित ईयांरउ मूलजनम थी सुणियइ सोहग कंद।। (पत्र 26)

आलोच्य रचना में कुल 5 खण्ड हैं। आरंभ में जिनेश्वर का स्मरण करते हुए सोलहवें और तेईसवें तीर्थंकर को नमन किया है। तदुपरान्त कवि ने देवकी की आठवीं संतान कृष्ण के कंस के साथ द्वन्द्व का वर्णन किया है। कंस के मंत्री चाणोद के साथ रामकृष्ण का युद्ध है। यहीं भद्दोलपुर वासियों का जैन मुनि द्वारा दीक्षा लेने का उल्लेख है। तीनों संघों का कृष्ण की राजधानी द्वारिका जो अल्कापुरी के समान है, को जाना वर्णित है। कवि ने गजसुकमाल की कथा का भी प्रयोग किया है। यह खण्ड कृतोपसर्ग नाम से अभिहित है।

रामकृष्ण इस प्रसंग के उपरान्त जीर्णोधाम पहुंचे जहां उन्होंने रत्नों से जड़ित दीवार को तीव्र लपटों से राख होते देखा। यहीं राम के द्वारा सीता को भिजवायी मूंदड़ी का वर्णन है। राम ने सिंहनाद के साथ वन देवताओं का सम्मान किया। यहीं बलदेव वासुदेव महा....रूप चरित पंचम खण्ड कथा से रचना की समाप्ति हुई है। इसके पश्चात् कवि ने वसुधैव कुटुम्बकम् की भावना से सब जीवों के एक साथ रहने का सुन्दर वर्णन और पुष्पिका लिखी है। इस प्रकार रचना अपने कथ्य के रूप में अन्य रचनाओं की तुलना में अनूठी है।

4. सीताराम चौपई

महोपाध्याय समयसुंदर की यह रचना न केवल समयसुंदर साहित्य में अपितु समग्र राजस्थानी जैन राम काव्य परम्परा की भी उल्लेखनीय कृति है। कवि ने जैन शैली के अनुरूप रचित रामकथा को नौ खण्डों और 3700 गाथाओं में समायोजित किया है।[1] समयसुंदर ने इसकी रचना सांचौर नगर में वि.सं. 1673–1683 के मध्य की।

आलोच्य रचना का कथानक कवि ने 'पउमचरिउ' से लिया है। रचना के प्रथम खण्ड में कवि ने पूज्य पुरुषों और मां शारदा को नमन करते हुए परमज्ञानी गौतम गणधर के मुख से राजा श्रेणिक आदि परिषद के समक्ष सीता से पूर्व भव से लगाकर उनके समग्र जीवनवृत्त की कथा कहलायी है। द्वितीय खण्ड में कवि ने भामण्डल द्वारा चंद्रगति के समक्ष अपने

---

1 नवखण्ड पृथिवि ना कह्या, तिण चउपई ना नव खण्डों रे।
त्रिण्हि हजारइ सातसइ मानजइ ग्रन्थ नो मानी रे।।
सं. अगरचंद–भंवरलाल नाहटा–सीताराम चौपई, खण्ड 9, ढाल 7, गाथा 10, 19

पूर्व भवों की कथा बतलाते हुए सीता को उसकी बहन बतलाया है। द्वेष वश दैत्य द्वारा अपहरण एवं भाग्यवश भामण्डल के चंद्रगति के घर जन्म की कथा कही है। इस कथा को सुनकर चंद्रगति ने वैराग्य धारण कर लिया। यहीं कवि ने वैराग्य धारित दशरथ द्वारा राम को राज्य सौंप कर उनके द्वारा संयम धारण करने की कथा कही है। राम के राज्याभिषेक की बात सुनकर कैकई ने दशरथ से राम को 14 वर्ष के वनवास एवं भरत को राज्य देने के वचनों को पूरा करने का निवेदन कराया है। राजा दशरथ के वचनों का पालन करते हुए राम-लक्ष्मण और सीता ने वन-गमन किया। दशरथ ने भी आचार्य भूतशरण से प्रव्रज्या धारण कर ली।

तदुपरान्त कवि ने इसी खण्ड में कैकई को अपने वचनों के कारण को समझाते हुए भरत के साथ राम को पुनः अयोध्या लाने के प्रस्थान और राम का अयोध्या न आने के निर्णय का वर्णन किया है।

तीसरे खण्ड में भरतादि के अवन्तिप्रदेश के दशपुर नगर में पहुँचने, वहां वज्रजंघ के विरोधी राजा पर चढ़ाई कर उसकी सहायता करने तथा मम्लेच्छाधिप को मुक्त करवाने की कथा है। चतुर्थ खण्ड में कवि ने राम-सीता लक्ष्मण के अरूण गांव में चौमासा करने, यक्ष द्वारा दिव्य नगरी का निर्माण, नन्द्यावर्त नगर के सम्राट अतिवीर्य को भरत द्वारा हटाने का वर्णन है। यहीं कवि ने वंशस्थल के राजा सूरप्रभ के कहने पर जिनालय निर्माण का भी उल्लेख किया है।

पांचवें खण्ड में रामादि के दण्डकारण्य पहुँचने, मुनियों को भक्तिपूर्वक आहारदान, दुर्गन्धित पक्षी को सुगन्धित एवं निरोग देह की प्राप्ति तथा उसका सीता के साथ रहने का वर्णन किया है। यही पक्षी शरीर पर जटा होने से जटायुध कहलाया। इसी लंका में रावण के राज्य और इसकी बहन चन्द्रनखा के पुत्र संबूक के दण्डकारण्य में विद्या-साधना करने के चित्रणों के साथ ही लक्ष्मण द्वारा संबूक की हत्या, चन्द्रनखा के कथन पर उसके पति खरदूषण का लक्ष्मण पर आक्रमण, खरदूषण की हार पर रावण का आना और उसका सीता पर मुग्ध होकर जटायु, विद्याधर के विरोध उपरान्त अपहरण करना, सीता का अपने शील पर अडिग रहना आदि इस खण्ड की अन्य प्रमुख घटनाएं हैं। इसी खण्ड में सुग्रीव राम मिलन और सुग्रीव का राम को सीता को ढूंढ लाने के वचन से अभिप्रेत हो राम के किष्किंधा आकर राम द्वारा कपटी साहस गति विद्याधर के अन्त का वर्णन हुआ है।

छठे खण्ड में कवि समयसुंदर ने जन्मदाता, दीक्षादाता, शिक्षादाता को नमस्कार करते हुए सुग्रीव द्वारा सीता की खोज का वर्णन किया है। यहीं पवनपुत्र हनुमान को दूत रूप में लंकापति रावण के पास भेजा गया है। इसी के साथ कवि ने हनुमान द्वारा सीता को राम

की निशानी मुद्रिका देना, लंका विध्वंस, मेघनाथ के नागपाश में हनुमान का जकड़ा जाना, मार्गशीर्ष कृष्णा 5 को राम का ससैन्य रावण-युद्ध को प्रस्थान, विभीषण का तीस अक्षोहिणी सेना के साथ राम की सहायता, रावण के असह्य प्रहार से लक्ष्मण का मूर्छित होना आदि घटनाओं को वर्णित किया है।

सप्तम खण्ड में कवि का कथन है कि रावण सीता पर सिद्ध शक्ति का प्रयोग करने लगा किन्तु वह असफल रहा। लोकलज्जावश पुनः युद्ध किया किन्तु लक्ष्मण द्वारा उसका अन्त हुआ। राम-रावण के परिवार ने उसकी अन्त्येष्टि की। दूसरे दिन मुनि अप्रमेय के उपदेश से कुम्भकर्ण, मन्दोदरी आदि ने प्रव्रज्या धारण की। राम ने विभीषण को लंका का राजा बनाया। अयोध्या पहुंचने पर उनका स्वागत हुआ। सभी राजाओं के निवेदन पर राम का राजा के रूप में और लक्ष्मण का वासुदेव के रूप में अभिषेक हुआ। सीता के वैभव को देख कर सौतों के द्वेष के वृतांतों के साथ ही कवि ने इस खण्ड को समाप्त किया है।

आठवें खण्ड में कवि ने भावी को प्रबल बताते हुए सीता के शील सम्बन्धी आशंकाओं के विवाद का वर्णन करते हुए गर्भवती सीता को वन भिजवाया है, जहां उसकी भेंट राजा वज्रसंध से हुई। दोनों धर्म भाई-बहन बन गये। तदुपरान्त कवि समयसुंदर ने पुण्डरीकपुर में लव-कुश के जन्म एवं पोषण, राम-लक्ष्मण का मान भंग करने के लिये उनका अयोध्या जाना, युद्ध में भेद खुलने पर सबके गले मिलने की घटना से इस खण्ड की समाप्ति की है।

नवें खण्ड में सुग्रीव आदि को सीता को लाने के लिये पुण्डरीकपुर भेजना, सीता का अयोध्या न आने के निर्णय, अग्निपरीक्षा के वर्णनों के साथ सर्व गुप्ति मुनि से चरित्र ग्रहण करने तथा केवली मुनि द्वारा सीता-कलंक, राम-रावण युद्ध आदि के कारणों के वर्णनों का कथन है। यहीं कवि ने देव माया से राम को मृत दिखा कर लक्ष्मण के भ्रातृत्व की परीक्षा के साथ ही इन्द्र द्वारा प्रतिबोधित होकर राम के शत्रुघ्न आदि हजारों पुरुषों के साथ दीक्षित होना दर्शाया है।

इस प्रकार आलोच्य रचना एक चरित प्रबन्ध काव्य है। राम-कथा को गेय रूप में प्रस्तुत करने का कवि का यह प्रयास अनेक दृष्टिकोणों से स्तुत्य है।

5. राम यशोरसायन

20वीं शताब्दी के मरुधर केसरी श्री मिश्रीमलजी कृत 'रामयशोरसायन' भी जैन रामकाव्य परम्परा की उल्लेखनीय रचना है। मरुधर केसरी की मान्यता है कि 'रा' के उच्चारण से मुंह खुलता है, जिससे पाप चला जाता है और लौट कर भीतर प्रवेश न कर सके तब 'म' कपाट (किंवाड़) के समान काम देता है। नये परिप्रेक्ष्य में कवि ने 284 ढालों और कवित्त, दोहा, चौपाई, छप्पय, चन्द्रायणा छंदों में इसकी रचना की है।

राजस्थानी जैन राम-काव्य रचनाओं के अध्ययन से स्पष्ट होता है कि-

1. ये रचनाएं वैष्णव-भक्ति और जैन-भक्ति के अनुरूप लिखित हैं। मुक्तक एवं लक्षण-ग्रंथों के उदाहरणों निमित्त रचित रामकथा-संबंधी रचनाओं का कथा-वृत्त वैष्णव भक्ति पर आधृत है, जबकि जैन-भक्ति संबंधी कथा-वृत्त प्रबन्धात्मक हैं। किन्तु इनमें भी वैष्णव भक्ति सम्बन्धी रामकथा वृत्त ग्रहण किये गये हैं। इसका प्रमुख कारण जैन-भक्ति में रामकथा-लेखन वैष्णव-भक्ति का ही परिणाम होना है।

2. अधिकांश रचनाओं का शीर्षक रामसीता, सीता, अंजनासुन्दरी अथवा हनुमान नाम से अभिहित है। इनमें राम से अधिक सीता को ही महत्व मिला है, यथा-सीता चउपई-(समयध्वज), सीता-चरित, सीता-प्रबन्ध (हेमरत्न सूरि), सीता-विरह लेख (अमरचंद) सीता-आलोयणा (कुशल कवि), सीता-हरण चौढालियो (दौलतकीर्ति) सीता-चरित्र (रामचंद्र), सीता-सज्झाय (विद्याचंद) आदि। सीता के पश्चात् कवियों का ध्यान अंजनासुंदरी पर केन्द्रित रहा, जैसे- पवन-अंजनासुंदरी रास (पुण्यभवन), अंजनासुंदरी रास (भुवनकीर्ति), अंजना-चौपई (पुण्यसागर), अंजनासुंदरी-सज्झाय (हेमविजय), अंजनासुंदरी-प्रबन्ध (गुण-विनय) अंजनासती रो चौढालियो आदि।

इन शीर्षकों के उपरान्त राम-सीता (या सीता राम) अथवा मात्र राम से संबंधित शीर्षक वाली रचनाएं हैं-रामसीता नो लेख (ज्ञानसागर), राम-सीता रास (गुणकीर्ति), रामसीता रास (नागसी या नागर्षि), सीताराम चौपई (समयसुंदर), राम-रासो (ब्रह्मजिनदास), राम यशोरसायन (केसरज), रामचंद्र-चरित्र (विक्रम), रामचंद्र-आख्यान (धर्मविजय), रामरासो (शिवलाल)।

इसका प्रमुख कारण है जैन-साहित्य की चरित-काव्य परम्परा।

अपने चरित्र-नायक-नायिकाओं के माध्यम से जैन कवियों ने अपनी भक्ति-पद्धति में जहां शम (शान्त, वैराग्य) की प्रतिष्ठा की है वहीं इनके कार्य-कलापों और दिनचर्या द्वारा समाज को अहिंसा तथा लोक-कल्याण का संदेश दिया है। इसीलिये जैन कवियों द्वारा रचित राम-कथाओं में वैष्णव राम कथाओं की भांति राम मात्र अवतार न होकर वह महापुरुष अथवा महामानव हैं। सीताराम चौपई (समयसुंदर) के राम इसीलिये सीता के वनवास के समय आत्मग्लानि वश कहते हैं मैं मूढ़ शिरोमणि हूँ, मैंने लोक में हंसी और घर में हानि करवाई हैं।

3. इसी मान्यतानुरूप जैन कवियों ने राम को आध्यात्मिक रूपक के अर्थ में भी ग्रहण किया है। कवि त्रिलोक ऋषि के राम सत् प्रवृत्तियों के प्रतीक हैं और रावण असत् प्रवृत्तियों का। धर्म रूपी राम अपने सत्यरूपी लक्ष्मण की सहायता से दान, शील, तप और भावना

रूपी चतुरंगिणी सेना सजाकर हथियारों से महामोह रूपी रावण का वध करते हैं और सुमति रूपी सीता को प्राप्त कर मुक्ति रूपी अयोध्यानगरी में प्रवेश करते हैं।

इसी प्रकार की रचना है केसराज की रामयशोरसायन (वि.सं. 1680)[1]। कवि ने यहां सोहगसुंदरी-विनयचंद्र, कलावती की कथाओं एवं अन्य प्रचलित जैन दृष्टान्तों द्वारा राम के यश की स्थापना की है।

4. उक्त सूची से यह भी स्पष्ट है कि राजस्थान के जैन कवियों ने राम-कथा चौपई, रास, रसायन, प्रबन्ध, चरित्र, सज्झाय, गीत, छंद, रूपक चौढालियों, स्वाध्याय बंधों में निबन्धित किया है। मुक्तक रचनाएं मुख्यतः गीत, छंद, चौढालियों, बंधों में लिखित हैं, यथा-सीता स्वाध्याय (भोजसागर), सीता गीत (जिनरंग सूरि), अंजना सुंदरी सज्झाय (हेम विजय) आदि।

5. इन सभी रचनाओं (प्रबन्धात्मक एवं मुक्तक) का प्रारंभ मंगलाचरण द्वारा हुआ है। ये मंगलाचरण सरस्वती वंदना के साथ गुरुवंदना, जिन प्रभु, शासन नायक एवं गौतम ऋषि की स्तुति के साथ हुआ है। तदुपरान्त रचना का आरंभ विस्तार के साथ अनेक घात-प्रतिघात युक्त घटनाओं के साथ किया गया है। अधिकांश रचनाओं के पूर्व अथवा अन्त में पूर्व भव (पूर्व जन्म) का विस्तार के साथ वर्णन किया गया है। इससे स्पष्ट है कि जैन-संप्रदाय में पूर्वजन्म एवं कर्मवाद को यथोचित स्थान मिला है। उदाहरणार्थ, समयसुंदर कृत सीताराम चौपई में प्रथम खण्ड में कवि ने गौतम गणधर के मुख से राजा श्रेणिक आदि परिषद के समक्ष सीता के पूर्व भव से लगाकर उनका समग्र जीवन वृत्त कहलाया है तो द्वितीय खण्ड में भामण्डल द्वारा इसके पूर्व भव की कथा का उल्लेख किया गया है।

6. प्रबन्धात्मक रचनाएं खण्डों में विभाजित हैं। एक खण्ड में अनेक ढालें हैं। ये ढालें देशी तर्जो पर हैं। एक ढाल में लगभग 10 छन्दों (दूहा-सोरठा, चउपई) से 20-30 छन्द निबन्धित हैं, जैसे- रामयशोरसायन 45 ढालों में विभक्त है तो रामकृष्ण चौपई की कथा पांच खण्डों की 17 ढालों में कही गई है, वहीं सीताराम चौपई के नौ खण्डों की कथा का कथन 2417 गाथाओं में हुआ है। रामसीता रास की कथा 500 छंदों, 27 ढालों में वर्णित है।

7. जैन शैली के अनुरूप इन सभी रचनाओं में अन्त में पुष्पिका दी गई है जिनमें रचनाकाल, गुरु परम्परा गच्छ-परम्परा, लिपिकाल का वर्णन किया गया है-

अइखंड रे अई मंत्रउ मुनिवर गाईयइ।
भाव धरी नइ गुण गरू तणा गाइ जस सनेह

---

1 राजस्थान प्राच्य विद्या प्रतिष्ठान, जोधपुर ह.लि.ग्रं. 40092

उत्तम संगह उत्तम फल हुवइ वात कही सहु एक ।।1।।
तिणकारिणी तप समकित नइ विषइ राम अनइ गोविंद
चरित ईयांरउ मूल जनमथी सुणियइ सोहग कंद ।।2।।
राजइ सूरिज नरिंदनइ विक्रमपुरि गहगाह
संवत सोलहसय सतहतरइ सुदि पंचमि वइसाह ।।3।।
सोहम सामिय रथ रा सोहता, वड वषती सिरताज
युग प्रधान जिनराज सूरि सरू विजय मानिन सुराजि ।।4।।[1]

8. अन्य जैन काव्य रचनाओं की भांति ही इन रचनाओं में भी जैन मुनि से उपदेश सुनकर दीक्षित होना और वृद्धावस्था में अपने पुत्र को राज्य सौंपकर संसार से वीतराग ग्रहण करने का वर्णन है । सीताराम रास (नगरसी ?) के अन्त में राम-लक्ष्मण प्रव्रज्या ग्रहण करते हैं तो सीताराम चौपई (समयसुंदर) में लक्ष्मण भ्रातृत्व परीक्षा के उपरान्त राम शत्रुघ्न सहित हजारों पुरुषों के साथ दीक्षित होते हैं।

9. जैन रचनाओं में निजन्धरी कथाओं की प्रधानता है । राम काव्य संबंधी रचनाओं में भी अनेक स्थलों पर विद्याधारियों, उत्तर एवं दक्षिण दिशाओं में जाने का निषेध, अलौकिक घटनाओं का यथा-प्रसंग उल्लेख हुआ है । अंजना सुंदरी चौपई, सीताराम चौपई रामसीता रास आदि रचनाएं इसके उदाहरण हैं ।

निष्कर्षतः कहा जा सकता है कि वैष्णव-भक्ति के प्रभाव के कारण जैन ऋषि-मुनि एवं रचयिताओं ने 16वीं शती (विक्रम) से विक्रम की 20वीं शताब्दी के अन्त तक अनेक राम, सीता, अंजनाकुमारी, भरत, हनूमान आदि राम-कथा सम्बन्धी चरितों को लेकर रचनाएं लिखीं। ये रचनाएं मुक्तक एवं प्रबन्ध दोनों रूपों में मिलती हैं । इन रचनाओं की भाषा अपभ्रंश मिश्रित राजस्थानी के साथ ही प्रांजल राजस्थानी है । कवियों द्वारा प्रयुक्त राग-रागिनियों ने भाषा को माधुर्य प्रदान किया है । काव्य में आये वर्णनों में मार्मिकता, सजीवता उनके सौंदर्य को द्विगुणित करते हैं । कहीं-कहीं संवादों की नाटकीयता द्वारा सुन्दर बिम्ब भी उभरे हैं । रूप-सौन्दर्य वर्णनों में सादृश्य मूलक अलंकारों की भरमार है । कुल मिलाकर राजस्थानी जैन साहित्य की रामकाव्य सम्बन्धी काव्य रचनाएं सम्पूर्ण राजस्थानी साहित्य की अमूल्य थाती हैं। वह अपने समय की संस्कृति का दर्पण हैं।

1 लावण्य कीर्ति-रामकृष्ण चौपई-राजस्थान प्राच्य विद्या प्रतिष्ठान, जोधपुर, ह.लि.ग्रं. 5603

राजस्थानी लोकगीतों में रामचरित

डॉ. महीपाल सिंह राठौड़

राम का चरित महाकाव्य है। अनेक भाषाओं के कवियों, रचनाकारों ने रामचरित को लेकर विविध साहित्यिक रचनाएँ रचकर अपने आपको धन्य समझा है। गोस्वामी तुलसीदास के रामचरित मानस को भी अब तक सरस और प्रांजल बना कर रखने वाली शक्ति तुलसी का शिष्ट साहित्य से हटकर लोक के क्षेत्र में आना और स्थानीय भाषा अवधी का प्रयोग करना मुख्य है। लोक संस्कृति, रीति-रिवाज व लोकोक्तियाँ भी मानस में रची बसी हैं।

सीता स्वयंवर, राम का राजतिलक, वन गमन, सीता हरण, लक्ष्मण के शक्ति का लगना, राम व भरत का मिलाप जन मानस में रचे बसे ऐसे कारुणिक एवं मार्मिक प्रसंग हैं कि लोग रात-रात भर गाते अघाते नहीं हैं।

प्रस्तुत आलेख में जो उदाहरण प्रस्तुत किये जा रहे हैं उनमें गायकी की भिन्नता है। कुछ लोग गीत हैं जिन्हें कलावंत शुभ अवसर पर गाते हैं जिनमें 'अम्मा मोरी दसरथ राज कंवार' मुख्य है। कुछ गीत हरजस के रूप में हैं जिन्हें महिलाएँ गाती हैं। कुछ प्रातः काल की बेला में रात के जागरण में 'प्रभाती भजन' के रूप में गाये जाते हैं सोया हुआ व्यक्ति जाग उठता है। 'मीठा लागे भिलणी रा बोर' या 'लिछमण भय्या बोलणा इक बार'। वहीं कई गीत होली के अवसर पर पुरुष वर्ग द्वारा गायी जाने वाली होरियाँ हैं जिनमें भ्रातृत्व प्रेम नीर की तरह बहता है। यहाँ सभी वर्गों से प्राप्त लोक गीतों को संक्षिप्त स्वरूप में ही प्रस्तुत किया जा रहा है।

मेड़ता अंचल में राजपूतों के यहाँ विवाह के अवसर पर जब दूल्हा घोड़ी पर सवार होकर तोरण वंदना करने जाता है तो कलावंत हारमोनियम व ढोलक पर दूल्हे के आगे पैदल चलते हुए गीत गाते हैं 'अम्मा मोरी दसरथ राज कंवार' युवा के जीवन में ऐसा अवसर एक बार ही आता है। उसी घड़ी को सजाया गया है इस गीत से-

अम्मा मोरी दसरथ राज कंवार
बना म्हानै प्यारा लागौ सा
बना म्हानै प्यारा लागौ ही

सीस ने सोने का बना सेवरा बिराजै
तुररां तार हजारी
बना म्हानै प्यारा लागौ सा

राम के जन्म से पूर्व इस दुनिया में आचार-विचार कौन जानता था-

अब दुनिया में कुण जाणता अे आचार विचार
पहले राम परणिया तो पाछै जुग संसार
अम्मा मोरी दसरथ राज कंवार
बना म्हानै प्यारा लागौ सा

जनकपुर में सीता का विवाह हो रहा है और राम 'परण' रहे हैं-

सीता परणै राम जनकपुर में सीता परणै
कौन गांव का रामचंदर जी
कौन गांव की सीता प्यारी
सीता परणै
अवधपुरी का रामचन्दर जी
जनकपुर की सीता प्यारी
सीता परणै

राम और सीता गाँव के रहने वाले हैं उनका पता ठिकाना भी गाँव से लगना है।

राजतिलक के स्थान पर राम को वनवास मिलता है। महलों में रहने वाले जंगलों में भटक रहे हैं। ऐसी परिस्थिति को सोच कर माता कौशल्या और भरत भय्या दोनों ही मन ही मन व्यथित हैं। राम के बिना अयोध्या सूनी है, लक्ष्मण के बिना ठकुराई और सीता के बिना रसोई सूनी है। बरखा हो रही है राम सीता और लक्ष्मण किसी पेड़ के नीचे खड़े भीग रहे होंगे। उनका अब कौन है-

बादळ गरजै इन्दर बरसै, पून चलै परवाई
कोई बिरछ तळे भीजता होगा सियाराम लिछमण भाई
राम बिना मेरी सूनी अजोध्या लिछमण बिन ठकुराई
सियाजी बिना मेरी सूनी रसोई, कुण करे चतराई
भीतर झूरै माता कोसल्या, बाहर भरत जी भाई

राम कर्मशील हैं निठल्ले नहीं, जिस तरह किसान मजदूर जो कार्य करता है उसका घर परिवार भी उसी कार्य में जुटा रहता है वैसे ही यहाँ राम तालाब खुदवा रहे हैं लक्ष्मण उस तालाब में से मिट्टी निकालने का कार्य कर रहे हैं सीता पनिहारिन है जिसके सिर पर

'बेवड़ा' (कलश) है।

राम खुदायो नाडियो लिछमण काडी गार।

सिर सोना रो बेवड़ो सीता जी पिणियार।।

जंगल में शबरी ने राम को बेर खिलाये। वे बेर मीठे थे। प्रभात में यह भजन संगतियों द्वारा गाया जाता है–

मीठा लागे भिलणी रा बोर......

सीता हरण प्रसंग तो अत्यंत कारुणिक है जिसमें केवल दो पक्तियों में ही श्रोता करुण रस की धार में बह जाता है–

लिछमण सीया जी ने कुण हरी रे

उड़ उड़ काग कुटी पर बैठे

सूनी कुटिया पड़ी रे

लक्ष्मण 'बाळ जती' ब्रह्मचर्य व्रत का पालन करने वाले हैं। बारह वर्ष तक वन में तपस्या की, सीता के साथ रहे, परंतु मन में किसी प्रकार का पाप उन्हें छू नहीं पाया। इस बात की साक्षी जन मानस देता है–

दसरथ तेरो लिछमण बाळ जती

दसरथ तेरो

बारा बरस वाळौ सीता संग रमियो

पाप नीं धार्‌यौ वाळौ एक रती

लक्ष्मण के बिना राम अधूरे हैं। लक्ष्मण के शक्ति का बाण लगते ही लक्ष्मण मूर्छित हो जाते हैं। राम अकेले हैं। लक्ष्मण को जिलाने वाले को राम अपना आधा राज और सवायी धरती दे देंगे लेकिन लक्ष्मण को जिलावे तो सही–

हां रे लिछमण के

बाण लग्यौ रे सगति लिछमण के

बाण लग्यौ रे सगति पड्यौ ही धरती

लिछमण के

लिछमण ने जियावे अे सो है कोई जोधो रे

आधो आधो राज सवायी धरती लिछमण के

राम का भ्रातृत्व प्रेम अद्‌भुत है। जहाँ रस का साधारणीकरण है, राम व्याकुल हैं अपने भय्या को एक बार बोलता हुआ देखना चाहते हैं–

म्हारी सेना रा सिरदार

ओ लिछमण भय्या बोलणा इक बार

बैर लेना हमारे यहाँ परम्परा का प्रतीक रहा है। वैर लेने पर जन मानस की नजरों में वह उच्च स्थान प्राप्त कर लेता है–

राम ने लिछमण री जोड़ कजळी वन में चाली रे
कजळी वन में जाय न लगायो घेरो रे
रावण मारियौ
सीता जी वाळौ बैर लीनो रे
रावण मारियौ

राम और भरत का मिलाप तो अद्‌भुत है जहाँ दोनों भाई भुजा पसार कर मिलते हैं। मिलाप करते करते चाँद शिखर पर आ गया है। और नयनों वाला नीर ढलक आया है। ऐसा चित्रण तुलसी के 'मानस' में भी नहीं है लोक की कल्पना अनूठी है–

हां ओ उठ मिल ल्यौ भरत भय्या हर आया रे
उठ मिल ल्यौ
उने की किरत्यां उने जी आयी पून्यू आळो चांद सिखर आयौ
उठ मिल ल्यौ
भुजा रे पसार मिलत दोन्यूं भाई
नैणां मांयलो नीर ढळक आयौ
उठ मिल ल्यौ

यह होरी है जिसे होली के अवसर पर पुरुष वर्ग चंग की थाप पर रात को गाते हैं।

राम भरत से कहते हैं कि
भरत भय्या कपि से में उरिण नांही
कपि मोहे अजोध्या बताई

और वनवास पूरा कर रावण विजय के पश्चात् राम के अयोध्या आगमन पर नगरी खुशी से झूम उठी। नगर के पेड़ पौधे भी खुशी से खिल गये पत्ती-पत्ती कोमल कलियाँ।

राम का चरित आज भी जनमानस के लिए प्रेरणा प्रदान करता है। राम, लक्ष्मण और सीता साधारण स्त्री-पुरुष हैं परंतु उनका कर्म क्षेत्र विशाल है। जीवन के मूल्य उदात्त हैं इसीलिए पूज्य हैं प्रेरणास्रोत हैं।

लोक में रामकथा का आलोक

डॉ. कहानी भानावत

राजस्थान एक ऐसा प्रदेश है जहाँ रामचरित की कई रूपों में चिन्तारणा देखने को मिलती है। लोक जीवन में पदे-पदे राम का स्मरण यहाँ के लोक जीवन का अटूट मनोरथ है। यहाँ कई स्थल ऐसे हैं जो राम सीता और उनके परिवार के सदस्यों की स्थायी यादगार को रूपायित करते हैं। बारां का सीतावाड़ी मेला और प्रतापगढ़ का सीता माता स्थल वन देवी के रूप में सीता के प्रवास की प्रसिद्धि लिये है। लव-कुश भी यहीं जन्मे और उनकी क्रीड़ास्थली बनी।

उदयपुर के कमलनाथ महादेव के लिए प्रसिद्धि है कि रावण ने अपना शीश-कमल चढ़ाकर महादेव की अराधना की थी। आबू में वशिष्ठ ऋषि का आश्रम था। जोधपुर के मण्डोर में मन्दोदरी का पीहर रहा। यहीं रावण ने उससे विवाह किया। रामदेवरा में राम के बाण से जलधार फूटी। लोक देवता पाबूजी को लक्ष्मण का अवतार कहा जाता है। मारवाड़ का थली क्षेत्र लंकाथली नाम से जाना जाता है। विभिन्न राम मंडलियाँ अपने-अपने आंचलिक परिवेश में रामलीला के प्रदर्शन कर पूरे वातावरण को राममय बनाये रखती हैं। हाड़ौती, ढूंढाड़ी, वागड़ी, मेवाती आदि अंचलों में वहाँ की बोलियों में रामजीवन की लीला प्रदर्शन अतीव लोक प्रिय रहे हैं। मेवाड़ का रासधारी ख्याल राम के वनवासी जीवन का बड़ा ही करुणाजनक प्रसंग लिये मंचित होता रहा।

जुरहरा की रामलीला अपने प्रकार की अनूठी लीला कही जाती है जिसमें पूरा जुरहरा गाँव और वहाँ के निवासी रामजीवन से जुड़े प्रसंगों के प्रतीक बने दिखाई देते हैं। राम की सवारी पूरे गाँव में निकाली जाती है तब पूरा गाँव अयोध्या और जुरहरा निवासी अयोध्या निवासी के रूप में भाग लेते हैं। यहाँ रामायण के अलग-अलग प्रसंगों के लिए अलग-अलग स्थली के मंचन क्षेत्र बने हुए हैं।

राजा दशरथ के नाम को सार्थक करती हुई कई कथायें लोक-मुख से सुनने को मिलती हैं जो अपने में बड़ी विचित्र और सार्थक मिथक लगती हैं।

लोककलाविज्ञ डॉ. महेन्द्र भानावत ने एक कथा का उल्लेख करते हुए कहा कि अयोध्या

में एक नामी सेठ था जो अपने यहाँ रह रहे पण्डित को प्रतिदिन एक सोने की मोहर देता था। पण्डित उस मोहर को ले जाकर अपने घर के परिण्डे के वहाँ रख देता था। परिण्डे का पानी जहाँ गिरता था वहाँ के छोटे से गड्ढे में वह मोहर जा पड़ी जिससे एक पौधा उग आया। पौधे की यह खबर होते होते रघु के पास पहुँची। उन्होंने उस पण्डित से इसका रहस्य जान उन्होंने भी वैसा ही करते हुए अपने परिण्डे से पानी टपकने वाले उस स्थान को ही खोद डाला। उससे वहाँ पौधा तो नहीं निकला किन्तु इसकी बजाय एक-एक कर नौ रथ निकले। अन्तिम नौवें रथ में एक बच्चा बैठा हुआ अपने पाँव का अगूंठा चूस रहा था। रघु यह देख हक्का-बक्का रह गया और उसका नाम दशरथ रख दिया। यही दशरथ आगे जाकर अयोध्या नरेश कहलाया। राम इन्हीं दशरथ के राजकुमार थे।

लोकजीवन में जहाँ राम को अत्यन्त श्रद्धा, आस्था एवं सम्मान से देखा जाता है। वहीं लोग जब मसखरी पर उतर आते हैं तब कहावत-मुहावरे के अन्दाज में बड़ा मजा लेते देखे जाते हैं। यहां ऐसे संवादमूलक दो कथन दृष्टव्य हैं जिसमें राम और रावण दोनों के प्रसंग में जो बात करामात कही गयी है वही एक तरह से समग्र रामचरित का निकष भी है। यथा ''एक हो रावण ने एक हो राम। वो लेइग्यो वंडी लुगाई। वणी खोस्यो वंडो गाम। वात री वात ने वात री वईगी वातुनिया। तुलसी जस्या कवियां ने भरदीनी कई पोथनिया''। अर्थात् एक था रावण और एक था राम। वह (रावण) ले गया उसकी (राम) की जोड़ायत। एक ने दूसरे की

पत्नी का अपहरण किया तो दूसरे (राम) ने उसका राज्य छीन लिया। इस छोटी सी बात की कई बातें फैल गयी और तुलसीदास जैसे समर्थ रचनाकार ने कई पुस्तकें रच डाली।

राजस्थानी लोककाव्य में विविध छन्दों में रामजीवन के विविध प्रसंग, विविध मौकों पर, विविध ढंग से गाये जाते हैं। इनमें रामजन्म के आनन्द की खुशियाँ, बधाइयाँ और नेगचार के बड़े ही सुन्दर प्रसंग वर्णित हुए मिलते हैं। दाई नालच्छेदन के दस्तूर पर इनाम की ही याचना नहीं कर रही है। वह लाल किनारी वाली साड़ी माँग रही है। ननद ने आकर नवजात को दूध से नहलाया तो वह भी इस नहलाई का नेगचार माँग रही है-

सिरी रामचन्दर जी जनम लिया है
नणद आवै दुद्धी धुलावे
दुद्धि धुलाई मांगे
बौडर की साड़ी उनको दीजै,
लल्ला की बधाई।
सिरी रामचन्दर जी जनम लिया है।

रामपरिवार में तो इस अवसर पर जो खुशियां छायीं उनका तो कहना ही क्या। राजा दशरथ ने शाही सवारी के प्रतीक हाथी और रानी कौशल्या ने अपने आभूषणों में सबसे कीमती मोतियों तक का दान कर दिया। केवल दशरथ की हस्तीशाला में एक हाथी और रानी की नथ में एक मोती बचा रहा।

ऐसे सर्वगुण सम्पन्न दशरथनंदन राम भारतीय लोकजीवन में सर्वतोभावेन आदर्श के रूप में परिव्याप्त हैं। राम जब विवाहित होकर सीता के साथ आगमन करते हैं तो उनकी युगल छवि ऐसी लगती है कि उसके समान भारतीय जनजीवन का गृहस्थ समाज और किसी को अपना आदर्श स्वीकार नहीं करता इसीलिए यहाँ हर मंगल कार्य-उत्सव के लिए राम और सीता ही आदर्श प्रतीक, आदर्श मिथक और आदर्श अन्तःचेता बने हुए हैं।

यही कारण है कि भारत के किसी कोने, किसी जाति बिरादरी में जन्म लेने वाला शिशु राम की उपमा लिये जन्म लेता है और हर बालकी सीता सी गुणवन्ती और छविमान लगती है। विवाह पर वर-वधू अथवा बना-बनी के जो गीत गाये जाते हैं उनमें भी वर की उपमा राम और वधू की तुलना सीता से की गई मिलती है। बना-बनी का गीत- ''बनो तो म्हारो रामचन्द्र अवतार, बनी तो म्हारी सीता जानकी'' सर्वत्र गूंजता हुआ सुनने को मिलता है। राम और सीता दोनों ऐसे आदर्श सेतु हैं जो भारतीय गृहस्थ जीवन के समतामूलक समाज की रचना करते हुए नर-नारी को एक सूत्र में बांधे रखते हैं।

यह आदर्श यहीं समाप्त नहीं हो जाता। हर भारतीय नारी राम जैसा पति ही नहीं, लक्ष्मण जैसा देवर, माता कौशल्या जैसी सास तथा राजा दशरथ जैसे श्वसुर की कल्पना कर अपना जीवन धन्य करना चाहती है।

राम के वनवास की खबर आग की लपटों की तरह फैलती हुई सबको बेचैन कर देती है। रानी कैकयी पर उसका समस्त दोषारोपण कर जनता का दुखी मन इतना भारी हो जाता है कि कुछ कहते नहीं बनता। चारों ओर मची हाहाकार के बीच केवल एक ही चीत्कार भरा स्वर सुनने को मिलता है –

रानी तूने जुलम कर डाला,
वन में भेजे सीता-राम
वन में भेजे सीता – राम
वन में भेजे सीता – राम।

सीता और राम को वन में भेजने की त्रासदी सबके लिए असहनीय हो गयी है। सभी कैकयी के द्वारा किये गये इस जुल्म को धुत्कार रहे हैं। केवल एक ही रट रह गयी है कि वन में सीता और राम को भेज कर रानी ने बड़ा जुल्म कर दिया।

मेवाड़ के रासधारी नामक ख्याल-मंचन में अभिनेता इस प्रसंग को बड़े मार्मिक, हृदयद्रावक और कारुणिक संवेदनापूर्ण स्थिति में उद्घोषित करता है तब उसके साथ संगत करने वाले वाद्य भी रोती हुई धुन में उसका साथ देते हैं। इस समय दर्शकों की स्थिति देखने जैसी होती है। लगता है जैसे उनकी छाती पर वेदना का एक बड़ा पहाड़ गिर आया है जो

निरन्तर आँसुओं के रूप में अपना रुदन-धार दिये नहीं थम पा रहा है। ऐसे समय का पूरा वातावरण अत्यन्त स्तब्ध, अशान्त और विभ्रमित हुआ सा लगता है। इस बीच विलाप की अगली कड़ी सुनने को मिलती है-

राम बिना मोरी सूनी अयोध्या
लछमण बिन ठकुराई
सीता बिना मेरो सूनो रसोड़ो
कौन करे चतुराई
रानी तूने जुलम कर डाला.....

सीता के वनवास का मर्मांतक प्रसंग लोकजीवन में अन्य कारणों से भी बनता है। धोबी के उलाहने को सुनकर राम सीता को त्यागने पर विवश होते हैं और लक्ष्मण उनके कहने पर सीता को तमसा नदी के किनारे छोड़ आता है। इसे रघुकुल की मर्यादा कहा जाय याकि सीता के प्रति ममत्व भाव का मरण!

प्रातः काल गाये जाने वाले हरजस से सुफल मिलता है। दांतण नामक हरजस में माता कौशल्या प्रातः उठ कर सीता से दांतण अर्थात् दतौन लाने को कहती है। वह सीता पर रुष्ट हो जाती है और उसे घर से निकालने की आज्ञा देती है। आज्ञाकारी राम अपनी गर्भवती पत्नी को लक्ष्मण के साथ वन भेज देते हैं। विपन्नावस्था में सीता पुत्र को जन्म देती है।

उस स्थिति को देख कौआ द्रवित हो उठता है। वह अयोध्या में आकर राम को सूचना देता है। राम अपनी माता की आज्ञा लेकर सीता को लेने जाते हैं। सीता अपनी नाराजगी प्रकट करती हुई पुत्र सहित रथ में सवार हो अयोध्या लौटती है। राजमहल आकर सीता अपनी सास के पैर छूती है और सास आशीर्वाद देती हुई अपनी नाराजगी भी प्रकट करती है।

अन्य कवियों ने भी अपनी रचनाओं में ऐसे विभिन्न प्रसंगों को लिया है किन्तु लोक में प्रचलित प्रसंग अनगढ़ होते हुए भी राम-सीता के उदात्त जीवन को आदर्शोन्मुख बनाये रखते हैं। लोक में प्रचलित हरजसों में राम-सीता के साथ कौशल्या का चरित्र भी आदर्श की स्थापना करता है। ऐसा लगता है कि कौशल्या लोककाव्य की ही सास है जो अपनी वधू पर रुष्ट होती हुई भी उसे घर लाने को मजबूर कर पौत्र-सुख का मोह नहीं छोड़ पाती।

राजस्थानी लोक में भरत को साहस और धैर्य की प्रतिमूर्ति कहा गया है। लक्ष्मण उग्र स्वभाव के लिए जाना जाता है। राजा दशरथ जहाँ अपने राज कुल के प्रति मर्यादित और निष्ठावान लगते हैं वहीं रानियों और पुत्रों के साथ उनका प्रेम भाव विखण्डित हुआ लगता है। वे चाहते तो राम को राजतिलक दिला सकते थे किन्तु कैकयी के प्रति एक राजा के रूप में अपने मनोभाव को विकृत नहीं कर उसका सम्मान बनाये रखते हैं और विपरीत परिस्थितियों में भी अपना वादा निभाते हैं।

यहाँ यह ध्यान देने की बात है कि राजकुल का हर व्यक्ति अपनी-अपनी मर्यादा की रक्षा किये लक्षित होता है किन्तु कैकयी ही एक ऐसा पात्र है जो सबकी खुशियों में विघ्न

डालता हुआ अमर्यादित आचरण का भागी बनता है।

दरअसल हमने लोक प्रतिभाओं का ठीक से अध्ययन और चिन्तन नहीं किया है। लोक उसकी परवाह भी नहीं करता है और न किसी शास्त्र में बंध कर अपने प्रज्ञा–वितान को सीमित करता हुआ अपनी रचना शक्ति को विराम देता है। यही कारण है कि शास्त्रों में समाया राम कथा फलक जहाँ अपनी सीमा में सीमित रहा है वहाँ लोक कंठों पर आसीन राम कथा फलक का विस्तार दिनदूना रात चौगुना बढ़ता जा रहा है और यही इसकी सबसे बड़ी विशेषता भी कही जानी चाहिए।

चित्र–सन्दर्भ

1. राम–विभीषण संवाद
2. राम द्वारा बाली वध
3. रावण को भिक्षा देती सीता
4. हनुमान द्वारा राक्षस संहार

रासधारी में राम कथा का मंचन

डॉ. महेन्द्र भानावत

राजस्थान के दक्षिणी भूभाग मेवाड़ में लोकनाट्य की विशिष्ट विधा रासधारी ख्यालों का व्यापक क्षेत्र रहा। इसके मूल में ब्रज की रासलीला का प्राधान्य रहा। उधर के जो रासदल मेवाड़ की ओर प्रदर्शन के लिए आते रहे, उन्हीं से प्रेरणा पाकर रास करने वाले कलाकारों ने रासधारी ख्यालों का सूत्रपात किया। रास को धारण करने वाले अभिनेता रासधारी कहलाते थे किन्तु कालान्तर में यह नाम उस मंडली के लिए प्रयुक्त होने लगा जो रासलीला का प्रदर्शन करती थी। ये मंडलियाँ वल्लभ संप्रदायी वैष्णव मंदिरों से जुड़ी हुई थीं जो कृष्णलीलाओं द्वारा जनजीवन में कृष्णभक्ति का माधुर्य वपन करती थीं।

इन लीलाओं में गाने-बजाने वाले वैरागी साधु और कुमावत थे जिनके संपर्क से मेवाड़ के कुमावत अपना माटी बर्तन बनाने का व्यवसाय छोड़ लीला प्रदर्शन में पखावज बजाने लग गये। ऐसे ही वैरागी साधु जुड़े जो भजन कीर्तन में निष्णात थे। बाद में गंधर्व, ढोली, मिरासी, सरगड़े जुड़ते गए। ये सब उस रासलीला की शास्त्र निबद्ध शैली को तो नहीं पकड़ सके किन्तु पृथक से एक ऐसी शैली बनाने में कामयाब हुए जो लोकधारा की नृत्यगान की एक विशिष्ट शैली के रूप में अस्तित्व में आई। यही शैली रासधारी के रूप में जानी गई।

जाहिर है, इस रासधारी में उस रासलीला का वह पारंपारिक रूप नहीं रहा जिसमें ब्राह्मण एवं सवर्ण ही भाग लेते थे। मंदिर संस्कृति की वह विशुद्धता और गरिमा भी नहीं रही हालांकि मुकुट धारण करने का जिम्मा वैरागी साधुओं का ही रहा जबकि मंडली का संचालन विभिन्न जातियों के लोगों ने प्रारंभ कर दिया। जनता जनार्दन में रासधारी ख्यालों की बढ़ती लोकप्रियता के कारण कई मंडलियां अस्तित्व में आईं।

निम्बाहेडा के रतनपुर गाँव के फकीर मुहम्मद स्वयं अच्छे खिलाड़ी थे। उनके दल में कालू और भेरा तबला-सारंगी के उस्ताद थे। ये ढोली जाति के थे जो स्वांग भी रचते थे। मारवाड़ के खोड़ गाँव के पास पावा का मूला दर्जी भी अच्छा खिलाड़ी था। यहीं वघाराम व गणेशदास अच्छे खिलाड़ी हुए। मूला ने कई खिलाड़ी तैयार किए। उधर कुशला भील का भी जानामाना दल था। मेवाड़ महाराणा फतहसिंह ने भी इसका ख्याल देखा।

गादोली में हीरालाल जाट, नाडाखेडा में गोकुल ब्राह्मण, कपासन में लछमण भाट की मंडलियां बड़ी प्रभावी थीं। कुरज के शंकरगिरि, मथुरागिरि नामी खिलाड़ी थे।

उदयपुर से 17 किलोमीटर दूर देबारी मुख्य सड़क से तीन किलोमीटर खेमली मार्ग पर गुडली गांव के गंगाराम वैरागी की रासधारी की बड़ी जानी-मानी मंडली थी। रासधारी ख्याल के लिए गंगाराम इतने प्रसिद्ध हुए कि वे रासधारी वाले गंगाराम के रूप में ही जाने गए। रासधारी के अलावा वे गोपीचंद भरथरी, चंदमिलियागिरी, राजा हरिश्चन्द्र के खेल भी करते। उनकी मंडली में रहे मीठूदास वैरागी (80) ने 7 अप्रैल 2008 को गुडली में एक भेंट के दौरान बताया कि गंगाराम का निधन 1998 में हुआ जब वे 75 वर्ष के थे। वे जब 15 वर्ष के थे तब से ही ख्याल-तमाशों में भाग लेने लग गए थे। स्वयं मीठूदास को भी वे ही बम्बोरा के पास के गाँव से लाये और अपनी मंडली में रखा। तब उनकी उम्र लगभग 15 वर्ष थी। गंगाराम के बाद रासधारी ख्यालों का एक तरह से समापा ही हो गया। इस दृष्टि से वे रासधारी ख्यालों की अंतिम कड़ी थे।

रासधारी में मीठूदास सीता बनते थे। पाँवों में घूँघरे धारण करते। सीता की पेशकश मेवाड़ी रंगत की थी। अपने बोल बोलकर फिर नाच शुरू होता। एक बार बाठरड़ा के पास रासधारी हो रही थी। उन्होंने नाचना शुरू किया तो सामने दर्शकों में बैठे एक साधु से सीता का नाचना बर्दास्त नहीं हुआ। गुस्से में आकर वह जोर से चिल्लाया कि सीतामाता डांस कर रही है। यह सरासर उस मैया का अपमान है। हम इसे बर्दास्त नहीं करेंगे। उनके यह कहने पर सारे दर्शकों में सन्नाटा छा गया। तब माहौल गर्म देखते हुए वह खेल बंद कर देना पड़ा। वह साधु हनुमान मंदिर का पुजारी था। बड़ा दबंग और प्रभावी था।

गंगाराम के परिवार में उनका पुत्र मांगीलाल हनुमान बनता था लेकिन 1970 में गुडली के ही चारभुजा मंदिर के पास हो रहे रासधारी ख्याल में रस्सी के बल खिसकते वह गिर पड़ा जिससे उसका निधन हो गया। यह दिन नवरात्रा के सोमवार का था। तब मांगीलाल 15-16 वर्ष का था। यह घटना रात्रि को लगभग 11 बजे घटी। तब लगभग चार हजार दर्शकों की अपार भीड़ थी। रस्सी मंदिर के ध्वजदंड से बंधी थी। बैलेंस बिगड़ जाने से मांगीलाल मंदिर में चारभुजा की प्रतिमा के समक्ष आ गिरा। कहते हैं उसी चारभुजा मंदिर के पास की पहाड़ी पर कालकामाता मंदिर के भोपे को भाव आये। उसने वहां के एक जातरी को तत्काल भेजा कि हनुमान बने मांगीलाल को रस्सी के बल उतरने से रोका जाय किन्तु जातरी वहां पहुँचा उससे पूर्व ही यह दुःखद घटना घट चुकी थी। गुडली के लोगों पर इस घटना का बड़ा गहरा असर पड़ा फलस्वरूप मांगीलाल की स्मृति में चारभुजा मंदिर के पास ही हनुमान मंदिर बनवाया गया। मांगीलाल के बड़े पुत्र सुरेशदास ने राम तथा छोटे पुत्र

गणेशदास ने भी रासधारी में लक्ष्मण की भूमिका निभाई। वर्तमान में सुरेश मुम्बई में है जबकि गणेश गुडली में ही चारभुजा मंदिर की सेवा-पूजा करता है।

गंगाराम ने अपनी मंडली द्वारा मेवाड़ के सभी कस्बों तथा छोटे-छोटे गाँवों में रासधारी तथा अन्य ख्याल प्रदर्शित किये। उदयपुर, दरोली, डूंगला, खेरोदा, कानोड, बाठेडा, भीण्डर, बोहेडा, बानसी, बड़ीसादड़ी तथा आसपास के गाँवों में उनकी मंडली ने अच्छे रसिकजन पैदा किये। गंगाराम हारमोनियम बजाने से लेकर सभी तरह के अभिनय करते थे। वे रावण भी बने। यों बाबूलाल उनका अच्छा रौबीला कलाकार था जो रावण बनता था।

हनुमान का अभिनय करने वाला मुख्य अभिनेता इन्द्रसिंह ब्रह्मचारी था। वह वर्तमान में गढ़ी प्रतापगढ़ में रहता है। उदयपुर में भड़भुजाघाटी पर कई बार रासधारी ख्याल हुए। तब मोडी का राधू अच्छा तबला वादक था। शीशवी का मोतीलाल हारमोनियम बजाता था। घाणेराव का शोभालाल तथा हजारी भी अच्छे कलाकार थे जो बाद में लोककला मंडल में देवीलाल सामर के पास भी रहे। गुडली का अलानूर जनाना बनता। राशमी के पास सिरोड़ी का प्रभुदास सीता बनता। कुटकड़ाई करने में प्रेमसिंह अधिक होशियार था। मजाकिया के रूप में मावली का मगनीराम ढोली उस्ताद था। नाड़ाखेड़ा का देवीलाल गाने बजाने का काम करता था।

मीठूदास ने बताया कि आज की तुलना में हमारे दल की क्या बात करें। एक चस्का था, जुनून था तो हम लोग भटकते रहते थे। कहीं भी, किसी गाँव में चले जाते बिना बुलाये ही। वहाँ जाकर गाना-बजाना शुरू कर देते जिससे लोग एकत्र हो जाते। बात पूरे गांव में फैलती तब मोतबीर लोगों से हमारा मिलना होता और ख्याल प्रदर्शन की बात होती। एक गाँव में एक या दो रात ख्याल होता पर जो भी दिखाया जाता उसे लोग भूलते नहीं। तब मनोरंजन का और कोई साधन नहीं था। चित्तौड़ तक हमारी मंडली ने तमाशे किये हैं। एक बार तो कोटा के दशहरे मेले में भी हमारा प्रदर्शन हुआ। गंगाराम की मंडली मेवाड़ी रासधारी ख्यालों की अंतिम मंडली थी। गंगारामजी की मृत्यु के बाद उनकी मंडली का सामान देबारी का गंगाराम ले गया। कहा जाता है कि उसने भी कुछ दिनों तक मंडली चलाई पर उसमें सफलता नहीं मिली।

सन् 1960 से 1964 के दौरान मेवाड़ के कई गांवों की यात्राकर मैं कई कलाकारों से मिला और मेवाड़ी ख्यालों की विभिन्न रंगतों तथा ख्याल प्रदर्शनों की जानकारी लेता रहा। इस दौरान मैंने कई ख्याल पुस्तकें भी एकत्र कीं जो उन खिलाड़ियों की लिखी हुई हैं जिनकी स्वयं की अच्छी मंडलियाँ थीं। वे अच्छे कलाकार थे और ख्यालों में मुख्यपात्रों की भूमिका निभाते थे। कुछ हस्तलिखित ख्यालों के गुटके भी मेरे देखने में आये। ऐसा ही एक गुटका

देवीलाल उस्ताद लिखित ख्यालों का मिला। यह गुटका मेवाड़ी ख्यालों का था। इसमें उदयपुर से संबंधित मीठु हरिजन नामक ख्याल भी था।

रासधारी ख्याल को ठीक से ख्याल रूप में प्रदर्शित करने वाले मेवाड़ के वाना-बरोडिया का मोतीलाल था जिसने रामलीला, चंद्रावल लीला, हरिश्चंद्र लीला आदि ख्यालों की रचना की। यह बड़े मजे की बात है कि रासधारी ख्याल के नायक भारतीय लोक मनीषा के आदर्श राम हैं और उनका कथा-रूप तुलसीदास द्वारा विवेचित रामचरित मानस का आधार लिए है किन्तु तुलसीदास रचित एक भी छंद इसमें प्रयुक्त हुआ नहीं मिलता बावजूद इसके रचनाकार के रूप में तुलसीदास के नाम की छाप कई जगह देखने को मिलती है जबकि ख्याल की भाषा ठेठ मेवाड़ी है और जिन छंदों में, लोकछंदों में, यह ख्याल निबद्ध है उससे तुलसीदास का कोई लेना-देना नहीं है।

भारतीय लोककला मंडल उदयपुर के संचालक देवीलाल सामर एक सधे हुए कलाकार थे। उन्होंने कलामंडल में कलाकारों का अच्छा दल तैयार कर रासधारी के इस पारंपरिक रूपांकन को नया रूप देकर नई रासधारी नृत्य-नाटिका की रचना की जिसके अनेक प्रदर्शन देश के विभिन्न भागों में दिये गए। इसमें सामरजी स्वयं राम की उदात्त भूमिका निभाते थे। उन्होंने ख्यालों के प्रयोगधर्मी रूप में न केवल परंपराशील ख्यालों को प्रदर्शन योग्य बनाया अपितु परंपराशील ख्यालों की चाल-ढाल में नये ख्यालों की रचना कर उनकी भी प्रभावपूर्ण प्रस्तुति दी। लक्ष्मीनारायण राव ने रासधारी को रंगत दी और कलाकार तोलाराम ने लक्ष्मण की भूमिका। यह ख्याल सामरजी द्वारा सन्1953 से 1955 तक मंचित होता रहा। लक्ष्मीनारायण ने बताया कि कला मंडल का रासधारी रामवनगमन से लेकर सीता हरण तक मंचित होता। गंगाराम के दल में भी राव रहे। वहां ये वादन के साथ-साथ मंचन का भी काम करते। सामरजी के साथ इन्होंने रासधारी में संत रावण का अभिनय किया। तोलाराम ने समय-समय पर सीता की भूमिका भी की। रासधारी में राम-लक्ष्मण मेवाड़ी पगड़ी और ऊपर छोगा (तुर्रा) भी लगाते। गंगाराम की रासधारी में प्रथम बार राम-लक्ष्मण-सीता की झांकी लाते समय उनकी कटि के नीचे तक साड़ी फैली रहती जिसके दोनों छोर दो कलाकार पकड़े रहते। यह झांकी मंच के तीनों ओर बैठे दर्शकों का घूमफिरकर अभिवादन करती।

संक्षेप में यदि कहा जाय तो मेवाड़ी ख्याल अपनी कोमलता के लिए प्रसिद्ध हैं। वेशभूषा की रंगीनियां तथा कलात्मकता भी इन ख्यालों की आकर्षण रही है। मेवाड़ी आंटेदार पगड़ियों पर चमकते सरपेच, झिलमिलाती पछेवड़ियाँ, तेज और ओजस्विता के प्रतीक तुर्रा कलंगी, लम्बा कौर किनारीदार झग्गा, झग्गों पर लगा कमरबंधा और कमरबंधे पर पड़ा परतला, घेरदार घेरघुमेर घाघरे, लहरदार छलकती इठलाती साड़ियाँ और उन पर बंधे ताज, भुजा पर बाजूबंद,

गले में तमण्या, कान में झेला, कमर में कंदोरा, सिर पर रखड़ी आदि खनकते आभूषण इन ख्यालों में एक नई ताजगी, तन्मयता और तत्परता को जन्म देते। दर्शक तन्मय हो ख्यालों का सवाया रंग लूटते और रसलीन हो आनंद में सराबोर हो जाते। यहां के अभिनय और नृत्य में भी एक विशेष प्रकार का अपनापन रहता।

28 अप्रैल 1968 को चित्तौड़ के पास पालका गाँव में जाना हुआ। वहाँ रासधारी के कोलाराम, प्रभुदास, घासी धाकड़, शंकरनाथ, रोडा दरोगा, राधाकिशन बड़े नामी कलाकार थे जो क्रमशः राम, लक्ष्मण, रावण, सखी बड़ी, छोटी सखी, ब्रह्मा का अभिनय करते थे। पार्श्वगायक उदयराम थे।

यह रासधारी राम जीवन की रचना होती। इसे रास मंडल तथा रामरूपा भी कहते। इसमें कई तरह की गायकी होती जिसका आम जनता में बड़ा प्रचार था। सारी गायकी अपनी पवित्रता के कारण भजन कहलाती। पात्र आपस में जो सवाल-जवाब करते वह दोहा झेलना कहलाता। सभी पात्र पाँवों में घूंघरू धारण कर नृत्य करते। गणपति, हरणाकुश, प्रहलाद, नृसिंह, हनुमान सब चेहरे (मुखौटे) लगाते। राम लक्ष्मण मुकुट लगाते। मुकुटधारी साधु होते। वाद्यों में ढोलक, ताल (मजीरा) तथा सारंगी होते। सर्वप्रथम गणपति आकर बिराजमान होते। उनके साथ सखी होती। वह एक-आध भजन कर चली जाती। फिर ब्रहा आते। **नाचो बिरमाजी थांणा पोथी पानडा बांचो** गीत पर ब्रह्माजी नाचते। एक कुटकड़िया आता जिसके साथ ब्रह्माजी काटपास की हंसी मजाक भरी बातें करते। गणगौरां निकालते। कभी पटेलों की लाव टूट गई तो कभी सासूजी थांका जाया ने ना जाऊं रोटी देवाने जैसी दो चार गणगौर निकालने के बाद राम लखन सीता प्रवेश करते।

मंच पर जाजम बिछती। वही मुख्य मंच होता। उस पर तारा मंडल यानी कागज की फुर्रियां लगा देते। राम लखन आदि सब सरूप कहलाते। हर सरूप अपना परिचय देता। यह बोल (भजन) बड़ा टीस लिए रहता-

अरे सुरतां लागी वन में मात कैकई बोली म्हारे तन में तो लागी
खान पान अजोध्या छोड़ी, वचन सुन राम चले वन में
पिता वचन पर मान किए, धनुष बाण लिए कर में
जब रथ हांक दिए हरि वन में, आनंद तो भयो कैकई के मन में

वनवासी राम के भी मुकुट रहता है। मिरगा जब आता है तो उसका चेहरा हाथ में पकड़ा रहता है। पंचवटी राम की मंडी कहलाती है। रावण पेट पर हंडिया बांधे होता है। राम के धनुष लगाने पर वह जोर से फोड़ दी जाती है और रावण धड़ाम से गिर जाता है। इससे दर्शकों को पता चल जाता है कि रावण का खात्मा हो गया है। इस रास मंडल में

कृष्ण क्रीड़ावली नहीं दिखाकर रामलीलावली दिखाई जाती है। यह रास मंडल है। इस रास मंडल में आधार तुलसीदास का ही लिया गया है लेकिन इसके बोल-भजन तुलसीदास के नहीं लिखे होने पर भी जगह-जगह तुलसीदास आशा रघुवर की पंक्ति मिलती है। उदाहरण के लिए रावण के संबंध में यह कथन-

आसन मार मंडी में बैठो, तब जोगी नाद बजायो
तुलसी आशा रघुवर के, हरि को ध्यान लगायो

सीता-रावण संवाद में सीता का यह कथन-

कार जो लोय र बायर आऊं ओरी बलजल हो जाऊं खाक भोला तपशी
तुलसीदास आशा रघुवर के जोगी ने लंक सदायो।

यहीं सीता हरण हो जाता है। ख्याल प्रदर्शित करने वाली मंडलियों में होड़ाहोड़ चलती। जनता भी इसमें बड़ा मजा लेती। पाण पर चढ़ जाती। दाव लगाती। इस साल यह दल आया तो अगले साल उसका सवाया दल बुलवाया जाता। कभी-कभी अदाबदी में पैसे को पानी की तरह बहा दिया जाता पर मूंछ का कोई बाल नीचा नहीं होने देता।

रासधारी ख्याल में राम लक्ष्मण और सीता पंचवटी में आकर निवास करते हैं। सीता अपनी कुटिया के पास एक सुन्दर सा बगीचा लगाती है। इसमें लगे फलों को रावण का भेजा हुआ माया-मृग खा जाता है। सीता उस माया-मृग पर मुग्ध हो जाती है और राम से उसका शिकार कर अपनी कंचुकी के लिए खाल लाने को कहती है। राम नहीं चाहते हुए भी सीता के कहने पर मृग के शिकार पर जाते हैं और अपने बाण से मृग को मार गिराते हैं। मरते समय वह हा लक्ष्मण का उच्चारण करता है। सीता यह करुण स्वर राम का समझकर अपने देवर लक्ष्मण को उनकी रक्षा के लिए भेजती है। भाभी की आज्ञा को शिरोधार्य कर लक्ष्मण सीता के इर्दगिर्द कार (रेखा) खींचकर चले जाते हैं। थोड़ी ही देर बाद साधुवेश में रावण प्रवेश करता है और सीता से भिक्षा मांगता है। सीता रावण के भुलावे में आकर लक्ष्मण की खींची हुई कार से बाहर आकर रावण को भीख देने निकलती है। इतने में रावण उसका हरण कर लेता है।

यहाँ के ख्यालों का अपना कोई विशिष्ट मंच नहीं होता। रंगस्थली के इर्दगिर्द लोग बैठ जाते हैं और ख्यालों का रंग प्रारंभ हो जाता है। किन्हीं विशिष्ट तपके के ख्यालों में मंच के रूप में शानदार मेड़ी बनाई जाती है जहां स्त्री पात्र टेरें देता हुआ नीचे मुख्य मंच पर आता है। अमरसिंह राठौड़ के ख्याल में यह मेड़ी अपनी कलात्मक सज्जा के कारण प्रत्येक को अपनी ओर आकर्षित कर लेती है लेकिन अब तो ख्यालों का वह दौर ही जाता रहा। केवल जो कुछ बड़े-बूढ़े बचे हैं वे अतीत की उन रंगीनियों में खोकर गमगेर हो जाते हैं।

मेवाड़ में ऐसे उदाहरण कई मिलते हैं जबकि रचनाकार कोई और अज्ञात होता है लेकिन उस रचना में छाप किसी प्रसिद्ध रचनाकार की रहती है। ऐसी असंख्य रचनाएं मिलेंगी जिनके रचनाकारों ने अपने को अनजान रखते हुए मीरां, कबीर, चंद्रसखी, रैदास आदि के नामों से लोक में प्रवाहित कीं। मैंने ऐसे कई गाथा गायकों, भजनिकों, कीर्तनियों से भेंट की जो अपनी मंडलियों के माध्यम से विशिष्ट अवसरों पर बुलाये जाते हैं तब तन्मय होकर वे नानाविध छंदों की स्वतःस्फूर्त रचना करते, समूहबद्ध आनंद विभोर हो, रात-रात भर समा बांध देते हैं। ऐसे चित्तौड़गढ़ जिले के आकोला गाँव के मोहनजी हुए जिन्होंने पचास हजार पदों की रचना की, सर्वथा अनाम होकर और उन गायक जातियों तथा मंडलियों को दिये जो आज भी उन्हें गा गाकर अपनी आजीविका चला रही हैं। मोहनजी ने सर्वाधिक पद प्रेमदास की छाप के लिखे। इसके अलावा उनके लिखे पदों में उनके संगी साथी देवीलाल, जोरावरमल, गंगाराम, कालूराम, रामलाल, राघवलाल, टेकचंद, शंकरलाल, लछमीलाल आदि के नाम मिलते हैं।

ब्रज की रासलीलाओं तथा मथुरा की रामलीलाओं की तरह रासधारी का कथानक सुगठित, सधाबधा और क्रमबद्ध नहीं है। ख्याल तत्वों की दृष्टि से भी इसका रूप खरा नहीं उतरता है। गीत, नृत्य तथा हास्य विनोद पर इसमें अधिक जोर दिया गया है। इसका राम अवतारी भी है और जन्मधारी भी। वह असाधारण भी है और अति साधारण, सामान्य भी। मजाकिया, सांगड़िया, वादक तथा पाछला मिलकर इसमें अपने संवादों, हंसीमजाकों से जान फूंकते हैं और दर्शकों का भरपूर मनबहलाव करते हैं।

गणपति वंदना से प्रारंभ हुए इस ख्याल में ब्रह्मा के पीछे-पीछे मजाकिया प्रवेश करता है। ब्रह्मा बस्ती के लोगों को सूचना देता है कि धरती को पवित्र करने के लिए रामचंद्र महाराज ने अवतार लिया है- **सुणो रे भाई लोगां, रामचंद्रजी महाराज धरती पै अवतार लीधौ है जमीं पवित्तर करण कै वास्तै।** ब्रह्मा के प्रस्थान करते ही सांगड़्या प्रवेश करता है और राम जन्म की सूचना देता है- **राजा दशरथ घर भगवंत जनम्या, कौसल्या की कूंख भई/ दाईमाई दैत बधाई, घर-घर मंगल थई।** और मजा देखिए राम का जन्म होते ही लंका में खबर चली जाती है कि रावण तू सावचेत हो जाय, तेरे हाथ से तेरी लंका गई समझ। सांगड़्या गाता है- **चेतन हो तो चेत पिया रावण, अब तेरी लंका गई।** यह खबर कौन दे रहा है? क्यों दे रहा है? कैसे और किसके हाथ पहुँचाई जा रही है ?

राम के जन्म होने की सूचना भर हो गई। बाल्यावस्था का कोई जिक्र नहीं, वर्णन, चित्रण नहीं। सीता हरण पर इसमें सर्वाधिक जोर दिया गया है। पंचवटी में पर्यावरण का पूर्ण ध्यान रखा गया है। पूरी प्रकृति का सान्निध्य है। सीता बाड़ी लगती है। मरवा, मोगरा,

हजारी के फूलों से वातावरण खुशनुमा बनता है। केसर कस्तूरी का खाद और गंगाजल के सींचन से बाड़ी का माहात्म्य दृष्टिगोचर होता है। उस बाड़ी को स्वर्ण मृग नित्य आकर चुग जाता है। सीता तब उसे कहती है- पापी, क्यों सबकी डालें तोड़-मरोड़ करता है? यहाँ सांगड्या सीता और राम के बीच संवाद पहुँचाने की महत्वपूर्ण भूमिका अदा करता है। ऐसा अन्यत्र भी होता है। रावण जब भिक्षा लेने आता है तब भी मजाकिया होता है जो सीता-रावण के बीच संवाद-सेतु का काम करता है।

बाड़ी के प्रसंग में सांगड्या की भूमिका देखिए। सीता उससे कहती है- **जो रामजी बाड़ी की रखवाली न कर सके वे मेरी रक्षा कैसे कर लेंगे?** सांगड्या राम के पास जाकर कहता है- **सुनो रामजी महाराज, मातेश्वरी जानकी का कहना है कि जो रामजी बाड़ी की रखवाली नहीं कर सके, वे मेरी कैसे कर सकेंगे ?** राम कहला भेजते हैं- सुन भाई, जानकीजी को कह देना कि वे बाड़ी की और उनकी, दोनों की रक्षा कर लेंगे। वह यह बात सीताजी को जा कहता है। सीता उसके साथ कहला भेजती है- देख रे भाई, भगवान को जाकर कह देना कि स्वर्ण मृग आये तब उसे मार कर खाल लायें और मेरी कंचुकी सिलाएँ तो ठीक नहीं तो मैं अटवारी-खटवारी लेकर नरणी पड़ी रहूंगी अर्थात् रुष्ट होकर अकेली रहूंगी।

यह कहकर सीता जो भावभंगिमा व्यक्त करती है और उसी कथन को सांगड्या जिस हास्य-विनोदमय ढंग से राम को प्रस्तुत करता है उससे दर्शकों में हंसी-ठट्ठा और विनोद ही अधिक व्याप्त होता है। यही इसका लक्ष्य भी है अन्यथा नहीं कुछ दूरी पर खड़े राम-सीता आपस में संवाद नहीं कर सांगड्या का माध्यम क्यों अपनाते? यह चारित्रिक मर्यादा का प्रस्तुतीकरण नहीं कहा जाकर मात्र परिपाटीमूलक मनोरंजन देने का उपक्रम ही है।

इससे भी भरपूर मनोरंजन साधुवेश में रावण के आने पर होता है। यही सबसे लम्बा प्रसंग है जिसमें सीता भी मजाकिये के साथ छककर विनोद करती है। वह रावण को कहलाती कुछ और है और रावण को मजाकिया कहता कुछ और है। ऐसा ही रावण के द्वारा सीता को कहलाया संवाद है जिसमें मजाकिया अपनी प्रत्युत्पन्न मति से अपनी बात जोड़ता हुआ दर्शकों का खासा मनोविनोद करता है। एक संवाद देखिये-

रावण- सीता माता को कहो कि बाहर एक ओलिया अवधूत आया है।

मजाकिया- माताश्री, आपके बाहर एक मोटा भूत आया है।

सीता- भूत आया है तो मंत्र से उसे कील दो।

रावण- जाकर कहो कि पीर पठान आया है।

मजाकिया- महाराज के हवा ज्यादा भर गई सो पेट में पीड़ चलने लगी है।

सीता- पीड़ चल रही हो तो अदक धणा, फदक धणा, लीला थोथा, सोवण खार, संट्या और केले की जड़ को बांट घोट उल्टे घाघरे में घुटकी देने से आराम हो जाएगा।

जाहिर है, इस कथन से दर्शकों में हंसी ठट्ठा ही फूटता है। रावण के भिक्षा मांगने पर सीता कहती है कि कार लांघ कर मैं नहीं आ सकती, जलकर भस्म हो जाऊंगी तब रावण उपाय बताता है कि कार के ऊपर बाजोट रखो। बाजोट पर पांव धरो और मोती की थाल भर भिक्षा दो नहीं तो भस्म होने का श्राप दूंगा। सीता यही करती है कि रावण उसे उड़ा ले जाता है। पाछला गाता है- तुलसीदास आसा रघुवर की, हरि को ध्यान लगायो, सीता पकड़ झोली में डाली, जोगी तो लंक सिधायो।

रासधारी के रसिक गाँव के मोतबीरों ने बताया कि वहाँ पचास बरस से यह खेल होता रहा है। उन्होंने समूह रूप में गाकर रासधारी की गायकी के कुछ नमूने भी सुनाये। यथा-

(1) जाय हरि वन में कुटिया बणाई
भोजपतर की बणी मंडैया चंदन बली लगाई
हरी-हरी बाड़ी बोय दई तो मुरगा री बण आई।

(2) अलख जगायो राम की मंडी में जोगी ने अलख जगायो
अंग भभूत राख कर जोगी अंदर पूंख घर आयो
आसन मार मंडी में बैठो तब जोगी नाद बजायो।

(3) सीता ने कौन हरी रे लछमण रे कौन हरी
उड़उड़ काग मंडी पर बैठो सूनी मंडिया पायो
गिरवर चढ़ नै सरवर देख्यो सीता कूप में गिरी
के तो ले गयो लंकापत रावण कण तो सींगणी भरावी रे।

राम का बिड़ला हनुमान झेलता है और सीता का पता लगाता है। पर्यावरण पर तब भी पूरा ध्यान रखा जाता था। सीता मिरगले (मृग) से कह रही है-

मती तोड़ मारी डाल रे मिरगा,
सोवन मुरगो रूप रावण को, एक आवे दूजो जावे रे
लाख-लाख का तोड़्या रे रुंखडा, क्रोढ़-क्रोढ़ की डाली टूट जावे रे।

राम-सीता और रावण-मंदोदरी के साथ-साथ अन्य जो भी प्रसंग रासधारी में देखने को मिलते हैं वे सबके सब क्रम, काल, समय, स्थल आदि किसी की मर्यादा में बंधे नहीं लगकर पूर्ण स्वच्छंद लगते हैं। घटनाएँ अपनी मनमर्जी के अनुरूप उछलती, कूदती, फैलती, सिकुड़ती नजर आती हैं। कब राम वन के चौदह वर्ष व्यतीत हो गए ? कब लक्ष्मण मूर्छित हुए और संजीवनी बूटी लाई गई, कुछ पता ही नहीं चला पर जनता जनार्दन को जो रामरस

प्राप्त होता है वही मुख्य है। पारंपरिक नाट्य तत्वों पर खरे अखरे उतरने का सवाल अलग है। लोक में जो प्रस्तुतीकरण खरा उतर गया वही महत्वपूर्ण और सफलता का कीर्तिमान है।

यह तथ्य भी ध्यान देने योग्य है कि रासधारी के सभी पात्र चाहे वे पौराणिक हों, ऐतिहासिक या कि धार्मिक, वे अपने समय का प्रतिनिधित्व नहीं करते। यदि ऐसा होता तो राम मेवाड़ी पगड़ी, घाघरेनुमा झग्गे और चूड़ीदार पाजामे में नहीं होते। सीता ग्रामीण स्त्री के घाघरा कांचली ओढ़नी और मेवाड़ी जेवर में नहीं होती। नारद, ब्रह्मा, साधु, रावण भगवा कपड़े में नहीं होते। रावण मुखौटा नहीं लगाकर मेवाड़ी तनी बंटदार मूछ में, पगड़ी बांधे, लम्बा झग्गा पहने होता है।

इन विशेषताओं के साथ रासधारी ख्याल की रंगभूमि भी वैशिष्ट्य लिए होती है। गोलाकार मंच होने से न केवल दर्शक मकान की छतों, चबूतरों, पेड़ों तथा ऊंची-नीची दीवालों पर बैठ सकते हैं, पात्र भी चारों ओर मुखातिब होते हुए अपना खेल करते हैं। उन्हें चारों दिशाओं में, सबके लिए, घूमना होता है। संवाद को भी बार-बार पुनरावृत्ति देनी होती है। इस कारण स्थिर लंकापुरी भी घूमती रहती है। स्थल वही होने से कभी वह पंचवटी तो कभी चित्रकूट भी बन जाता है। सीता की कुटिया बार-बार जगह बदलती है। वही युद्धक्षेत्र भी बन जाता है।

दर्शकों के चारों ओर बैठने से राम को धनुष भी बार-बार, सब ओर मुखातिब हो तोड़ना पड़ता है। रावण को भी अपनी जगह बदल-बदल कर कई बार धराशायी होना पड़ता है। वनगमन के समय रामादि को मंच के ही नहीं, दर्शकों के भी बार-बार चक्कर काटने पड़ते हैं। साजिंदे भी दर्शकों के बीच बैठ जाते हैं। गाते वक्त उनके साथ दर्शक भी गाने लग जाते हैं। छिपकर आने वाला पात्र ओढ़कर दर्शकों के बीच बैठ जाता है और मंच पर खुल पड़ता है। ऐसे ही राम को बार-बार लंबे समय तक विलाप करना पड़ता है।

इसे क्या कहा जाए कि जिस रासधारी ख्याल का मैंने चालीस पैंतालीस वर्ष पूर्व अध्ययन किया और प्रदर्शन देखे, उसे उसके बाद मैं वैसे जोश होश एवं उदात्त रूप में नहीं देख सका और अब तो बड़े बूढ़ों में केवल उसका नाम तथा धुंधली स्मृतियाँ भर रह गई हैं। ऐसी दशा रासधारी की ही नहीं हुई, मेवाड़ के रावलों में प्रचलित ख्यालों की भी हो गई। भवाइयों में प्रचलित खेलतमाशे भी वैसे नहीं रहे। तुर्राकलंगी ख्यालों का वह दौर भी जाता रहा। मेवाड़ी ख्यालों की रंगतें भी हवा के साथ हवा हो गई। बचा तो केवल आदिवासी भीलों का गवरी ख्याल बचा है जिसकी तनिक भी संभावना नहीं थी कि वह अच्छे रूप में और अधिक उत्साह लिए दर्शनीय रहेगा। मेरा शोधप्रबंध भी इसी पर केन्द्रित था तब

आदिवासी पंचों ने ऐसे परचे निकाले कि कोई गवरी नहीं खेलेगा। यह पिछड़े होने की निशानी है और जो खेलेगा, उसे जाति से बहिष्कृत कर दिया जाएगा।

नई दिल्ली के इंदिरा गांधी राष्ट्रीय कला केन्द्र द्वारा 12 से 16 मार्च 2008 को आयोजित रामकथा अंकन मंचन वाचन के अंतर्राष्ट्रीय वर्कशॉप में प्रेम मटियानी ने कुमाऊं की रामकथा के संदर्भ में जब कुछ स्थल गाकर सुनाये तब मैंने कहा कि ये सारी राग रागिनियाँ मेवाड़ की रासधारी में हूबहू गाई जाती हैं जो वहाँ के कुमावत मंचन के अवसर पर गाते हैं। यह निश्चय लगता है कि मेवाड़ के कुमावत घूमते घामते कुमाऊं पहुँच गए और वहाँ इस विधा को मंचित कर जीवित रखा। मैंने यह भी कहा कि कुमाऊं नाम ही कुमावत जाति के कारण पड़ा हो तो कोई आश्चर्य नहीं किन्तु यह ग़हरी खोज का विषय है।

रासधारी की तुलना मेवाड़ के अन्य किसी ख्याल से यदि की जाय तो वह गवरी ही है। गवरी की रंगभूमि और पात्रों द्वारा भरपूर मनोरंजन का पक्ष भी रासधारी जैसा ही है। देश की आजादी के बाद यह भली-भांति लगने लग गया था कि आने-वाले समय में हमारी जो पारंपरिक कला संस्कृति थाती की समृद्ध विरासत है वह या तो परिवर्तित हो जायेगी या फिर उसके दर्शन ही दुर्लभ हो जायेंगे। रासधारी ख्याल के साथ भी यही अफसोस है कि तीन सौ वर्ष से चली आ रही जिस ख्याल परंपरा ने राम के लोकादर्श से मेवाड़ी जनजीवन को प्रेमरस रंग दिया, अब उसकी कल्पना भी किरकिरी ही दे रही है।

राम की भूमिका में देवीलाल सामर तथा लक्ष्मण बना कलाकार तोलाराम

रासधारी में वादन और मंचन की भूमिका निभाने वाले लक्ष्मीनारायण राव

सीता की भूमिका में कलाकार तोलाराम

गमगीन मुद्रा में सीता बना तोलाराम

राम की प्रतीक्षा में सीता बना तोलाराम

विषाद भरे क्षणों में सीता

गुडली के गंगाराम जिन्होंने रासधारी दल से प्रसिद्धि पाई

मेवाड़ में श्रीराम का मूर्त्यांकन एवं आर्ष रामायण का चित्रांकन

डॉ. श्रीकृष्ण 'जुगनू'

हमारे यहाँ रामकथा को सुनने-सुनाने और पढ़ने-पढ़ाने, देखने-दिखाने की परंपरा तो रही है ही, इस महाकथा के चित्रांकन की सुदीर्घ परिपाटी भी रही है। इस कथा को रंग-बिरंगे चित्रों से दिखाने की दीर्घावधि से सुदृढ़ परंपरा बनी रही है, तभी तो यह जनप्रवाद चला आता है कि चित्रों को केवल काले रेखांकन वाला नहीं बनाया जाए, यह आसुरी गुणों का जनक बनता है- 'कोयळा सूं मांडणा मांडै, तो व्हौ नर रावण रै जमारै जावै।' चित्रांकन के लिए यह भी कहा गया है कि घरों में रामकथा के युद्ध दृश्यों को नहीं बनाया जाना चाहिए बल्कि संयोग-शृंगार, मिलन और दरबार के प्रसंगों को अवश्य बनाया जाए। इसी कारण भवनों-हवेलियों-घरों और महलों के भित्ति चित्रों में रामकथा के मांगलिक दृश्यों को सुविचारित कर यत्र-तत्र उकेरने की परंपरा देखने में आती है।

इतिहास और पुराणों में वर्णित वृतांतों के प्रतिरूपक देवकुलों में प्रशस्त होते हैं, राजा भोज कृत बृहत्काय समरांगण सूत्रधार में ऐसा कहा गया है :

इतिहास पुराणोक्त वृतान्तं प्रतिरूपकम्।
निन्दितं च गृहं शस्तं देवकुलेषु तत्।।[1]

विष्णुधर्मोत्तरपुराण में भी कहा गया है कि विकराल, चित्र, भीषणता, रौद्र रस को उजागर करने वाले, दुष्टों-राक्षसों के चित्र, गिद्ध, कपोत, वानर तथा लोमहर्षक समरांगण के चित्र सदा ही वर्जित होते हैं, ये गृह में प्रशस्त नहीं माने जाते हैं:

युद्धस्मशान करुणामृतदु:खार्त कुत्सितान्।
अमंगलाश्च न लिखेत्कदाचिदपि वेश्मसु।।[2]

1. वास्तुमंडनम् : संपादक श्रीकृष्ण जुगनू, चौखंबा सुरभारती, प्रकाशन, वाराणसी, 2008 ई. 7, 11 एवं समरांगण सूत्रधार : संपादक अनुवादक : डॉ. श्रीकृष्ण जुगनू, प्रो. बी. एल. शर्मा, चौखंबा संस्कृत सीरिज ऑफिस, वाराणसी, 2012 ई. 48, 71
2. विष्णुधर्मोत्तरपुराण, नाग प्रकाशन, दिल्ली, 2005 ई. चित्रसूत्रम् 43, 14

मेवाड़ के महाराणा कुंभा (1433-68 ई.) के दरबारी सूत्रधार मंडन ने भी इसी मान्यता का अनुसरण किया है और अपने राजवल्लभ वास्तुशास्त्र में तो यह स्पष्टत: परिभाषित किया गया है कि भवन में कपोत, गृध्र, कपि, काक और रौद्र रस को प्रकट करने वाले चित्र कभी शुभ और प्रशस्त नहीं होते-न शस्तं भवनेषु चित्रं कपोतगृध्राः कपि-काक-रौद्रम्।[1]

इस अंचल में रामकथा को मंचित करने की परंपरा बहुत पुरानी है और चित्रित करनेकी परंपरा भी नवीन नहीं है। महाराणा कुंभा द्वारा 1450 ई. में चित्तौड़गढ़ में बनवाए गए विशाल कीर्तिस्तंभ के सातवें विष्णु प्रतिमा खंड में चारों ही भित्तियों पर विष्णु के अवतारों का मूर्त्यांकन किया गया है। इस खंड को दशावतार खंड भी कहा जाता है। इसमें द्वारशाखाओं का सुंदर प्रयोग किया गया है। इस खंड में उत्तरी भित्ति पर द्वार के दोनों ओर परशुराम और श्रीराम के अवतारों का अंकन है। इनमें द्वार के दायीं ओर या पूर्व में श्रीराम की मूर्ति है। राम को बड़े दृढ़ भाव से ऋज्वागत मुद्रा में पद्मपीठ पर खड़ा दिखाया गया है। दो हाथों में धनुष और बाण का मूर्त्यांकन किया गया है। मुख और हाथ वर्तमान में खंडित हो चले हैं किन्तु दशरथनंदन को विविध आभूषणों से अलंकृत किया गया है। उनके दोनों ही ओर भक्तों को करबद्ध मुद्रा में उत्कीर्ण किया गया है। सूत्रधार मंडन लिखित रूपमंडनम् एवं देवतामूर्तिप्रकरणम् में श्रीराम को श्यामवर्ण और धनुष-बाण सहित बनाने का निर्देश है।[2]

इसी प्रकार यहां रामायण के प्रमुख पात्रों में श्रीराम, सीता, लक्ष्मण, हनुमान, सुग्रीव आदि की मूर्तियां भी बनाई गई हैं। इस काल तक रामकथा का यहां जन-जन में प्रचार था और हनुमन्नाटक और रामचरित्र-आधारित लीलाओं का मंचन होने लगा था। महाराणा कुंभा ने कुंभलगढ़ में हनुमान की मूर्ति लाकर लगवाई थी। चित्तौड़ में हनुमान पोल या रथ्या का निर्माण भी हुआ था।

मेवाड़ में महर्षि वाल्मीकि रचित आर्ष रामायण का चित्रण हुआ है और यह चित्रित रामायण भारतीय चित्रकला परंपरा की अप्रतिम निधि के रूप में स्वीकारी गई है। जिस समय इसकी रचना हुई, देश में स्थानीय राजाओं के सामने मुगलों का बढ़ता प्रभाव था, ऐसे में इस रामायण में राम-सेना के रूप में स्थानीय राजा और सामंतादि करद राजाओं का चित्रण हुआ है। जबकि रावण की असुर सेना के रूप में मुगलों का अंकन किया गया है। यह संयोग है कि इस चित्रांकन में सम-सामयिक जीवन का पूरा चित्रण हुआ है। तुलसीदास की रामचरित मानस के मूल जो उद्देश्य थे, वे ही इस रामायण के चित्रांकन के साथ भी

3. राजवल्लभवास्तुशास्त्रम् : संपादक अनुवादक : श्रीकृष्ण जुगनू, परिमल पब्लिकेशंस, दिल्ली, 2003 ई. 9, 14
4. देवतामूर्तिप्रकरणम् : सूत्रधार मंडन, संपादक – अनुवादक : उपर्युक्त, न्यू भारतीय बुक कारपोरेशन, दिल्ली 2003 ई. 5, 72 परिशिष्ट में रूपमण्डनम् 3, 27

जुड़े हुए प्रतीत होते हैं।

मेवाड़ी चित्रकला और आर्ष रामायण

मेवाड़ की चित्र शैली कई युगों की कला का अंश-अंश लिए विकासमान थी। यह अपभ्रंश शैली के परिष्कृत रूप में विकास लिए सामने आई। आकृतियों और रंगादि के प्रयोग में यह तथ्य लक्षित होता है। इन चित्रों में रंग योजना बहुत तरतीबवार है और उनका उपयोग तथा दृश्य के लिए प्रयोग नितांत सुंदर है और रक्तिमता तथा पीताभ की बहुलता लक्षित होती है।

आर्ष रामायण में मेवाड़ी चित्रशैली अपनी पूर्ण विशेषताओं के साथ मुखरित हुई है। इसकी रचना 1649 से 1653 ई. के बीच चित्रकार साहबदीन और मनोहर द्वारा की गई। आर्ष रामायण का प्रारंभ मनोहर ने 1649 ई. में किया और समापन साहबदीन ने 1653 ई. में किया। हालांकि कई चित्र दोनों ने साथ भी बनाए। यह ग्रंथ वर्तमान में कई संग्रहालयों की थाती बना हुआ है। प्रसिद्ध समीक्षक कार्ल जे. खंडालावाला द्वारा दी गई सूचना[1] के अनुसार यह ग्रंथ बिखरा-बिखरा हुआ भी अपनी सुदृढ़ सूचनाओं के आधार पर रामकथा की कड़ियां जोड़ता रहा है। इस ग्रंथ के कांडों के अनुसार चित्र संपुटों का विवरण इस प्रकार है :

कांड	समय	चित्रकार	उपलब्धता
बालकांड	वि.सं. 1706 (1649 ई.)	मनोहर	प्रिंस ऑफ वैल्स संग्रहालय, मुंबई
बालकांड	वि.सं. 1707 (1650 ई.)	साहबदीन	ब्रिटिश संग्रहालय, लंदन
अयोध्याकांड	वि.सं. 1707 (1650 ई.)	मनोहर	प्रिंस ऑफ वैल्स संग्रहालय, मुंबई
अरण्यकांड	वि.सं. 1708 (1651 ई.)	मनोहर	राजस्थान प्राच्य विद्या प्रतिष्ठान, उदयपुर
युद्धकांड	वि.सं. 1709 (1652 ई.)	साहबदीन	ब्रिटिश संग्रहालय, लंदन
किष्किंधाकांड	वि.सं. 1710 (1653 ई.)	साहबदीन	केसल संग्रहालय, लंदन
उत्तरकांड	वि.सं. 1710 (1653 ई.)	साहबदीन	ब्रिटिश संग्रहालय, लंदन

रामायण का यह चित्रांकन महाराणा जगतसिंह के शासनकाल में किया गया। महाराणा जगतसिंह का शासनकाल मेवाड़ के पुनरुत्थान का काल माना जाता है। इस शांतिकाल में साहबदीन, अली और मनोहर जैसे चितेरों ने मेवाड़ कलम को नवीन प्रतिष्ठा दी। इस ग्रंथ के प्रथम संपुट, जिसमें बालकांड आता है, की समापन पुष्पिका के अनुसार विदित होता

5. मार्ग जर्नल, मुंबई, 1958 ई.

है कि यह ग्रंथ महात्मा हीरानंद ने आचार्य श्रीजसवंत के नेतृत्व में लिखा और मनोहर ने चित्रांकन कार्य किया। आचार्य जसवंत संभवत: रामानंद संप्रदाय से थे और महात्मा हीरानंद कृत रामकथा आधारित पुस्तक के प्रशंसक थे। पुष्पिका इस प्रकार है –

अतीव रामः शुशुभेभिराम या शशीव पूर्णो दिविदक्षकन्यया ।।29।।

इत्यार्षे रामायणे महर्षि वाल्मीकिर्विरचिते दशरथ प्रमोदां नाम बालकांडेय समाप्तमिति सर्गाः ।।49।।

संवत् 1706 समये मार्गशीर्ष मासे कृष्णपक्षे त्रयोदश्यां तिथौ गुरुवासरे मेदपाटदेशे श्रीउदयपुर नगरे।।

महाराजाधिराज श्री श्री 5 जगतसींघजी विजै राज्ये। चितारौ मनोहर, आचार्य श्री जसवंतजी लिषायौ महात्मा हीराणंद पुस्तकं लिखतं।[6]

इस ग्रंथ और अन्य प्रमाणों से यह भी विदित होता है कि इसकी रचना उदयपुर सहित चित्तौड़ के दुर्ग पर स्थित चित्रशाला में भी हुई। चित्तौड़गढ़ की चित्रशाला बहुत प्रसिद्ध थी और संभवत: महाराणा कुंभा के काल में उसकी गतिविधियां बहुत चरम पर पहुंची हुई थीं मगर कुंभलगढ़ निर्माण के साथ ही वहां से चित्रकारों को कुंभलमेर स्थानांतरित कर दिया गया था। चित्तौड़ की चित्रशाला में प्रधानत: गीतगोविंद और चौर पंचाशिका की रचनाएं हुईं किन्तु बहुत संभव है कि यहां वात्स्यायन प्रणीत कामसूत्र और मूर्तिकला पर आधारित कुछ ग्रंथों का सचित्र लेखन हुआ होगा। कुंभाकृत संगीतराज के नृत्यरत्नकोश से यह सहज ही अनुमित हो सकता है।

रामायण के अधिकांश चित्र चित्तौड़गढ़ की पृष्ठभूमि से प्रेरित प्रतीत होते हैं। इसका आशय यह है कि महाराणा जगतसिंह के शासनकाल में चित्तौड़गढ़ अपेक्षाकृत शांत स्थल होकर रह गया था और चूंकि उदयपुर विकासशील था, अत: सृजनात्मक प्रवृत्तियों का केन्द्र चित्तौड़ भी बना रहा। यह भी प्रतीत होता है कि मुगल दरबार से जो चित्रकार मेवाड़ आए, उन्हें विशेष शर्तों के तहत चित्तौड़ दुर्ग में भी रखा गया हो, कालांतर में वे उदयपुर में रखे गए। रामायण के अरण्यकांड और युद्धकांड के चित्रों में चित्तौड़ की वनस्पति, रण, परिवेश और जनजीवनीय गतिविधियों की झलक देखी जा सकती है।

चित्रित रामायण की विशेषताएं

रामायण एक विशालकाय ग्रंथ है और इस विशालतम ग्रंथ के प्रत्येक कांड, उसके प्रत्येक सर्ग और उसमें आए श्लोकों में वर्णित प्रसंगों को आत्मसात कर तदनुरूप चित्र योजना तैयार

---

6. हरमन गोट्ज का बुलेटिन ऑफ द बड़ौदा म्यूजियम, बड़ोदरा, भाग 7, 1949–50 पृष्ठ 58–60, तुलनीय : मोतीचंद का प्रिंस ऑफ वैल्स म्यूजियम बुलैटिन संख्या 5, 1955–57 ई. में प्रकाशित लेख

करना सामान्य कार्य नहीं था। चित्रकारों ने बहुत ही संयत भाव से रामायण की कथावस्तु और उसकी चित्रमय झांकी को अपनी कल्पनाओं में साकार किया और बहुत ही सुविचारित ढंग से कागज पर आकार देने का प्रयास किया।

इस प्रकार इस चित्रित ग्रंथ में कार्य योजना के निम्न चरण रहे हैं :

1. चित्रकारों द्वारा रामायण की कथा को क्रमशः सुनना और संयम पूर्वक समझने का प्रयास।
2. चित्रकारों द्वारा सुनी गई कथावस्तु के आधार पर चित्रों की योजना और उसकी कल्पना करना।
3. चित्रण हेतु स्केच के साथ-साथ परिवेश की परिकल्पना और उसका चित्रण।
4. स्केच को रेखाओं और रंगों से परिपूरित करने का प्रयास करना।

यह प्रतीत होता है कि महात्मा हीरानंद ने आर्ष रामायण का कोई मेवाड़ी भाषा में पाठ तैयार किया था। इस समय तक मेवाड़ी में अन्य कई ग्रंथों का अनुवाद हो रहा था और चित्रकारों सहित साधु-संन्यासी उन पर चित्रादि की कार्य योजना तैयार करने में लगे रहते थे।

जैसा कि कहा गया है कि इस रामायण के चित्रांकन में राम-रावण के रूप में हिंदू राजाओं और आक्रांताओं का चित्रण मिलता है। यह क्षत्रियों व मुगलों के बीच संघर्ष का सूचक है। पुरुषों के दाढ़ी और मुखाकृतियों में मुगल शैली का प्रभाव दिखाई देता है। इसी प्रकार इसमें संतों व स्त्रियों की आकृतियां मेवाड़ी मुखाकृतियों से भिन्न नहीं हैं। वे स्थानीय परिवेश से प्रेरित हैं।

यह स्मरणीय है कि वाल्मीकि रामायण के वर्तमान प्रचलित पाठ और उक्त चित्रित ग्रंथ में प्रयुक्त पाठ में कुछ अंतर अवश्य रहा है। गीता प्रेस संस्करण जो आज सर्वाधिक लोकप्रिय है, उसमें प्रत्येक सर्ग का समापन इस वाक्य के साथ होता है:

इत्यार्षे श्रीमद्रामायणे वाल्मीकीये आदिकाव्ये बालकांडे सप्तसप्ततितमः सर्गः ।।77 ।।

इसके विपरीत मेवाड़ी चित्रित आर्ष रामायण में सर्ग का नामकरण भी किया गया है। दोनों में सर्गों की संख्या में भी न्यूनाधिक्यता है। यथा :

इत्यार्षे रामायणे महर्षि वाल्मीकिर्विरचिते दशरथ प्रमोदां नाम बालकांडेय समाप्तमिति सर्गाः ।।49 ।।

बालकांड के समापन का श्लोक वर्तमान प्रचलित गीताप्रेस पाठ में निम्नानुसार आया है:

तया स राजर्षिसुतोऽभिकामया समेयिवानुत्तमराजकन्यया।
अतीव रामः शुशुभे मुदान्वितो विभुः श्रिया विष्णुरिवामरेश्वरः ।।29 ।।

चित्रित रामायण में यह श्लोक निम्न रूप में मिलता है :

अतीव रामः शुशुभेभिराम या शशीव पूर्णो दिविदक्षकन्यया।।29।।

चित्रांकन में वैशिष्ट्य

मेवाड़ी आर्ष रामायण के चित्रांकन की कतिपय विशेषताएं स्पष्टतः लक्षित होती हैं। यहां चित्रकारों ने दीर्घ योजना लेकर कार्य किया और बहुत धैर्य के साथ लगभग पांच सालों तक अपना तन-मन रामायण की कथावस्तु में लगाए रखा। तब राम नाम लेना कोई संकीर्णता का द्योतक नहीं था बल्कि प्रणाम और नमन का एक रूप था। तभी तो साहबदीन ने अपने चित्रों को देखकर अंकित पाठ को पढ़ने वाले को अपना राम-राम वाचना लिखा है। मारू राग का संवत् 1685 में तैयार चित्र की पुष्पिका में साहबदीन की अभिव्यक्ति है :

मारूराग।42। संवत 1685 वर्षे आसोज वद, राणा श्रीजगत सींघ राजेण उदैपुर मधै लीखतं चीतारा साहीब दीनन् बाचण हारा नै राम रामै।

रामायण के चित्रण विधान की कतिपय विशेषताएं हैं :

1. इस ग्रंथ के लिए सन्नद्ध रहे चित्रकारों ने अपनी रेखाओं के न्यास और विस्तार में मानवीय कायानुपात को पूर्णतः ध्यान में रखा है। तपस्वियों और ऋषियों के चित्रण में काया की हड्डियों को उभारा गया है। उनके शिर के केशों के विन्यास में परंपरा का ध्यान रखा गया है। इनमें अंतराल पर पूरा ध्यान दिया गया है।
2. आर्ष रामायण के मानवीय पात्रों के आरेखन और रंग योजना में चित्रशास्त्रीय विधान की परिपालना की गई है। अयोध्या लौटते हुए दशरथ के चित्र में भीड़ को उचित ढंग से उकेरा गया है। इसमें जनसमूह को नियंत्रित समूहों में अंकित किया गया है और रामायण के अयोध्याकांड के आरंभिक स्तर पर जो अनुभूति रचनाकार ने देने का प्रयास किया है, चित्र उसी का प्रतिनिधित्व करता है।
3. मानवेतर पात्रों - उरग, राक्षस, पन्नग, किन्नरादि का आरेखन प्रतिमा और चित्रशास्त्रीय ताल सम्मत किया गया है। पूजागृहादि की रचना में देवालय स्थापत्य को देखा जा सकता है।
4. राक्षसों के निवास, उनके विहार, आचार-विचार और व्यवहार में मानवेतर प्रकृति और प्रवृत्ति का पूरा ध्यान रखा गया है। उनको मानवीय आकृतियों की अपेक्षा अधिक स्थूलकाय और संवेदना शून्य दिखाने का प्रयास किया गया है। युद्धकांड और सीता की खोज के प्रसंग में बनाए गए चित्र इस संबंध में परीक्षण योग्य हैं।
5. वानर-रीछ आदि की आकृतियों में उनके चंचल स्वभाव को सूक्ष्म और स्थूल रेखाओं से कायिक स्पंदन को अंजाम देते हुए दिखाने का सफल प्रयास मिलता है। चित्रकारों

को वानरों के स्वरूप के विन्यास में पर्याप्त सफलता मिली है। हनुमान, बाली, सुग्रीव, राजकुमार अंगद के चित्रों में यह विचार विशेष रूप से द्रष्टव्य है। किष्किंधा और युद्धकांड के प्रसंगों को साहबदीन और मनोहर ने बहुत सुंदर ढंग से अभिव्यक्त किया है। यह विन्यास अन्य क्षेत्रीय रामायणों में भी दुर्लभ कोटि का ही स्वीकारना होगा।

6. यद्यपि चित्रण में रामायणकालीन पृष्ठभूमि का अभाव ही अधिक प्रतीत होता है किन्तु चित्रकार समकालीन प्रकृति और परिवेश से जुड़ा रहा है और बरबस ही उसकी तूलिका ने मुगलकालीन प्रसंगों को मंडित कर दिया है।

आर्ष रामायण के चितेरे

आर्ष रामायण का चितेरा मेवाड़ कलम का प्रमुख सूत्रधार साहबदीन चितेरा था। कलम उसके कुछ इस तरह वशीभूत थी कि वह दोनों ही हाथों से उसका प्रयोग करने की कुव्वत रखता था। वह मेवाड़ चित्रकला का प्रधान प्रवर्तक भी है और मार्गदर्शक भी। उसका रेखांकन कुछ इस तरह का रहा कि वह आश्रयदाता से अनुमोदित हो गया और रेखाएं रंगों का साहचर्य पाकर चितराम बन गईं। साहबदीन कौन था, कहां का था? उसने अपने बारे में खुद कुछ नहीं कहा। बस, इसी कारण कुछ अटकलें ही उसके बारे में लगाई जाती रही हैं।

कहा जाता है कि वह मुगल दरबार का चित्रकार था और जहांगीर के काल से ही ख्याति प्राप्त कर चुका था। शहंशाह शाहजहां के शासनकाल में जब (1628–56 ई.) दरबारी चित्रकला के खर्चे में कटौती की गई और कुछ चित्रकारों को प्रश्रय नहीं मिला तो जो चित्रकार पलायन कर गए, उनमें साहबदीन भी था। शाही दरबार से वह मेवाड़ महाराणा जगतसिंह के आश्रय में आ बसा; यहीं पर उसके लिए विशेषरूप से चितारों की ओवरी या चित्रशाला की व्यवस्था की गई। मनोहर उसका सहयोगी था और यह भी मुगल दरबार से ही मेवाड़ आया था। यह उम्र में साहबदीन से छोटा था।[7] इसका व्यक्तिचित्र लंदन में विद्यमान है और रामायण की चित्रयोजना में इसका बहुत सहयोग रहा है। इस प्रकार मेवाड़ की चित्रित रामायण का चित्र जगत में विशिष्ट महत्त्व[8] रहा है।

---

7. द रामायण : द मेवाड़ रामायण मैन्यूस्क्रिप्ट्स : जे. पी. लॉस्टी, नियोगी बुक्स, दिल्ली, 2008 ई. बुलेटिन ऑफ द प्रिंस ऑफ वैल्स म्यूजियम, बॉम्बे, वॉल्यू. 5, 1955–57 ई. में प्रकाशित डॉ. मोतीचंद का आलेख : पेंटिंग्स फ्रॉम एन इलस्टेटेड वर्जन ऑफ रामायण पेंटेड एट उदयपुर इन 1649 ई. पृष्ठ 33–49

8. आर्टीबुस एशिया, वॉल्यूम 54, 1996 ई. में प्रकाशित विद्या दहेजिया का आलेख : द ट्रीटमेंट ऑफ नरेटिव इन जगतसिंह 'ज रामायण, ए प्रिलिमिनेरी स्टडी, पृष्ठ 303–24

मेवाड़ी बोली में रामायण : मानवमित्र रामचरित्र

रीना मेनारिया

राजस्थान कई बोलियों का प्रदेश है। यहाँ दो दर्जन से अधिक बोलियों का व्यवहार होता है और इनमें भी बारह-बारह कोस पर बोली का स्वरूप बदल जाता है। मेदपाटी या मेवाड़ी यहाँ की वह बोली है जो मुख्य रूप से सूर्यवंश शासित मेवाड़ में बोली जाती रही है। मेवाड़ राजस्थान के उदयपुर संभाग के अंतर्गत राजसमंद-नाथद्वारा, चित्तौड़गढ़, भीलवाड़ा और प्रतापगढ़ जिलों को मिलाकर बनने वाला क्षेत्र रहा है। कभी यह शासन की इकाई था और मेवाड़ का परचम बयाना-भरतपुर तक फहराता था। महाराणा कुंभा, महराणा सांगा और महाराणा प्रताप जैसे शासक इसी क्षेत्र के क्षात्रतेज के धारक रहे हैं। राजसमंद झील पर उत्कीर्ण 17वीं सदी के राजप्रशस्ति शिलालेख (संवत् 1718-1738) के तृतीय सर्ग के अनुसार मेवाड़ का राजवंश सूर्यवंश से संबद्ध रहा है। गांव-गांव सूर्य मंदिरों का स्थापनाकर्ता और शिव के प्रति अगाध आस्था रखने वाला यहां का राजवंश राजस्थान के अन्य राजवंश से सर्वाधिक प्राचीन रहा है। चौदह सौ वर्षों तक एक ही वंश का राज्यारुढ़ रहना विश्व-समुदाय के सामने भी एक मिसाल है।

इस संभाग में बोली जाने वाली बोली मेवाड़ी है। यह मूलतः ओकार प्रधान बोली थी जिसका सर्वप्रथम उल्लेख नाट्यशास्त्र में महामुनि भरताचार्य ने किया है। प्राकृत व अपभ्रंश से ही नहीं देव भाषा के साथ भी मेवाड़ी का अति ही निकट संबंध है और इन भाषाओं का मेवाड़ी में सहज और सरल अनुवाद संभव है। इसीलिए मेवाड़ी में अनेक वर्षों से अनुवाद होता रहा है। यहां के शासकों का यह निर्देशात्मक आदर्श रहा है। कि देव भाषा को तो विचक्षणजन ही समझ सकते हैं, सर्वसाधारण भी किसी विषय को समझ सके, इसके लिए उस विषय को स्वदेश भाषा में लिखा जाना चाहिए-

गीर्वाणवाण्यामविचक्षणः नरैस्सुखावसे यानि वचांसि कानिचित्।
स्वदेशभाषाभाषानुसृत्य भूपतेरनुज्ञया लेख्यपथं नयामहे।

(एकलिंगजी मंदिर के दक्षिणद्धार की प्रशस्ति श्लोक 101)

इसे मेदपाटेश्वर भगवान् एकलिंगजी की आज्ञा मानकर यहां मेवाड़ी में सृजन और अनुवाद

कार्य किया जाता रहा है। धक्कड़ हरिषेण ने 12वीं सदी में प्राचीन मेवाड़ी का प्रयोग किया। महाराणा कुंभा ने 15वीं सदी में मेदपाटी बोली में चार अंकों वाले नाटकों की रचना की। इसके बाद, भक्तिमती मीराबाई, संतमना कालू कीर, संत भुवन चौहान जैसे संतों ने पदों-गीतों-हरिजसों की रचना की। अत्रि, महेश भट्ट, रणछोड़ भट्ट, कोटेश्वर दशोरा जैसे कई विद्धानों ने समय-समय पर अनुवाद कार्य भी किया। मेवाड़ राजपरिवार के योगीवर्य बावजी चतुरसिंह महाराज मेवाड़ी लिखने में सिद्धहस्त रहे हैं।

चतुरसिंह ने कई भजनों, वाणियों और गीतों की रचना की तथा श्रीमद् भगवद्गीता, योगसूत्रादि ग्रंथों का इस बोली में अनुवाद किया। वे मातृभाषा में ही बालक-बालिकाओं को शिक्षा देने के प्रबल पक्षधर थे और इसीलिए उन्होंने पहली पोथी (प्राइमर) का भी प्रणयन किया था। चतुरसिंह का जन्म 9 फरवरी 1880 को करजाली ठिकाने के महाराज सूरतसिंह के घर हुआ था। वह तत्कालीन मेवाड़ के महाराणा फतहसिंह के भतीजे थे। चतुरसिंह योगी थे और अपने ही कुल के गुरु गुमानसिंह से योग में दीक्षित थे। पहली जुलाई 1929 ई. को बावजी ने असार संसार से निर्वाण प्राप्त किया। बावजी चतुरसिंह ने भगवान् राम के चरित्र को मेवाड़ी भाषा में लिखा और बहुत उम्दा ढंग से कई स्थितियों-परिस्थितियों का वर्णन किया। लाखों मेवाड़ियों, राजस्थानियों ने इस ग्रंथ का पारायण कर रामचरित को आत्मसात् किया है। इसे मेवाड़ी रामायण का दर्जा प्राप्त है।

रचनाकाल और वैशिष्ट्य

'मानवमित्र रामचरित्र' ग्रंथ कर प्रणयन 1928 ई. में हुआ और इसी वर्ष बावजी चतुरसिंह की देखरेख में ही इसका प्रकाशन कांड क्रम से छह गुटकों में किया गया। उसके दस साल बाद, 1938 ई. में पंडित गिरधरलाल शास्त्री के संपादन में एक ही पुस्तक के रूप में इसका पुनर्प्रकाशन हुआ जबकि तीसरा संस्करण 1980 ई. में बावजी चतुरसिंह की जन्मशती के उपलक्ष में महाराणा मेवाड़ फाउंडेशन से निकला। तृतीय संस्करण में पहली बार इस ग्रंथ का समर्पण भी प्रकाशित किया गया है। ग्रंथकार ने अपनी इस कृति को मेवाड़ के तत्कालीन महाराणा फतहसिंह को समर्पित किया था जो कि उनके पितृत्व थे। इस संस्करण में यह स्वीकारा गया कि यह उस दौर में लिखी गई जबकि भारतीय समाज पर आसुरी-आंग्लशासन का प्रत्यक्ष-अप्रत्यक्ष कब्जा था और परिस्थितियां वैसी ही हो चली थीं जैसी कि गोस्वमी तुलसीदास के काल में सामने आई थीं। इस दौर में शासनतंत्र का रथ महाराणा फतहसिंह ने बहुत चतुराई के साथ खींचा था।समर्पण में गुरु गुमानसिंह रचित यह दोहा द्रष्टव्य था:

कर हिक रजवट शकट शज, दुति रथ धरम विशाल।
राणा माठी शमय में, थूं खेंचे फतमाल।।

इसका आशय है कि 'हे महाराणा! फतहसिंह, क्षात्रत्व रूपी शकट एवं धर्मरूपी विशाल रथ को इस संकट के समय में तू अकेला ही खींच रहा है। बावजी ने इस दोहे के संबंध में कहा है कि इस दोहे में महाराणा का वही स्वाभाविक चित्रण किया गया है कि जो जैसा है, वैसा ही रचनाकार ने वर्णित किया है- 'यो दुहो कई है, जाणे श्रीजी री चर्या लखी है अर्थात् है सो लखी है अर्थात् वणावा वाळा री कई वत्ताई नी है, है शो लखी है ने जणारी लखी है वणारी भी कोई वत्ताई नी है। क्यूं के या श्रीजी री शुभाविक वात है। अणी में वत्ताई री वात कई है? देखी जशी की'ने शुभाव है जश्या है।'

यह ग्रंथ किस आधार पर और मेवाड़ी बोली में क्यों लिखा गया, बावजी ने इसका उत्तर स्वयं दिया है कि 'यह पुस्तक तुलसी कृत रामायण, वाल्मीकीय रामायण, योगवासिष्ठ और महावीर चरित्र का आश्रय लेकर कहानी या उपन्यास की तरह से लिखी गई है। भगवान् मर्यादा पुरुषोत्तम का चरित्र लिखते हुए तो बड़े-बड़े मुनिराजों को यह कह देना पड़ता है कि हम भी नहीं कह सकते हैं, तो फिर मामूली व्यक्ति क्या कह सकता है परंतु भगवान तो केवल भाव के भूखे हैं, इस पुस्तक में अपनी बोली के नाम याद नहीं आए, वहां पर दूसरी बोली का प्रयोग करना पड़ा सो सज्जनों को सुधार लेना चाहिए। कितने ही मेवाड़ के लोग ही मेवाड़ी बोली से घृणा करते हैं, यह उनके समझ की महिमा है। कितने ही पराई बोली पढ़ने के अवगुण भी बताते जाते हैं और अपनी बोली की बुराई भी करते जाते हैं, जहां-जहां अपनी बोली में पढ़ाते हैं, वहां-वहां पढ़े-गुने अधिक मिलते हैं और यह बात धारक को भी देख लेनी चाहिए।' बावजी ने यह भी लिखा है कि 'कितने ही लोग कहते हैं कि राम भगवान् नहीं थे और कितने ही कहते हैं कि श्रीराम भगवान् थे। मुझे तो जिस किसी में राम भगवान् के गुण होते हैं, उसको भी भगवान् कहते हुए संकोच नहीं होता और राम भगवान् रा गुण नहीं हो तो ऐसे भगवान् को भी मेरा तो दूर से ही प्रणाम है।'

जिस प्रकार वाल्मीकि कृत रामायण का वर्णन अनेकानेक कारणों से रुचिकर है, वैसे ही महाराज चतुरसिंह का वर्णन भी न्यारा और निराला ही प्रतीत होता है। वाल्मीकीय आर्ष रामायण में कहा गया है कि उदार दृष्टि वाले महर्षि ने भगवान् श्रीरामचंद्र के चरित्र को लेकर हजारों श्लोकों से युक्त महाकाव्य की रचना की, जो उनके यश को बढ़ाने वाला है। इसमें श्रीराम के उदार चरित्रों का प्रतिपादन करने वाले मनोहर पदों का प्रयोग किया गया है :

उदारवृत्तार्थपदैर्मनोरमैस्तदास्य रामस्य चकार कीर्तिमान्।
समाक्षरैः श्लोकशतैर्यशस्विनो यशस्करं काव्यमुदारदर्शनः।।

(वाल्मीकीय रामायण 1, 2, 42)

इसी प्रकार यह भी कहा गया है कि महर्षि वाल्मीकि के बनाए हुए काव्य में तत्पुरुष

आदि समासों, दीर्घ-गुण आदि संधियों और प्रकृति-प्रत्यय के संबंध का यथायोग्य निर्वाह हुआ है। इसकी रचना में समता है, पदों में माधुर्य है और अर्थ में प्रसाद आदि गुणों की अधिकता है, निस्संदेह यह रघुवरचरित और रावण वध तक का प्रसंग सुनने योग्य है :

तदुपगतसमाससंधियोगं सममधुरोपनतार्थ वाक्यबद्धम्।
रघुवरचरितं मुनिप्रणीतं दशशिरसश्च वधं निशामयध्वम्।।

(उपर्युक्त 1, 2, 43)

वाल्मीकि रामायण में कथा प्रतिपादन से लेकर उसके पल्लवन तक के विभिन्न स्तर मिलते हैं वहीं महाराज चतुरसिंह कृत मानव मित्र रामचरित्र में भी अनेकत्र कथा-प्रसंगों में रचनाकार के उर्वर और मौलिक प्रतिपादन का वर्णन भी लक्षित होता है। प्रो. कृष्णचंद्र श्रोत्रिय ने बावजी चतुरसिंह के भाषानुराग और वर्णन की विमुग्धता के संदर्भ में कहा है कि महाराज साहब को मेवाड़ की राज-रीति, धर्म-मर्यादा, लोकाचरण, वर्णव्यवस्था, सामाजिक रीति-रिवाज, मेवाड़ी वेशभूषा तथा सर्वोपरि मेवाड़ी बोली से अटूट स्नेह था। इसी मेवाड़ी बोली को जो उनकी लेखनी का प्रश्रय प्राप्त कर भाषा के गौरवपूर्ण पद पर आसीन हो चुकी है- उन्होंने अपनी अभिव्यंजना का माध्यम बनाया और इसी में अपनी संपूर्ण रचनाएँ लिखीं जो अपने आप में वैराग्य, देशप्रेम तथा भाषानुराग की अनुपम त्रिवेणी हैं, मानव मित्र रामचरित्र की रचना भी इसी मेवाड़ी बोली में की गई, जिसका ठेठ माधुर्य व मिठास संपूर्ण कृति में छलक रहा है, (मानवमित्र भूमिका, पृष्ठ क)

रामायण और रामचरित मानसादि रामचरित काव्यग्रंथों के अनुसरण में इस कृति में कांड की अपेक्षा रचनाकार ने विषयों का विभाजन 'चरित्र' के नाम से ही किया है। कांड की वर्तमान अवधारणा के दौर में चरित्र के रूप में अध्यायों और विषयों का विभाजन उचित ही जान पड़ता है। महाराज चतुरसिंह ने छह चरित्रों का प्रणयन अपनी इस कृति में किया है और इनमें ही संपूर्ण रामायण लिखना स्वीकारा है:

1. बाल चरित्र,
2. अयोध्या चरित्र
3. वन चरित्र
4. किष्किंधा चरित्र
5. सुन्दर चरित्र और
6. विजय चरित्र

चरित्रानुसार कथा का विभाजन

रचनाकार ने 'मानवमित्र रामचरित्र' ग्रंथ का आरंभ एक दोहे के साथ किया है और अलख

गुरु की अनंत कृपा का आभार व्यक्त किया है–

नमो अलख गुरु प्रकट री, दयादृष्टि बिन अंत।
घणां कलप रो उलट ज्या, करे पलक रो पंथ।।

इस मंगलाचरण के बाद महाराज चतुरसिंह सीधे–सीधे ही रघुकुल का वर्णन दशरथ से आरंभ करते हैं–

आगे एक बड़ा आछा गुणवान राजा व्हिाया हा। वणां रो नाम दशरथजी हो। वी अयोध्या नाम री नगरी रो राज करता हा। वणां रे सब तरे'रा सुख हा। कणी वात रो घाटो हो, बाटो हो, तो एक हीज हो के वणां रे पुत्र नी व्हे'तो हो। अणी वातरी राजा रा मन में उदासी वणी रे'ती ही। वणां तीन–तीन व्याव कर लीधा, पण पुत्र एक रे भी नी व्हियो। राजा ने राणियां ने तो ई रो सोच रे'तो हीज, पण रैत ने भी ई रो पूरो–पूरो विचार हो। मनख वातां करता हा, के अश्या धर्मात्मा राजा रे पुत्र क्यूं नी व्हे। कोई तो के'तो, के अणां राजा शिकार में एक दाण अणजाण शूं कणीं मनख ने मार न्हाख्यो जणीं पाप शूं पुत्र नहीं व्हे'तो व्हे'गा। कतराई के'ता, ई राजा तो आपां ने बेटा–बेटी ज्यूं पालणे झुलाय रिया है, पछे कजाणां कई व्हे'गा। कतराई के'ता, परमेशर अणा राजा ने मूंडा आगे मौत दे दीजो,पणा अणारी खोटी कानां शंभळावो मती। यूं सारा ही राजा पे जीव छांटता हा। अणी तरे शूं नराई वर्ष वीत गिया। सेवट में भगवान सारांरो हो हेलो शुण्यो,ने राजा रे तीन ही राण्यां न्हाई री। ई समाचार शुणने तो लोग हरख वावळा व्हे ज्यूं व्हे गिया। जाणे एकरे ने एकरे तो कुंवर व्हे'गा ही ज, पण भगवान री दया शूं तीन ही राण्यां रे कुंवर जनम्यां ने फेर छोटा राणीजी रे एक साथे दो कुंवर जनम्या। अणा वधायां ने शुण–शुण ने तो सुख रो पार ही नी रियो....। *(बालचरित्र का आरंभ पृष्ठ 1–2)*

पदे–पदे राजनीति की सीख

उक्त वर्णन में महाराज चतुरसिंह सीधे ही अयोध्या नरेश दशरथ को पुत्र प्राप्ति का वर्णन करते हैं, अन्य रामायणों की तरह वे पुत्रमेष्टि यज्ञ संपादन का वर्णन नहीं करते। ग्रंथकार ने यह स्वीकारा है कि राजा दशरथ का पुण्य प्रबल था और उनका प्रजापालन गुण भी अनुकरणीय था। ऐसे प्रजापालक धर्मात्मा राजा के पुत्र क्यों नहीं हो ? अंतत:, देर–सवेर अच्छे का फल तो अच्छा ही होता है। दशरथ की प्रजाप्रियता का वर्णन ग्रंथकार इन पंक्तियों में करते हैं– धन है, वणी राजा ने, जणी उपरे प्रजा का ऐसा मोह होता है, ऐसा मोह हो भी क्यों नहीं, राजा भी तो उनको हथेली के छाले की तरह संभाल–संभाल कर रखते थे: राजा भी तो वर्णाने हतेळी रा छाला ज्यूं अछन–अछन करता हा। वणा रे वास्ते आधी–पाछली भी नी गणता हा। *(उपर्युक्त पृष्ठ 3)*

रामचरित्र में चतुरसिंह ने राजधर्म का कई स्थलों पर स्मृति-सम्मत चित्रण किया है। दशरथ को वह स्वयं इस बात का इच्छुक बताते हैं कि वे अपने पुत्रों को राजधर्म सीखाना चाहते थे महाराणा दशरथजी ने तो कदकी ही या हीज लालशा लागीरी'ही के म्हारे बाळक व्हे' तो म्हूं वणी ने राजधर्म आछी तरे' शिखाय देउं। जणी शूं अबे राजा शघळा भायां ने नरी तरे शूं या वात शिखावा लागा के रैत या प्रजा ने यूं पाळणी ने यूं राखणी ने वींरो यो ही सार है के राजा रैत रे वास्ते हीज है, यूं राजा के'ता शिखावता, वणी बच्चे ही भी राजकुंवर वत्ती समझ लेता हा, जाणे मां रा पेट शूं हीज यो प्रजा पाळवा रो धर्म शीख ने आया है। वणां भी बड़ा राजकुंवर राम तो सांची ही सारा वातां में बड़ा हीज हा। वी बड़ा बळवंत हा पर वणारा बळ री कणी ने ही जाण ही नी पड़ती। क्यूं के वी भारीखमा घणा हा। सुहावणा तो अश्या हा, के देखतां ही आखां ठंठी व्हे जाती ही, जणीज शूं लोग वांने रामचंद्र के'ता हा, ने रैत रे वास्ते तो, परसेवा री जगा लोही छांटवाने त्यार रे'ता हा। झूंठ तो वणांने बोलता ही नीं आवतो हो, राम तो गुणां री खान हा ही ज, पण छोटा भाई भी घणां गुणी हा....। *(उपर्युक्त पृष्ठ 3-4)*

इस प्रकार बालचरित्र में चतुरसिंह ने अपनी प्रज्ञानुसार दशरथनंदनों का वर्णन किया है और उनके गुणों को अप्रतिम कहते हुए प्रजापालन को परम राजधर्म स्वीकृत किया है। उन्होंने मनु के निर्देश के विपरीत आचरणकर्ता को राक्षस स्वीकारते हुए लिखा है कि 'वी मनखां ने मनुजी रा धर्म पे नी चालवा देवे, ने चोरी-जारी झूंठ शिखावे है, अधर्म पे चाल दूजारी लुगायां ने जोरी शूं पकड़ ले' जावे, ने कीने ही मार न्हाखे, बुराई सिवाय वणां ने शुहावे ही नी, वी रागस वाजे है। अश्या रागसां रा राजा रो नाम रावण है। वो समुद्र रे वच्चे एक लंका नाम री नगरी में रेवे है।' राम और रावण में विरोध क्यों था, यह स्पष्ट करते हुए ग्रंथकार ने लिखा है कि सीता को लेकर ही यह विरोध नहीं था बल्कि यह दोनों विचारधाराओं में विरोधाभास की उपज भी था- लंका रा रागश संसार में अधर्म फैलावता फिरे है, ई वातां राम भगवान ने नी खटती ही जीशूं रावण शूं मोड़ी वेगी लड़ाई व्हे'णी नक्कीज है। क्यूं के रागश तो नीति नी चलावा देवे, ने राम अनीति नी चलावा देवे....। *(उपर्युक्त पृष्ठ 5)*

सीता स्वयंवर का प्रसंग चतुरसिंह के चित्त की अनूठी उपज है। इस वर्णन में पूरी आंचलिकता का निर्वहन किया गया है। ग्रंथकार ने लोकरुचि को ध्यान रखते हुए लिखा है- कणी कियो के आज-काल तो राजा जनक री बड़ी नगरी में बड़ो भारी मेळो भराय रिया है। वणांरे बड़ी बाई सीता रो ब्याव है। जणी शूं देश देश रा राजा भेळा व्हे' रिया है। अतराक में एक साधु कियो के अरे हां राजा जनक रा छोटा भाई अठे आया हा। वणा

आप रे अयोध्या पधारवारी सुंण ने एक कंकुपत्री दीधी, ने एक कागद, दूसरो लिखने देगिया, ने केगिया के मुनिराजरे पाछा पधारतांई, ई कागद नजर कर दीजो, सो म्हूं तो धामा धूम में भूल गियो सो अबार वातोवात याद आयगी'। यूं के ने वणी दो ही कागद मुनिराज रे नजर कर दीधा।

इसी प्रसंग को आगे बढ़ाते हुए लिखा गया है- जदी विश्वामित्रजी कियो देखां छोटा बापू वांचो अणी में कई लिख्यो है? जदी छोटा कुंवर दोही कागद वांच रिषि ने अरज कीधी। एक में लिख्यो हो, के आपरी बड़ी बाई सीता रो ब्याव है, सो शुभ नजर कर जरूर पधारे, ने नीचे सीरध्वज जनक रा दसखत हा। दूसरा में लिख्यो के आपरो सेवक कुशध्वज कागद ले' ने अठे हाजर व्हियो, पण अठे शुणी ने आपरो पधारवो अयोध्या रा पाटवी कुंवर ने लावा अयोध्या व्हियौ है, सो अयोध्यानाथ अवश करने आप रा हुकम शूं आपरे साथे बड़ा कुंवर ने सीख बगस देवेगा, सो करपा कर वणां कुंवर ने साथ लेता पधारे, अबार ब्याव रा काम री आगत व्हेवा शूं पाछो जावूं हूं, सो माफ करावे, ने जरूर पधारे। अयोध्या तो कंकुपत्री पुगाई है हीज। *(उपर्युक्त पृष्ठ 20-21)*

जनकपुरी में विश्वामित्र के राजकुमारों सहित पर्दापण पर जनक द्वारा स्वागत-सत्कार की परंपरा पूरी तरह मेवाड़ी मिठास लिए हुए है। इस प्रसंग में चतुरसिंह ने स्पष्ट किया है कि विश्वामित्र बाहरी धरातल पर मुनि थे और जनक आंतरिक तौर पर। रामादि का स्वागत इन शब्दों में द्रष्टव्य है- राजा बड़ा महाराज कुंवर रे भूजा रे हाथ राख वणी बारणा में आगे पधराया ने यूं ही छोटा ने भी पधराय, पछे राजा भी पधार्या। पछे मुनिराज रा दर्शन कर 'धन भाग, धन भाग आज तो नराई दिनां शूं दर्शन ह्विया। आज तो ब्याज सेती मूल मिल गियो। यूं के चरणां में धोक दीधी। मुनिराज भी राजा ने उंचाय छाती रे लगाय खुशी पूछी, ने कियो के म्हें तो बारला साधु हां, ने मांयनु तो साधु आप हीज हो, आप रा मिलवा शूं म्हांने भी नवो नवो उपदेश मिले है। राजा कियो ई सब आप री कृपादृष्टि री वातां है। यूं वातां कर सारा ही विराज गिया।' *(उपर्युक्त पृष्ठ 24)*

धनुष उठाने और योद्धाओं के लज्जित होने का प्रसंग बावजी की बृहद् बुद्धि का चमत्कार ही है। मेवाड़ी भाषा में इस वर्णन में अनूठा रस प्लावित होता प्रतीत होता है - जनकजी सारा राजा ने केवायो के म्हारी कन्या रा रूपगुण री बड़ाई शुण-शुण नराई सरदारां म्हारे नखाशूं सीता ने मांगी, पण म्हारो प्रण है के अणी महादेवजी रा धनुष ने तोड़ेगा वो ही सीता ने परणेगा। अणीज वास्ते आप सब सरदारां ने अर्ज कराई ही ने आप सारा सरदारां जो दिन भेळा व्हेवा रो थाप्यो हो, वो हीज दिन आज है। अबे या कन्या वरमाळा लेने उभी है ने यो धनुष भी आपरे मूंडा आगे पड्यो है, सो ईने तोड़वा में आवे जीशूं म्हूं भी अणी

कन्या ने दे देवूं। अतराक में सारा ही देखे तो रावळा में शूं गीत गावती-गावती नरीही लुगायां निकळी वणारे वच्चे एक कन्या हात में वरमाळा लीधां ही, वणी कन्या रो अलौकिक रूप देख लोग-लुगाई सारा ही देखता ही रे गिया। जाणे सारां ने खुली आंखा ही नींद आयगी। थोड़ी देर शूं लोग केवा लागा अणी कन्या रे योग वर तो तीन ही लोक में हेरे तोई नी मिले। कणी कियो क्यूं नी मिले मुनि नखलो वो शावळो कुंवर कणी वात में ओछो है। कणी कियो धनुष टूटे जदी है। कणी कियो देखता जावो अलौकिक रूप में गुण भी अलौकिक ही व्हे'गा। कणी कियो या जोड़ी जो नी मिले तो जाणणो के विधाता भी आठ ही आंखां शूं आंधो है। दूजा राजा तो वी रूप देखने वेंडा व्हे' ज्यूं व्हे गिया ने' 'म्हूं धनुष तोड़ूंगा' करता थका, पीचपीच पड़ता थका, धक्का-धूम खाता-खाता धनुष नखे जाय पूगा ने एक धनुष रे हात लगावे जतरे दूजो धक्का देवे, ने वो जतरे तीजो वणीने धकेल देवे। यूं एक ने एक धकेळवा लागा। जदी राजा जनक सारा ने समझाया ने पाछा बैठाया ने कियो। सारा में नबळो व्हे' वो पे'ली धनुष ने ऊंचावे, ने वणी शूं नी ऊठे तो पछे वणीशूं वत्तो व्हे वो ऊंचावे। यूं एक केड़े एक उठावता जावे, ने सारां में ही सबळो व्हे' वो सबां केड़े उठावे। यूं शुण एक दूसरा ने नबळो केवा लागा। कोई धनुष उठावा ने जावे ने सारा ही हंसे न केवे यो नबळो चाल्यो ने सांची ही धनुष नखे तो बड़ा-बड़ा सबळा भी नबळा हीज निकक्या। अबे तो वारा वोरी राजा जावे ने धनुष ने पूरो बळ करने हलावारी करे। राता राता मूंडा पड़ जावे, रसका करे, सांस भराय जावे, पसीना आगे झगावोळ व्हे जावे, पण धनुष तो नाम भी नी हाले। ज्यूं खोड़ीला री वातां शूं सती रो मन नहीं हाले। बापड़ा राजा तो नीचा माथा कर-कर पाछा नबळां री ओळ में जाय बैठे। *(उपर्युक्त पृष्ठ 29-30)*

स्वयंवर के वर्णन की ऐसी विहंगमता बावजी चतुरसिंह की कलम का चमत्कार ही दिखाती है। यह आंखों देखे हाल की तरह से प्रस्तुत किया गया है। राम का धनुषभंग प्रसंग द्रष्टव्य है, यह मेवाड़ी राजप्रासादों की उपज प्रतीत होता है- यूं विचार मुनिराज राम भगवान ने आज्ञा कीधी, के 'बड़ा बापू, अबे देर मती करो। अणां दुष्टां री वात रो पड़-उत्तर हात शूं देवो, अर्थात् अणांरा घमण्ड ने और सारांरा भेम ने भी अणी धनुष रे साथे ही तोड़ नाखो।' यूं गुरुजी रो हुकुम शुण आंपणी वणीज धीमी चाल शूं नाळ रा पगत्या उतर राम चौक में पधार गियो ने धनुष रा चौंतरा रा पांच ही पगत्या चढ़ धनुष नखे जाय ऊभा व्हिया और गुरुजी री कानी देख मनोमन नमस्कार कर झुकने धनुष ने पकड़्यो। ने लोग केवा लागा- अरे यो तो हाल्यो, जतरेक देखे तो उंचाय लीधो, उंचाय लीधो.... नाख भी दीयो। जाणे लोगां रा मन में हातां ताळी देने राम रो काम आगे निकळ गियो....। *(उपर्युक्त पृष्ठ 33)*

पहले चरित्र का समापन राम और भाइयों के विवाह के उपरांत वधुओं के अयोध्या

प्रवेश के साथ होता है। जानकी और अन्य वधुओं को ज़नक व सुनयना सीख देकर विदा करते हैं। बारात की बिदाई के समय जनक बहुत दूरी तक साथ चलते हैं- राजा जनक जान ने पूगावा नरी छेटी तक साथे पधार्‌या। पछै महाराज दशरथजी रे घणी हट करवा शूं सबां शूं मिलने पाछा मिथिला पधार गिया'ने जान अयोध्या पूगगी। अयोध्या में आनंद छाय गियो। जश्या कुंवर, वशी ही सोवती थकी कुंवराण्यां ने देख-देख सब लुगायां और तीन ही माता और अरुंधतीजी घणां राजी व्हिया। यूं अयोध्या में घणां सुख शूं दिन निकळवा लागा। *(उपर्युक्त पृष्ठ 44)*

दशरथ के विचारों का वर्णन

दूसरे, अयोध्या चरित्र का आरंभ विवाह के साथ ही चारों भाइयों के अयोध्या आगमन से होता है और उन्हीं दिनों में कैकय देश के ज्येष्ठ कुंवर के भी अयोध्या में आने का उल्लेख किया गया है- चार ही भाई परण ने पाछा अयोध्या पधार्‌या। वणां दिनां कैकय देश रा पाटवी कुंवर भी अयोध्या में आया थका हा। ई, महाराजा दशरथजी रा शाळा ने वचेट राणीजी रा भाई हा। ई, चार ही भायां ने अणां रे अठे बुलावाने आया हा। पण वचेट राणीजी कियो के भाई म्हांरा राम-लक्ष्मण ने तो नराई दिन बारणे म्हारा शूं छेटी रे'ता व्हे गिया है। याही व्हे'तो भरत-शत्रुघ्न ने भले ही ले जावो। जदी वही दोई भायां ने जनाना सेती अ।पणे कैकय नाम रा देश में ले गिया, ने राम-लक्ष्मण दोही भाई अयोध्या में ही हा। *(अयोध्या चरित्र पृष्ठ 45)*

रामायण में यह प्रसिद्ध ही है कि दशरथ ने अपनी वृद्धावस्था को दर्पण में देखकर राम को युवराज घोषित करने का विचार किया। मानवमित्र रामचरित्र में भी इसी प्रकार का वर्णन मिलता है।

इसके बाद मानवमित्र रामचरित्र में मंथरा का प्रवेश दिखाया गया है। जो कैकयी की प्रिय थी और उसके दहेज में आई दासी थी।

मंथरा की बुद्धि को लंगड़ी बताते हुए कहा गया है- मंथराबाई री अक्कल धर्म री वातां में खोड़ी व्हे जाती ही। पण अधर्म में तो हरण री नाई ठेकड़ी देने दौड़ती ही। आपरी बुद्धि में आछी वातां में शू भी खोटाई हेर लावा री शक्ति ही। पण अयोध्यावासी अणी रा अश्या सुभाव ने आछो नी समझता हा। अणी री वात पे कोई भी कान ही नहीं मांडतो हो। ई री ई ने पूरी अमूझणी रे'ती ही। अयोध्या में रे'णो ई ने शुंवावतो ही नी हो। मेळ राखणो, एक-एक रा दुख में साथ देणो, एक-एक री खम लेणी, सांच बोलणो, थोड़ो बोलणो, मीठो बोलणों, धर्म पे चालणों, ने ईश्वर रो डर राखणो, ईज अयोध्यावासियां रा शुभाव मंथराबाई ने नी खटता हा। क्यूंके अणां ने ढोळा-फोळा बिना नी सुहावतो हो। अणी शूं आप एकला ही बेठा-बेठा

गड़ागूंथ्यां करता हा। पण अणांरी दाळ कठे ही नहीं गळती ही। *(उपर्युक्त पृष्ठ 47-48)*

ग्रंथकार ने मंथरा चरित्र का वर्णन इस मनोयोग से किया है कि सुनने वाले की बुद्धि कुटिलता का पग-पग पर परीक्षण करती चलती है। राम के वनगमन की तैयारी पर लक्ष्मण की मनोदशा का वर्णन बहुत सटीक किया गया है।

राम-लक्ष्मण और सीता के तापस वेश धारण कर वन प्रस्थान करने का वर्णन महाराज ने बहुत करुणभाव से किया है।

संत तुलसीदास ने दशरथ के प्राणत्याग के प्रसंग को जिस तरह मर्मांतक रूप से लिखा, वैसे ही चतुरसिंह ने सुमंत के इस कथन से कौशलनरेश की पीड़ा को अभिव्यक्ति दी है- सुमंत्रजी किये वणां यूं अरज कराई के, दन जातां कई देर नी लागे, काले चवदा वरष निकळ जायगा। राजा कियो, म्हारो प्राण तो अबे आज ही निकल जायगा। अरे सुमंत्र। थने बूढ़ासारा ने बाळकां ठग लीधो। थारी आशा ही, के थूं पाछा ले आवेगा। पण अबे कई करूं। अब तो वी नीं आवेगा। फेर, राम, सीता लक्ष्मण ने कद देखूंगा। यू के'ता के'ता राजा री तो आखां फिरवा लागी, ने गरदन रळकगी। कौशल्याजी तो हे नाथ! हे अयोध्यापति ! यूं कई करावो। यूं कई करावो। करवा लागा। जतराक में एक हिचकी आई ने राम-राम के'ने सांस रुक गियो....। *(उपर्युक्त पृष्ठ 75)*

इसी चरित्र में दशरथ के परलोकगमन और भरत के राम को मनाने वनगमन का अच्छा वर्णन लोक बोली में किया गया है।

इस चरित्र का समापन रामानुज भरत के नंदीग्राम में रहने के साथ किया गया है। यह वर्णन भरत के संन्यासी के रूप में रहने का है।

वनविहारी राम के लीला-प्रसंग

अयोध्या चरित्र के बाद, वन चरित्र में पिता की आज्ञा को शिरोधार्य कर राम-लक्ष्मण व सीता के वन विहार प्रसंग का जीवंत वर्णन है। इसमें वनेचर जातियों की मनस्थितियों का भी अनूठा विवरण है- अबे तो सारा ही जाण गिया के पिता रा वचन मान' अयोध्या रा बड़ा कुंवर वन में पधार गिया, ने भरतजी रे मनावा पे भी पाछा नी पधार्‌या। जदी तो छेटी-नजीक रा आदमी राम भगवान रा दरशण करवा आवा लागा। वठे मनखां रो मेळो भर्‌यो रे'वा लाग गियो...। जणी शूं वठा रा एकमाड़ा रे'वा वाला साधुवां ने भी अबकाई आवा लागी, ने भगवान भी विचारी, अठे तो धीरे-धीरे वसती वश जायगा। आपां ने तो वन में रे'णो चावे। अबे या जायगा छोड़ उजाड़ वन में जाय रे'वा, के जठे कोई नीं आय शके। यूं विचार परभाते वेगा तीन ही जणां वठा शूं एक दाना अत्रि नाम रा रिषि रे'ता हा, वणां री कुटी पे पधार्‌या। *(वन चरित्र पृष्ठ 91)*

इसके उपरांत सीता-अनुसूया प्रसंग आया है। सीता के प्रति महर्षि अत्रि की सहधर्मिणी अनुसूया के वचनों को इस प्रसंग में देखा जा सकता है कि महाराज चतुरसिंह ने कितने मर्म के साथ स्त्री के सामान्य धर्म को प्रतिपादित किया है- 'धणी हीज लुगाई रे धरम-करम तीरथ-वरत है.... लुगाई जाता ने आपे नी व्हेणो चावे। बेटा! आपणो धरम आपणे नखे है, ने धरम री रखवाळी दूसरा शूं नीं रे' वे है। पण संसार में अणी शूं आछो लागे है। पे'लो भय तो भगवान् रो राखणो, दूजा भय धरमातमा राजा रो राखणो, ने तीजो भय लोकीत रो भी राखणो चावे। संगत रो गुण व्हे जश्यो ओर रो नी व्हे है, जी शूं सदा आछी संगत राखी, खोटी संगत शूं आछी वांतां भी खोटी दीखवा लाग जावे है। अणी वासते खोटी संगत कधी नी करणी। *(उपर्युक्त पृष्ठ 94)*

वन चरित्र के अंतर्गत ही रामादि के वन विहार के कई प्रसंगों का रोचक वर्णन हुआ है। इसमें चतुरसिंह ने वन विहार में रखने योग्य सावधानियों का भी कदम-कदम पर वर्णन किया है।

मुनियों के भेंट प्रसंगों को इसी चरित्र में वर्णित कर चतुरसिंह ने रामावतार के कारण को भी परिभाषित करने का यत्न किया है। वन विहार में रामादि शरभंग सहित सुतीक्ष्ण, अगस्त्यादि मुनियों से मिलते हैं और राक्षसों के अत्याचारों की खबर लेते हैं। वे पंचवटी के स्थल की महिमा भी जानते हैं।

इसके उपरांत पंचवटी में कुटिया बनाने का वर्णन करते हुए महाराज चतुरसिंह ने वहां की आश्रमीय शोभाका वर्णन भी किया है।

पंचवटी में कुटिया बनाने के मूल में सीता को उस स्थान का रुचिकर लगना था। वाल्मीकि आदि ने भी जानकी की रुचि स्वीकारी है। यहीं पर गोदावरी स्नान कर लौटते हुए राम को शूर्पनखा द्वारा देखने का वर्णन आया है। वह राक्षसों की चौकी में रहती थी और वन में चारों और निश्चिंत विहार करती थी। उसकी मनोदशा का वर्णन चतुरसिंह ने इन शब्दों में किया है- अणी पे'ली तो जाणी के कोई साधु व्हे'गा सो जाय ने घेंटी मरोड़ ने लोई पी आऊं। जदी नखे शूं राम रो रूप देख्यो, जदी तो ई रो ये विचार बदल गियो, न या आछो रूप वणाय ने परणकुटी आय खटकी। वणी वगत ई ने देख श्रीजानकीजी राम भगवान ने अरज कीधी के ई कुण आया ? जतराक में तो वणी राम भगवान नखे जाय ने कियो के थें कुण हो ? अठे वन में क्यूं मार्‌या-मार्‌या फिरो हो ? जदी तो राम भगवान वींने सब वात समझाई। जदी वणी कियो, के म्हने परण जावो तो थाने अठें वन में अबकाई नीं पड़ेगा। जदी राम भगवान हुकुम कीधो के वणी कुटी में म्हारो भाई है, वटे जा। म्हूं तो परण्यो थको हूं। राम भगवान विचारी के लक्ष्मण ईने समझाय ने शीख दे' देवेगा ने मोको देखेगा तो धुरकार

भी देदेगा। आपां क्यूं धुरकारां। पण वा समझी 'म्हारो भाई थने परणेगा' सो लक्ष्मण री कुटी दौड़ी थकी गी।' लक्ष्मणजी लुगाई ने शामी ऊभी देख नीचा न्हाळ, हुकम कीधो-थूं कुण है ? अठे क्यूं आई है ? जदी वणी कियो- परणवा। लक्ष्मणजी हुकम कीधो के थने म्हारी खबर नी, ने म्हने थारी खबर नीं। नी जो कोई थारो भाई-बंध भी थारे साथे है। थूं यूं अकेली फिरती फिरे है। लुगाई ने आपे नी फिरणो चावे.....। *(उपर्युक्त पृष्ठ 98-99)*

यहां लक्ष्मण का व्यक्तित्व उभारा गया है। शूर्पणखा की चतुराई और चालाकी को भी लिखा गया है और उसकी राक्षसी प्रकृति को सप्रमाण लक्षित किया गया है। उसका बदला लेने के लिए राक्षसों की चढ़ाई और दशरथनंदन द्वारा उसका सामना करने का प्रसंग भी अच्छे रूप में वर्णित हुआ है। खर-दूषण सहित त्रिशिरा आदि राक्षसों के वध के उपरांत शूर्पणखा के लंका जाने का प्रसंग भी लिखा गया है। उसके उकसाने पर रावण ने मारीच को हरिण बनाकर सीता हरण करने का षड्यंत्र रचा और यूं के मारीच ने रावण शल्ला कर पंचवटी नखे गिया। वठे नराई रूंखां री झाड़ी में रावण रथ छुपाय साधु रो शांग कर मारीच रे साथे-साथे आय, एक म्होटा रूंख री आड़ में छुप ने देखवा लागो, ने मारीच हरण री शांग अश्यो अनोखो कीधो के देखतां ही ईने पकड़ ने पाळवा रो मन चाल जावे। वठे सीताजी विराजता जठे नराई हरण चरता हा। वणां भेळो यो भी चरवा लागो। *(उपर्युक्त पृष्ठ 111)*

वन चरित्र में सीता के हरण के लिए पहुंचे रावण का वर्णन इन शब्दों में हुआ है। अतराक में रावण साधु रो रूप कर लांबा-लांबा टीला टपका कर, ने म्ळोटी माळा पे'र ने खांख में पोथी दाबने आय ने अलख जगाई। सीता माता तो छाना-माना मांय ने विराज्य रिया। जदी तो कपटी साधु ओवरी नखे जाय, ने बोल्यो म्हूं तो जाणतो हो के अठे कोई बसतो व्हे'गा। पण या तो कर सूनो हीज दीखे है, वसतो वाश उजड़तां कई देर लागे। या बात शुण ने तो सीमा माता डरप्या के साधु भूखो जाय सो भी पाप लागे, ने ई रा मूंडा में शूं कई निकळ जायगा तो भी आछो नो। यूं विचार सीतमाता मांय शूं बोल्या, बावजी आप आशीश देवो सो ई घर हर्‌या-भर्‌या रे'वे। *(उपर्युक्त पृष्ठ 115-116)*

वन चरित्र में सीता हरण के उपरांत जटायु का प्रसंग आया है।

शबरी के बेरों की मनुहार के प्रसंग के साथ इस चरित्र का समापन किया गया है।

वानर राज्य में राम का प्रभाव

मानवमित्र रामचरित्र के चौथे स्कंध किष्किंधा चरित्र में किष्किंधा पर्वतांचल में राम के आगमन और वानरराज से संधि जैसे विषयों का वर्णन है। प्राचीनकाल में कई पर्वतीय स्थलों का नाम किष्किंधा मिलता है। इसका अर्थ पर्वत की खोह होता है। इस चरित्र का आरंभ सीता

की खोज में दोनों भाइयों के ऋष्यमूक पर्वत पर पहुंचने के वर्णन के साथ हुआ है : अबै तो दोही भाई सीताजी ने हेरता-हेरता रिष्यमूक नाम रो मंगरा कानी पधारवा लागा। वणी मंगरा ने मथारे सुग्रीव नाम रो एक वांदरो बेठो-बेठो देख रियो हो। अणी, अणां दोही भायां ने आवता देख हनुमानजी ने बुलाय, ने कियो, देखो हनुमानजी। ई दो जणा अठीने कूण आय रिया है ? अणां रे नखे तो शसतर भी है ने जाणे कई हेरता व्हे' ज्यूं दीखे है। व्हे'ने व्हे' तो ई बाली रा मोकल्या थका है, ने आपां ने हीज हेरता व्हे'गा। आप ही देखो नी, कश्याक धार-धार ने ई आपांणा मंगरा कानी देख रिया है। जदी तो हनुमानजी भी सुग्रीव री आंगळी री सूध पे देखने के'वा लागा सांची है, ई कोई अश्या-वश्या मनख तो नी दीखे है। अणी रागशां रा घोर उजाड़ वन में दो मनखां रो यूं निडर फिरणों शै'ल वात नी है।ई कणी ने कणी म्होटा काम रे वासते आया व्हे'गा, ने अणांरी चाल-ढाल शूं ही दीखे, के ई से'जरा मनख नी है। *(किष्किंधा चरित्र पृष्ठ 126-127)*

इसी में पवनपुत्र हनुमान के लीला प्रसंग भी आए हैं : हनुमानजी बामण रो भेष कर दोई भायां नखे जाय ने पूछी, के आप दोही बड़ा राजा सरीखा दीखो हो। पण यो साधु रो भेष आप क्यूं कीधो है ? आप कई शोध रिया हो ? जदी दो ही भायां कियो, के म्हें अयोध्या रा राजा दशरथजी रो बेटा हां। राम ने लक्ष्मण म्हांरो नाम है, ने हे बरामण देवता। आप अठे कूंकर पधार्‌या, ने अबे कठी पधारोगा? या शुणतां ही हनुमानजी दोई भायां रे पगां लागा, ने बरामण रो भेष पाछो उतार ने कियो के म्हारा आज आछा भाग है, जो धरम रा राखवा वाळा रा घर बैठां ही दरशण व्हे'गिया। म्हारो नाम हनुमान है, म्हारी माता रो नाम अंजनी और पिता रो नाम केशरी है। पवन रा वरदान शूं म्हारो जन्म व्हियो। जणी शूं म्हने पवनपुत्र भी के'वे हैं। अठे किष्किंधा नाम री नगरी है। बैठे वांदरा रो राजा बाली राज करे है.....। *(उपर्युक्त पृष्ठ 127)*

रावण के चंद्रहास के वार से घायल होकर गिरे जटायु प्रसंग के बाद सागर पर बैठकर बंदरों के विचार मंथन के साथ इस चरित्र का समापन किया गया है।

सुंदरता की सृष्टि का चरित्र

ग्रंथ के पांचवें सुंदर चरित्र में हनुमान पराक्रम, सीता की खोज, लंकापुरी की विशेषताओं का वर्णन किया गया है। वानरों में पराक्रमी की तलाश पर जामवंत ने मार्गदर्शन किया : जामवंतजी दाना हो, ने सघळा रा बळ ने ओर बुद्धि ने भी जाणता हा, ने समझणा भी हा। वणां कियो, 'आपां में बाली रा कुंवर जश्यो कोई बळी ने बुद्धिमान नी है। पण एक अंजनी रो कुंवर दीखे है, यो चावे तो दश दाण अठीरो वठी लंका में जाय आवे। यो चावे तो सब रागशां ने लंका में शूं उजाड़ ने जमलोक में वसाय देवे। एक लंका कई आखा संसार ने

यो उजाड़ भी देवे, ने बसाय भी शके है। म्हूं बाळक-पणां शूं ही अणी ने जाणूं हूं, ने म्हूं या भी जाणतो हो, के कदी न कदी काम पड़ेगा तो वांदरा रो नाम यो उजळो करेगा।' *(सुंदर चरित्र पृष्ठ 139)*

सुंदर चरित्र में हनुमानजी द्वारा लंकापुरी की सुध लेने और रातो-रात सीता की खोज करने के प्रयासों का प्रभावी वर्णन हुआ है। इसमें अशोक के वृक्षों वाली अशोक वाटिका का चित्रण है। वहीं पर हनुमानजी ने त्रिजटा, अजामुखी आदि राक्षसियों को देखा और उनके विचारों को जाना। सीता को उन्होंने शीशम के पेड़ के नीचे बैठी देखा : एक लुगाई शीशम रा रूखड़ा नीचे बैठी है और वणीरी म्होटी-म्होटी कमळ री पांखड़ी जशी आंख्यां में शूं मोती रा दाणा-रा-दाणा आशूं ढळक रिया है। डील दूबळो व्हे'रियो है। जाणे कोई तपशी तपश्या कर रियो है। माथा रा केशां ने भेळा करने जूड़ो बांध राख्यो है। कणी-कणी दाण यूं भी बोले, के 'हे नाथ! हे दया सागर!' ने कणी दाण, 'हे लाल लछमण।' यूं भी बोल जावे है। वणी वेळा आंखां में रीश भी दीखवा लाग जावे है। जाणे तलवार हाथ में आय जावे तो दुरगा-भवानी री नांई एकली ही सघळा दुष्टां में माथा काट न्हाखे। कणी दाण नेतरां में अश्यो शूरापणो दीखे है, के एक रावण कई, करोड़ रावण व्हे' जदी भी म्हारो कई नी कर शके। एक क्षण में प्राण छोड़ दूंगा। *(उपर्युक्त पृष्ठ 142-143)*

यहीं पर मुद्रिका के बहाने कपि-जानकी की मुलाकात का रोचक वर्णन है। वाटिका उजाड़नेऔर रखवालों के संहार के बाद अक्षयकुमार के वध का मेघनाद के साथ संघर्ष का परंपरित प्रसंग भी इसमें आया है। शरणागत दशानन अनुज विभीषण को लंकानाथ की उपाधि देकर उसके राजतिलक के साथ इस चरित्र का समापन किया गया है- जदी राम भगवान हुकम फरमायो, 'शरणागत ने तो नी छोड़णी आवे।' जदी हनुमानजी अरज कीधी, 'म्हारी भी या हीज अरज है।' जदी तो सबांरी राय शूं विभीषणजी ने बुलाय लीधा, ने राम भगवान ऊभा व्हे'ने नखे बेठाय ने लंकानाथ री पदवी बगश दीधी, ने लंका रो राजतिलक विभीषणजी रे कर दीधो ने पछे समंदर पे पुळ बांधवा री राय नै'चे करी। जदी पुळ बांधणो आरंभ व्हियो। *(सुंदर चरित्र पृष्ठ 167)*

लंका विजय और रामराज्य

मानवमित्र रामचरित्र में रामायण की तरह लंकाकांड और उत्तरकांड की योजना नहीं है। इसकी अपेक्षा इसमें विजय चरित्र को लिखा गया है और इसका आरंभ सेतु-बंध प्रसंग के साथ किया गया है। इसमें सेतु निर्माण का विवरण बड़ा जीवंत है। क्योंकि महाराज चतुरसिंह ने वानरों की चेष्टाओं का विवरण देने में चित्त की चाहत और रुचि का पूरा ध्यान रखा है। इसी में कुंभकर्ण, मेघनाद, रावण सहित सभी राक्षसों के संहार और सीता को लिवा लाने

तथा अयोध्या में पुनः पदार्पण का मनोहारी वर्णन है : रावण मंगरा रा माथा री नांई धूज ने धरती पे धमाक देती रो पड़ गियो। अबे तो चार ही कानी शूं राम भगवान री जै जैकार व्हेवा लागी, ने नजर-नछरावळां व्हेवा लागी, ने या खबर लंका में पूगतांई सब रागशण्या रोवती-कूटती वठे आई। वणी वगत रावण री राणी मंदोदरी राम भगवान ने अरज कीधी के कोई तो अणां ने रोवा वाळो बाकी राख्यो व्हे'तो। जदी भगवान हुकम कीधो, 'अज्ञान री वातां रावण री रोज है, सो बराबर संसार रेवेगा, जतरे अज्ञानी ई ने रोवता ही रेवेगा।' पछे विभीषणजी ने हुकम कीधो सो वणां रावण री क्रिया-काष्ठा कीधी ने दूजां रागशां री भी कराई। *(विजय चरित्र पृष्ठ 182-183)*

रामराज्य की प्रशंसा के साथ ग्रंथ का समापन किया गया है और अवतार के प्रयोजन की पूर्णता को बताया गया है : जणी जगा राम राज करे, वणी जगा रा सुख री कई के'णी आवे। सब संसार में राम-राज शूं सुख ही सुख छाय गियो। नरकां रो तो गेलो ही उजड़ व्हे गियो। अणी तरे' शूं श्री रामचंद्र आनन्द शूं राज करवा लागा, ने संसार सुखी व्हे'गियो। परमात्मा जणी वासते आप अबकाई देख, मनखां रो रूप धारण करने उपदेश कीधो, वो उपदेश आखा संसार में फेल गियो। जगां-जगां मनख ने लुगायां, श्रीराम रो, ने सीताजी री कथा करवा लागा, ने यूं घर-घर में सीता ने राम रा चरित्र री चरचा कर आखो संसार सुधरवा लागो। यो रामचरित्र कई, मानव मात्र रो मित्र है। *(उपर्युक्त पृष्ठ 189)*

इसमें राम के चरित्र के प्रसंगों की प्रासंगिकता पदे-पदे प्रदर्शित होती है। रामचरित्र भारतीयों के लिए कभी अवधि पार नहीं हो सकता है। रामचरित्र भारतीय संस्कृति की थाती है और हर किसी ने सियाराममय संसार को देखकर जोरी जुग पानि किया है। इस कृति में रामचरित्र कोरी कथा या चरितार्थ-प्रसंगाधारित नहीं है। उसकी महत्ता, आध्यात्मिक, सांस्कृतिक, साहित्यिक एवं भाषा गौरव आदि के रूपों में उपलब्ध होती है। इसमें महाराज चतुरसिंह का लक्ष्य आध्यात्मिकता के साथ-साथ गहन एवं गूढ़ तत्त्वों को मर्यादा पुरुषोत्तम दाशरथी, रघुकुल तिलक रामचंद्र के लौकिक व्यवहारों और कार्यकलापों के सहारे घरेलू वातावरण में अपनी ठेठ बोलचाल की भाषा द्वारा स्वाभाविक ढंग से सर्वसाधारण को हृदयंगम कराने का भी रहा है। मेवाड़ अंचल में इस ग्रंथ को मेवाड़ी रामायण की पहचान मिलना इसकी प्रामाणिकता की पहचान है।

कतिपय उल्लेखनीय वर्णन प्रसंग

इस ग्रंथ में कदम-कदम पर नीति वचनों का प्रतिपादन हुआ है और अधिकांश वचन-निर्देश भारतीय संस्कृति की बुनियाद को परिभाषित करते प्रतीत होते हैं। कतिपय स्थलों की ओर दृष्टि निक्षेप किया जा सकता है :

संगत रो गुणाव आया विना नी रेवे, धोळ्यो काळ्या कने रे'ने रंग नी लेवे तो भी लख्खण तो लेवे हीज। (संगति का प्रभाव तो मिलता ही है, सफेद बैल के पास यदि काला बैल बांधा जाएगा तो वह रंग भले ही नहीं ग्रहण करे परंतु गुण तो अपनाएगा ही)।

चारों आश्रमों का वर्णन इस एक पंक्ति में सुंदर ढंग से किया गया है :

आपणे तो दाना व्हे'जी वन में रे'ने परमेशर रो भजन करे है, ने बाळक विद्या भणे है, ने जवान रैत रो पाळण करने परमात्मा ने राजी करे है। (अपने यहां जो बुजुर्ग होते हैं, वे वन में रहकर परमेश्वर का भजन करते हैं, बाल्यावस्था में गुरुकुल में पठन-पाठन किया जाता है और युवावस्था में ब्रह्मचर्य का पालन किया जाता है)।

योगवासिष्ठ की तर्ज पर महाराज चतुरसिंह ने जीवन और मृत्यु के सत्य को बहुत सुंदर ढंग से प्रतिपादित किया है। राम चरित्र के वर्णन के साथ इस प्रकार की नसीहत बावजी की अनोखी विशेषता है। एक उदाहरण दे वह स्पष्ट करते है कि हम दर्पण में देखकर अपना स्वरूप जान लेते हैं, वैसे ही औरों की मौत को देखकर यह समझ लेना चाहिए कि यह अपनी ही नकल है। भविष्य में असली भी हो जाएगी। इसलिए मृत्यु का विचार करने में यह लाभ है कि अपने को कभी अनजाने में मौत नहीं आ जाए, मौत के लिए सदैव तैयार रहना चाहिए। मौत को याद रखते हुए अच्छे काम करने चाहिए।

'या नवी बात नहीं है। यो तो काच में आपणों मूंडो देख ने खबर पड़ जाय, के आपां रो रूप अश्यो है। यूं हीज दूजा री मौत देख ने समझ लेणो के आपणीज नकल है। काले असल भी व्हे जायगा। अणी वास्ते मरे जणी रो विचार करवा में अतरोक लाभ है, के आपांने अणजाण में मौत नी आय जाय अर्थात् मौत रे वासते त्यार रै'णो चावे, ने त्याग रे'णो यो हीज है के मौत ने याद राख बुरा काम नी करणा, ने संसार में मन नी उळजावणो, ने करतार ने याद राखणो। क्यूं के संसार रो सुख तो ऐंठवाड़ो है। आगला भी यूं ही ई ने भोगता छोड़ गिया, ने आपां भोगवा लागा ने आपां छोडांगा, ने दूसरा भोगेगा।'

इस पुस्तक की रचना के मूल में बावजी का उद्देश्य राम चरित्र को मेवाड़ी भाषा में प्रस्तुत कर सर्व साधारण को इस प्रकार हृदयंगम करा देना है कि वह जीवन भर एक हितैषी मित्र की भांति उसका सहचर एवं सन्मार्ग प्रदर्शक बना रहे। यह किसी एक रामायण की घटनावृत्ति नहीं अपितु गोस्वामी तुलसीदासजी के स्वर में स्वर मिलाकर इस कृति को 'नाना पुराण निगमागमसम्मतं यद् रामायणे निगदितं कचिदन्य तोऽपि' कहने में भी अतिशयोक्ति नहीं है। कृति में चतुरसिंह ने रामकथाओं में अभिव्यक्ति कथा का वह स्वरूप लिया है जो अपने आपमें स्वाभाविक, मौलिक और हृदयस्पर्शी हो, यह रुचिभेद ही उसके पार्थक्य का कारण है।

□□

इस अंक के लेखक

1. **कहानी भानावत** : वृन्दावनधाम, गली नं. 2, 16, न्यू भूपालपुरा उदयपुर (राज.)

2. **गोपीकिशन चितारा** : व्याख्याता, हिन्दी, राजकीय महाविद्यालय भोपालगढ़, जिला-जोधपुर (राज.)

3. **नेहा बैद** : नेमचन्द नवरतन एण्ड कम्पनी, A-I-7, मण्डोर मण्डी, जोधपुर-342007

4. **प्रेमसिंह** : सहायक आचार्य, हिन्दी विभाग, जयनारायण व्यास विश्वविद्यालय, जोधपुर (राज.)

5. **ब्रजेन्द्र कुमार सिंहल** : सम्पादक-रामस्नेही संदेश, 60/60, रजतपथ, मानसरोवर, जयपुर-302020

6. **भगवतीलाल शर्मा** : 'शान्तिनिकेतन' 78, सरदार क्लब योजना जोधपुर-342011

7. **मदन सैनी** : अनाथालय के पीछे, विवेक नगर, बीकानेर-334001

८. **मनमोहन स्वरूप माथुर** : पूर्व प्रोफेसर, राजस्थानी विभाग, जयनारायण व्यास विश्वविद्यालय, जोधपुर (राज.)
निवास- 'आशीष' के-8, सुभाषचन्द्र बोस कॉलोनी, सेक्टर-5, डिफेंस लैब रोड, रातानाडा, जोधपुर (राज.)

9. **महीपालसिंह राठौड़** : सहायक आचार्य, हिन्दी विभाग, जयनारायण व्यास विश्वविद्यालय, जोधपुर (राज.)

10.	**महेन्द्र भानावत**	:	352, श्रीकृष्णपुरा, सेंटपॉल स्कूल के पास, उदयपुर-313001
11.	**रणजीतसिंह चौहान**	:	अतिथि शिक्षक, राजस्थानी विभाग, जयनारायण व्यास विश्वविद्यालय, जोधपुर (राज.)
12.	**रवि पुरोहित**	:	79, सिविल लाईन्स, गाँधी पार्क के सामने बीकानेर-334001
13.	**रामस्वरूप**	:	शोधार्थी, हिन्दी विभाग, जयनारायण व्यास विश्वविद्यालय, जोधपुर (राज.)
14.	**रीना मेनारिया**	:	द्वारा-महेन्द्र मेनारिया, पथवारी के पास, पानेरियों की मादड़ी, उदयपुर-313001
15.	**शक्तिदान कविया**	:	पूर्व अध्यक्ष, राजस्थानी विभाग, जयनारायण व्यास विश्वविद्यालय, जोधपुर (राज.) निवास-पोलो द्वितीय, पावटा,
	जोधपुर- 342006		
16.	**श्रीकृष्ण 'जुगनू'**	:	40, राजश्री कॉलोनी, विनायक नगर, उदयपुर -313001